Günther Zäuner

Halbseidenes kaiserliches Wien

12 Krimis aus dem Fin de Siècle

In der gleichen Reihe erschienen:

Halbseidenes Wien - 23 Bezirks-Krimis
Halbseidenes historisches Wien - 23 Wiener Bezirkskrimis

Günther Zäuner

Geboren 1957 in Wien; Studium der Klassischen Philologie, Geschichte und Zeitgeschichte, musikalische Ausbildung. Freier Schriftsteller, Sach-, Drehbuch- und Theaterautor, Dokumentarfilmer, Journalist, Autor der erfolgreichen »Kokoschansky«-Thriller; Kurzkrimis in verschiedenen Anthologien; Verfasser zahlreicher Artikel, Gestalter von TV-Beiträgen und Dokumentationen; spezialisiert auf Organisierte Kriminalität, Drogen, Sektenunwesen, Rechtsextremismus, Terrorismus, Geheimdienste und Politik. Mitglied im österreichischen PEN-Club und im Österreichischen Schriftstellerverband.
»Zäuners Krimisalon«: monatliche Krimisendung auf YouTube
www.guenther-zaeuner.at
www.kokoschansky.at

Günther Zäuner

Halbseidenes kaiserliches Wien

12 Krimis aus dem Fin de Siècle

feder frei
www.federfrei.at

Diese Geschichten sind reine Fiktion. Namen und Personen, verschiedene Ereignisse, Orte und Zeiten sind teils real, teils der Fantasie des Autors entsprungen. Manche Menschen sind real, manche fiktiv. Ähnlichkeiten der erfundenen Figuren mit lebenden oder verstorbenen Menschen sind rein zufällig.

Marchtrenk, 2018
www.federfrei.at

Umschlagabbildung: © milkovasa - Fotolia.com
Autorenportrait: © Manfred Burger
Lektorat: S. Bähr
Satz und Layout: Verlag federfrei
Druck und Bindung: Skalaprint

ISBN 978-3-99074-007-1

»Nicht der Mörder, der Ermordete ist schuld.«
Franz Werfel (1890 – 1945, österreichischer Schriftsteller)

»Die Schurken sind immer praktischer, tüchtiger als die ehrlichen Leute, weil ihnen die Mittel gleichgültig sind.«
Franz Grillparzer (1791 – 1872, österreichischer Schriftsteller und Dramatiker)

Inhaltsverzeichnis

Die Ballade vom Lustmörder Alois Blawatschek oder Angewandte Psychoanalyse

Alle Jahre einmal im Quartale
Packte es den Alois Blawatschek.
Blawatschek, an ihm war das Brutale,
Doch der Alois war ein lieber Schneck.

Und der Mädchen schlanke Sommerhäslein
Wuchsen braun aus duftigem Batist.
Gerne hätte Alois wie ein Gelslein
Hingestochen – nämlich: hingeküsst –

Doch er zahlte ihnen bloß ein Seitel
Und er war und blieb ein Mann voll Charme.
Dachte Blawatschek an Taschenfeitel,
Fiel ihm Alois hemmend in den Arm.

Eines Abends saß er bei den Schrammeln,
Denn das war sein angestammter Sitz,
Da begann um ihn sich zu versammeln
Dr. med. et phil. Knut Horowitz:

»Sie sind einer von den seltnen Fällen!
Lagen Sie im Mutterleibe schief?
Pflegen Sie beim Liebesakt zu bellen?
Träumen Sie? Wie oft, wie lang, wie tief?

Hatten Sie als Kind schon Mörderhände?
War die Frau Mama nicht schizophren?
Herr, Ihr linkes Nasenloch spricht Bände!
Reagier'n Sie ab – sonst wer'n Sie sehn!«

Blawatschek griff sich ans Unterkieferl,
Kratzte es und schlenderte hinaus.
Dort tranchierte er das Psycho-Schlieferl
Und vergrub den Leichnam hinterm Haus.

Rein war nun sein Seelchen, wie ein Spiegel.
Himmelwärts schwamm blau Virginier-Rauch …
»Fräulein Mizzerl! Gollasch und zwei Krügel,
Und den schwarzen Doktor zahl ich auch!«

Alois warf sein kleines Taschenmesser
Hinter Grinzing in den Abendwind.
Überhaupt: Es war ihm schon viel besser,
Und er sah die Mädchen, wie sie sind.

Peter Hammerschlag
*(*1902 in Wien, ermordet 1942 im KZ Auschwitz)*
Dichter, Schriftsteller, Kabarettist und Grafiker

Die Mordthat auf der Mölker Bastei

Schon wieder ist in Wien
Ein Meichelmord geschehen.
Mich schaudert's, wenn ich denk daran,
Ich muss es selbst gestehen.
Da ging ein Mann auf die Bastei,
O glaubet meinen Worten.
Und that so, wie es sich erwies,
Sein Liebchen dort ermorden.

Das Mädchen hat durch diesen Mord
Den größten Schmerz gelitten,
Der Mörder hat nach ihrem Tod
Den Kopf gar abgeschnitten.
Dann hatte die Gedärme er
Aus ihrem Leib gerissen.
Warum er diese That vollzog,
Wird er am besten wissen.

Den Körper warf der Bösewicht
Ins Wasser ganz im Stillen,
Und that, was sich leicht denken läßt,
Gar keine Reue fühlen.
Dann wurden die Gedärme gar
Wo im Kanal gefunden.
Man denke sich den großen Schreck,
Den hat man da empfunden.

Die Menschheit strömt auf die Bastei,
Um diesen Ort zu sehen
Wo diese That von einem Mann

Erst unlängst ist geschehen.
Unglaublich ist's, daß mancher Mensch
Sich kann so weit verirren.
Dazu gehört ein Tigerherz,
Um so was auszuführen.

Das kommt daher, wenn stets der Mensch
Im Leichtsinn dahin schwebet.
Auf Gott vergißt als Freigeist nur
Auf dieser Erde lebet.
Darum soll stets ein edler Mensch
Gerecht und edel handeln.
So kann er dann auf dieser Welt
Vergnügt durchs Leben wandeln.

Doch sicher kommt der Mörder bald
In seines Richters Händen.
Da wird er seine That gestehn,
Das Blatt wird sich dann wenden.
Es quälet ihm ganz sicherlich
Sehr schrecklich sein Gewissen.
Und wird sodann auf Lebenslang
Zur Straff im Kerker büssen.

(verfasst von Johann Ernst)

Prolog
Hofrat Prohaska muss durchhalten

Unsichtbar strömt es aus sämtlichen Ritzen und Spalten in den Gemächern, schleicht lautlos durch die Säle und Flure der Hofburg – das Gespenst des nahenden Untergangs. Zusehends verblassen Glanz, Glorie und Glamour der österreichisch-ungarischen Monarchie. Längst liegt die Habsburger-Dynastie in Agonie. Wahrscheinlich spürt sie es, will es dennoch nicht wahrhaben, bäumt sich mit allen noch verbleibenden Kräften vergebens dagegen auf.

Daher ist keine Schwäche erlaubt, auch wenn es im Imperium an allen Ecken und Enden bröckelt, es bedrohlich im Untergrund gärt. Die prunkvolle Camouflage, die abgeblätterte Fassade muss unter allen Umständen aufrechterhalten werden. Der Doppeladler ist flügellahm geworden, seine Schwingen lädiert.

Noch hält der Koloss sich auf tönernen Beinen, allerdings sind die Risse unübersehbar und nicht mehr zu kitten. Ein Vielvölkerreich und Konglomerat der Nationalitäten, eine Monarchie der nationalen und sozialen Gegensätze mit der Residenz- und Reichshauptstadt Wien als Zentrum.

Wer es sich leisten konnte, wird später wehmütig von der »guten alten Zeit« sprechen. Wer nicht auf die Butterseite des Lebens gefallen ist, nennt Österreich-Ungarn einen »Völkerkerker«. Doch die Hauptstadt Wien tanzt unbekümmert weiter auf dem Vulkan, eingehüllt in Walzerklänge und eingelullt von Operettenmelodien.

Noch werden einige Jahre ins Land ziehen, bis Karl Kraus seine Tragödie in fünf Akten mit Vorspiel und Epilog als »Die letzten Tage der Menschheit« schreiben und veröffentlichen wird. Doch die ersten Takte des Untergangsrequiems werden bereits angespielt und dirigiert, setzen sich in den Ohren des Volkes fest. Viele wollen oder können es nicht wahrhaben, wahrscheinlich nicht einmal der

Kaiser selbst. Noch bimmelt die Totenglocke für den Untergang einer glanzvollen Epoche leise, doch das Ende des Jahrhunderts wird immer heftiger eingeläutet.

Dieses Buch aus der Reihe »Halbseidenes Wien« begleitet Sie durch die Zeit von 1890 bis 1914, dem Ausbruch des Ersten Weltkriegs, die Ära des *Fin de Siècle*. Vierundzwanzig Jahre bewegter Geschichte, voller Umbrüche und revolutionärer Ideen im Geistesleben, in den Künsten, im Berufs- und Alltagsleben. Dementsprechend passt sich die Kriminalität, das Verbrechen, dem neuen Zeitgeist an.

1890 leben in der vermeintlichen k.u.k. Zuckerguss-Hauptstadt Wien an die eineinhalb Millionen Menschen. Durch die Straßen und Gassen flanieren Arthur Schnitzler, der mit seinen Theaterstücken für Skandale sorgt, und Gustav Mahler, lange verkannt als musikalisches Genie. In seinem Atelier malt Gustav Klimt seine Langzeitmuse Emilie Flöge und andere Damen der Gesellschaft.

Adolf Loos verärgert mit seiner radikalen Architektur Se. Majestät. Ludwig Wittgenstein und Sigmund Freud denken über den Menschen nach. Theodor Herzl entwickelt den Zionismus, während Bürgermeister Karl Lueger selbst bestimmt, wer Jude ist. Otto Wagner zeichnet Pläne, Josef Hofmann und Koloman Moser entwerfen. Die Secession, abfällig von den Wienern als »Krauthappel« bezeichnet, Zentrum des Jugendstils.

In dieser Stadt halten sich die Herren Uljanow, Dschugaschwili und Bronstein auf. Mit knurrendem Magen streift ein erfolgloser Postkartenmaler durch die Gassen. In Wiener Neustadt, unweit der Hauptstadt des Vielvölkerreiches, arbeitet ein gewisser Josip Broz in den Daimler-Werken.

Es wird noch einige Jahrzehnte dauern, bis diese Männer die Welt, allerdings nicht zu ihrem Vorteil als Lenin, Stalin, Trotzki, Hitler und Tito grundlegend verändern und als düstere Kapitel in die Geschichte eingehen werden.

Die Musikstadt Wien tanzt weiterhin selig Walzer. Die Operette feiert internationale Erfolge. In der Hofoper und im Burgtheater will der Applaus des Publikums nicht enden. Angeheizt von der Claque, je nachdem, wer der neue Publikumsliebling ist. Die Belle Époque präsentiert sich auf der Ringstraße, fährt mit Fiaker in den Prater, verwettet Vermögen auf die *Gigerer*, die Pferde in der Krieau und Freudenau.

Abends zieht man sich in ein Separee im Hotel »Sacher« zurück. Natürlich in Begleitung einer zierlichen Balletteuse aus der Hofoper, die von der großen Weltkarriere träumt. Oder führt sein Techtelmechtel, sein *Pantscherl*, sein *Gspusi* zum Heurigen nach Grinzing aus, wo Schrammelmusik und der Wein die besten Komplizen sind, um die Nacht nicht alleine verbringen zu müssen.

»Die Frauen sind schön und elegant. Und überhaupt ist alles verteufelt elegant«, schreibt Anton Tschechow während seines Wien-Besuchs über das Fin de Siècle.[1]

In den Beletagen der Ringstraßenpalais führen die Epsteins, die Ephrussis, die Liebens, Todescos, Zeppezauers, Gutmanns, Leitenbergers und natürlich die Rothschilds ein luxuriöses Leben. Die angehäuften Reichtümer gestatten diesen Lebensstil.

In den Salons der Salonièren Josephine von Wertheimstein, Rosa von Gerold, Berta Zuckerkandl, Alma Mahler-Werfel, Anna Mahler, Marie Lang, Lina Loos, Gina Kraus, Grete Wiesenthal und Eugenie Schwarzwald geben die Intellektuellen und Künstler sich die Klinken in die Hände.

In den unzähligen Cafés und Kaffeehäusern sitzen unter dicken Rauchschwaden die Literaten, diskutieren sich die Köpfe heiß und brüten über ihren Texten.

So sieht die eine Seite, *noch* glänzende Seite der Medaille aus, die andere präsentiert Not, Elend, Verzweiflung, Hunger und Krankheit. Die Menschen außerhalb der Innenstadt kennen dieses Leben, das die Reichen und der Hof führen, nur vom Hörensagen, aus Erzählungen und durch Gerüchte. Ohne die geringste Chance, jemals ihrem zugeteilten Schicksal entfliehen zu können.

Um die Menschenmassen aufnehmen zu können, muss die Stadt 1890 ein zweites Mal erweitert werden. Zehn Jahre zuvor, 1880, sind es 726.000 Bewohner gewesen. Nun leben in Wien 1.365.000 Menschen. 1910 wird der Höchststand an Einwohnern in der Wiener Geschichte erreicht werden, 2.031.000. Somit zählt Wien neben Berlin, London und Paris zu den großen europäischen Metropolen.

Das Stadtgebiet umfasste seit 1850 die Innere Stadt sowie die Vorstädte am Linienwall[2], die Fläche zwischen dem Donaukanal und dem Donauhauptstrom und Teile von Matzleinsdorf, Hundsturm, Wieden und Landstraße, die allerdings außerhalb dieses Linienwalls liegen. Ab 1861 entstanden acht, und nach der Trennung von Wieden und Margareten, später neun Bezirke. 1874 ist Favoriten als 10. Bezirk hinzugekommen.[3]

Für den Fiskus bedeutet die Stadtgrenze eine besondere Einnahmequelle. Nach dem Debakel mit der Weltausstellung von 1873, die weit hinter den erhofften Erwartungen lag, und dem *Gründerkrach*, dem Zusammenbruch der Börse am Schwarzen Freitag im gleichen Jahr, benötigt die Monarchie dringend Geld. Eine der Einnahmequellen für die Finanz bildet die bereits 1829 geschaffene *Verzehrungssteuer* als Ersatz für die eingestellte Stadtmaut auf alle Waren für den täglichen Bedarf.

Allerdings ist diese Belastung in Wien um ein Vielfaches höher als in den umliegenden Vorstädten und Gemeinden. Auch die Besteuerung der Artikelanzahl unterscheidet sich erheblich. In Wien wird für mehr als zweihundert Güter diese Steuer eingehoben, während es in den Vorstädten nur sechs sind.

Zusätzlich zu den ohnehin außerordentlich hohen Steuertarifen in Wien hebt die Gemeindeverwaltung nochmals fünfundzwanzig Prozent ein. Die Leute nennen die verhasste Steuer auch Torsteuer, da sie in den Linienämtern am Linienwall eingehoben wird, was lange Warteschlangen hervorruft und viel Zeit in Anspruch nimmt. Mitunter dauert das Anstehen länger als der Warentransport nach Wien.

Zwar spült diese Steuer Geld in die Kassen, gleichzeitig birgt sie jedoch wegen der unterschiedlichen Tarifregelung eine Unzahl an Nachteilen in sich. Dementsprechend wirkt sich dieser Umstand auf die weitere Entwicklung Wiens und seiner Umgebung entscheidend aus.

Außerhalb der Stadtgrenze sind die Bodenpreise weitaus niedriger, ebenso die Lebenshaltungskosten. Mit der Folge, dass sich Industrie und Gewerbe außerhalb der Stadt ansiedeln und sich viele Zuwanderer mit ihren Familien in den Vororten niederlassen. Zinskasernen für die neuen Bewohner und Fabriken verändern den ursprünglichen dörflichen Charakter. Fünfhaus, Ottakring und Hernals steigen zu Industriezentren auf und bringen diesen Gemeinden wirtschaftlichen Aufschwung. Speising, Altmannsdorf und die Weinbaugebiete im Nordwesten Wiens bewahren noch weiterhin ihr ländliches Erscheinungsbild. Stadt und Vororte wachsen unaufhaltsam zusammen.

Zwar ist die *Gründerzeit*, die nach der Revolution von 1848 begann und mit dem Börsenkrach von 1873 endete, vorüber, doch die Baukonjunktur setzt sich unvermindert fort. Auf politischer und wirtschaftlicher Ebene setzt sich der Liberalismus mit seinen Repräsentanten durch. Freihandel, die liberale Verwaltung und Gesetzgebung, wie die Gewerbeordnung von 1859 sowie die Wucherfreiheit von 1868, ermöglichen ein Vielfaches an Gründungen im industriellen Bereich und im Bankenwesen. Was gleichzeitig auch Spekulationsgeschäften aller Art, vor allem an der Börse und in den Banken, Tür und Tor öffnet, Gauner und Kriminelle magisch anzieht.

Mit der Schleifung der Basteien 1857 begann die Verbauung der

Ringstraßenzone mit den Monumental- und Repräsentationsbauten der Monarchie, Eisenbahnlinien wurden aus dem Boden gestampft und Kasernenanlagen, wie die Kronprinz-Rudolf-Kaserne[4] und das Arsenal, geschaffen. Wien blühte und gedieh unter den Bürgermeistern Johann Kaspar von Seiller, Andreas Zelinka und Cajetan Felder.

Der Bau der Hochquellenwasserleitung, die Regulierung der ungestümen und unberechenbaren Donau, fiel ebenso in diese Ära wie die Anlage des Stadtparks, des Zentralfriedhofs und die Errichtung des Rathauses.

Die Wiener Altstadt wurde einem völlig neuen architektonischen Wandel unterworfen. Gotische und barocke Gebäude fielen den Spitzhacken zum Opfer. An ihre Stelle traten ehrfurchtgebietende Bauwerke des strengen *Historismus*.

Was nicht unbedingt zur allgemeinen Freude gereichte. So schrieb der Wiener Gerichtsbeamte Friedrich Schindler sarkastisch an einen Freund: »*… Diese Ringstraße ist nun in voller Blüthe, resp. ›Staubblüthe‹ und entwickelt in diesem Genre ganz Vorzügliches, worüber unsere Lungenkranken sich ganz besonders erfreuen dürfen.*«[5]

Mit der Ausgestaltung der Ringstraße konnten die besten Architekten ihrer Zeit ihre oftmals kühnen Visionen realisieren. Der Däne Theophil Hansen, Heinrich von Ferstel, Carl von Hasenauer, Ludwig Förster, Karl König, Gottfried Semper, Peter von Nobile, August Sicard von Sicardsburg, Eduard van der Nüll, Otto Wagner, Friedrich von Schmidt und Arnold Zenetti.

Ironie der Geschichte – ausgerechnet einen ehemaligen Revolutionär aus Sachsen beauftragte Kaiser Franz Joseph I. für den Bau der Neuen Hofburg: Gottfried Semper.

Der Architekt war ein strikter Gegner der reaktionären Herrschaft des Königs Friedrich August in Dresden. 1848 beteiligte er sich aktiv an den Kämpfen der 1848er-Revolution in Sachsen, stellte sein technisches Wissen für den Barrikadenbau zur Verfügung und griff selbst zur Waffe. Der Aufstand wurde blutig niedergeschlagen, und Semper musste nach Paris fliehen.

Mehrere prominente Rebellen wurden steckbrieflich gesucht, Semper rangierte an zwölfter Stelle. So las man im Juni 1849 in der »Leipziger Zeitung«: »*Die nachstehend näher bezeichneten Personen sind wegen Teilnahme an den im vorigen Monat hier stattgehabten aufrührerischen und hochverräterischen Unternehmungen und damit verbundenen gemeinen Verbrechen hierorts zur Untersuchung zu ziehen, haben sich jedoch der Untersuchung durch Flucht entzogen. An alle Behörden des In- und Auslandes ergeht daher das Ersuchen, die unten signalisierten Individuen im Betretungsfalle festzunehmen und wegen der Abholung uns schleunigst Nachricht zu geben ... Gottfried Semper, Professor der Baukunst aus Dresden. Signalement: Semper ist mittlerer Größe, einige und 40 Jahre alt, hat fahle Gesichtsfarbe, braune mit weißen vermischte Haare und dergl. Schnurr- und Kinnbart.*«[6]

Im Umgang mit den Aufständischen von 1848 in Österreich-Ungarn war Kaiser Franz Joseph I. – man erinnere sich an das Blutbad von Arad – um keinen Deut zimperlicher als der Sachsenkönig Friedrich August.

Doch Franz Joseph I. nahm es mit Sempers Vergangenheit nicht so genau. Nach Ansicht des Kaisers waren die kühnen Pläne für das Kaiserforum und die Neue Burg nur mit diesem sächsischen Architekten, der eigentlich gebürtiger Hamburger war, zu verwirklichen.

Beginnen wir mit dem Jahr 1890.

Seit zweiundvierzig Jahren lenkt Franz Joseph I. die Geschicke der österreichisch-ungarischen Monarchie. Von Kindesbeinen an auf eiserne Disziplin und Pflichterfüllung gedrillt, durch und durch zu einem verknöcherten Bürokraten erzogen.

Hinter seinem Rücken nennen Hofstaat und Bedienstete Sr. Majestät ihn respektlos »Hofrat Prohaska«, während der Kaiser sich selbst »als oberster Beamter im Staat« bezeichnet.

Als Achtzehnjähriger bestieg er den Thron, musste zahlreiche politische Unwetter meistern, und viele seiner Untertanen verloren auf den Schlachtfeldern ihr Leben.

Nun sitzt ein sechzigjähriger Mann hinter seinen Schreibtischen in der Hofburg und in Schönbrunn gebeugt über den Akten und von Gram gezeichnet. Schwere Schicksalsschläge begleiten ihn wie ein Fluch auf seinem Lebensweg. Sein Bruder Maximilian wurde 1867 als Kaiser von Mexiko durch Benito Juarez abgesetzt, gefangen genommen und standrechtlich erschossen.

Vor einem Jahr, 1889, verlor Franz Joseph den Thronfolger, seinen Sohn Rudolf. Der Kronprinz erkannte die Zeichen einer neuen Zeit, war zum Leidwesen seines Vaters so völlig anders, entsprach nicht den Erwartungen, die in ihn gesetzt wurden. Im Laufe der Jahre zerrüttete sich das Verhältnis zwischen den beiden immer heftiger. Auf Druck des Kaisers musste Rudolf aus Gründen der Staatsräson die ungeliebte Stephanie von Belgien heiraten.

Unverstanden, hineingedrängt in eine unglückliche Ehe, ständig von Hofschranzen belauert und beobachtet, angefeindet vom Ministerpräsidenten Eduard Graf Taaffe, den väterlichen Vorwürfen und Zurechtweisungen ausgesetzt, sah Rudolf nur noch einen letzten Ausweg. In der kalten Winternacht des 30. Jänners beendete er im Jagdschlösschen Mayerling bei Wien seine Lebenstragödie. Im Schlafzimmer erschoss der Kronprinz zuerst seine ihm treu ergebene und hörige, minderjährige Geliebte Mary Vetsera und richtete sich anschließend selbst.

Diese Tragödie ist selbst nach einem Jahr in Wien, in der gesamten Monarchie noch lange nicht verkraftet. In den Kaffee- und Wirtshäusern kursieren die absurdesten, wildesten Gerüchte und Verschwörungstheorien.

Die unmittelbaren Zeugen in dieser schicksalshaften Unglücksnacht, Rudolfs Kammerdiener Johann Loschek und Leibfiaker Josef »Nockerl« Bratfisch, schweigen eisern und werden ihre Geheimnisse mit in ihre Gräber nehmen. Ebenso wie Gräfin Maria Larisch, eine Cousine Rudolfs, die ihn und das Mädchen verkuppelte.

Anfänglich war Franz Josephs Ehe mit Elisabeth ebenfalls eine Liebesheirat. Der über beide Ohren verliebte Franzl konnte sich durchsetzen. Heiraten, tatsächlich aus Liebe, war nicht das erklärte Ziel in der Hocharistokratie.

Von Beginn an kommt Sisi, wie sie vom Kaiser liebevoll genannt wird, mit dem höfischen Zeremoniell und dem Protokoll nicht zurande.

Viel lieber wäre sie die unbedeutende bayrische Prinzessin in Possenhofen geblieben. Hätte sie geahnt, was sie in Zukunft erwarten wird, wäre sie in ihren bayrischen Wäldern und bei ihren Tieren geblieben.

Nun ist es längst zu spät. Nach dem Willen der Hofburg hat Sisi sich zu fügen, was sie jedoch auf ihre Art boykottiert. Indem sie sich vom Hof und somit auch von ihrem Gemahl abwendet, in alle vier Windrichtungen ausbricht, sich mit Vorliebe auf Korfu und Madeira aufhält. Wochen- und monatelang lässt die Kaiserin sich nicht im verhassten Wien blicken. Es kümmert sie nicht, dass die Wiener sich die Mäuler zerreißen und den Kaiser zutiefst bedauern.

Sisi möchte ihren Kindern eine gute Mutter sein, doch der Hof legt sich quer und nimmt ihr das Heft aus der Hand. Und immer wieder dieser Fluch über der kaiserlichen Familie. Die Erstgeborene Sophie Friederike starb 1857 im Alter von zwei Jahren, 1856 wurde Gisela geboren. Zwei Jahre später, 1858, erblickte endlich der lang ersehnte Thronfolger Rudolf das Licht der Welt. Die Nachzüglerin war 1868 Marie Valerie.

1890 besteht die kaiserliche Ehe längst nur mehr auf dem Papier. Es sollen noch weitere acht Jahre vergehen, in denen Franz Joseph seine noch immer geliebte Sisi nur sporadisch sehen wird. Dann, 1898, wird das Schicksal erneut erbarmungslos zuschlagen. Der italienische Anarchist Luigi Lucheni wird ursprünglich ein anderes adeliges Opfer im Auge haben, es aber verpassen. Zufällig werden sich seine und die Wege von Kaiserin Elisabeth in Genf kreuzen. Der Stich mit einer Feile wird ihr Leben beenden. Und der Kaiser wird die Todesnachricht mit den berühmten Worten *»Mir bleibt auch nichts erspart«* aufnehmen.

Doch schon seit einiger Zeit hatte der Kaiser in seiner Einsamkeit die Nähe der Hofburgtheaterschauspielerin Katharina Schratt gesucht. Ob es sich um eine platonische Liaison handelte oder doch mehr war, darüber scheiden sich bis heute die Geister.

Jedenfalls weiß es *tout Vienne*, offiziell wird darüber selbstverständlich der Mantel des Schweigens ausgebreitet. Dafür brodelt es umso heftiger in den Gaststuben und an den Kaffeehaustischen. Natürlich ist Sisi diese Beziehung bestens bekannt, duldet, ja, fördert sie, um sich selbst aus den Zwängen des höfischen Korsetts mehr und mehr befreien zu können.

Nahezu täglich macht der Kaiser der Freundin seine Aufwartung. 1893, nachdem die Schratt-Villa in der Gloriettegasse 9 in Hietzing nach den Wünschen der Schauspielerin fertiggestellt ist, hat der Kaiser endlich ein Refugium gefunden, wo die Bürde seines Amtes draußen vor dem Gartentor bleibt. In diesen Stunden ist er nur der Franzl, der ungestört und in Ruhe mit ihr seinen Kaffee und den geliebten Guglhupf genießen kann, sich am Tratsch und Theaterklatsch erfreut.

Was Franz Joseph in seiner Kindheit und Jugend versagt geblieben war, weil immer die Pflicht an oberster Stelle stand, musste er bei seinen Kindern ebenfalls vernachlässigen. Inzwischen müde und ausgebrannt versucht der Familienmensch jetzt, das Versäumte an seinen Enkeln etwas gutzumachen.

In Berichten von Hofbeamten ist nachzulesen, dass die Kinder im Schreibzimmer ihres geliebten »Opapa« auf den Teppichen herumkugeln. Vom Großvater mit Papier und Buntstiften versorgt, damit sie zeichnen können.

Insgeheim wäre »Hofrat Prohaska« gern frei von allen Pflichten und den übermächtigen Sorgen, die auf ihm lasten. Lieber in seinem geliebten Bad Ischl, wo auch die Schratt eine Sommerresidenz besitzt, lieber im Ausseer Land auf Jagd. Doch der Souverän darf sich keinerlei Schwächen in der siechen, schwer kränkelnden Monarchie gestatten.

Täglich erhebt Franz Joseph sich um fünf Uhr morgens, mit zunehmenden Alter bereits um vier, von seinem eisernen, spartanischen Feldbett. Umsorgt von seinem treuen Leibkammerdiener Eugen Ketterl, der ihm ab 1894 bis zum Tode des Kaisers nicht mehr von der Seite weichen wird. Er kümmert sich um die Garderobe und die Körperpflege Sr. Majestät, steckt ihm Zeitungsartikel zu, die der Kaiser, nach dem Willen der Hofkamarilla, gar nicht zu Gesicht bekommen soll.

Zur frühen Morgenstunde sitzt Franz Joseph hinter seinem Schreibtisch, vor ihm das Lieblingsgemälde seiner Sisi mit vor dem Busen verschlungenem Haar, gemalt von Franz Xaver Winterhalter. Ein weiteres Porträt hängt über dem Kamin und zeigt des Kaisers persönlichen Freund, den russischen Zaren Alexander II., mit dessen Hilfe Franz Joseph 1848/49 die Aufstände in Ungarn niederschlagen konnte. Ansonsten finden sich überall an fixen Plätzen Fotografien der Kinder und Enkel. Doch es fehlt an Zeit, in Reminiszenzen zu schwelgen, die tägliche Pflicht mahnt.

Franz Joseph ist das genaue Gegenteil seines Vaters Franz Karl, gestorben 1878, der den Tag eher geruhsam begann und nicht wie sein Sohn ein staubtrockener Bürokrat war.

Der erste Stapel der bearbeiteten Akten wird bereits um sechs Uhr morgens abgeholt. Das Procedere bleibt immer gleich. Links auf dem Schreibtisch die unbearbeiteten, rechts die erledigten Schriftstücke.

Danach folgt das Frühstück. Meist Kaffee oder Tee, dazu mürbes Gebäck, Guglhupf oder Milchwecken. Anschließend gönnt der Kaiser sich eine Zigarre der Marke *Regalia Media* aus der Produktion der *Kaiserlich-Königlichen Tabakregie*. Gegen elf Uhr wird ein zweites Frühstück serviert. Nun kommen Suppe, gedünstetes Fleisch mit Gemüse und Gebäck auf den Tisch, dazu ein Glas Wein oder Bier.

Um siebzehn Uhr genehmigt Franz Joseph sich die Hauptmahlzeit, meist in Gesellschaft eines Erzherzogs. Zusammen delektiert man sich an Suppe, Tafelspitz oder Braten, abgeschlossen mit Mehlspeisen und Obst. Allerdings sieht der Kaiser Essen nur als lästiges, aber notwendiges Übel an, was wiederum seinem asketischen Lebensstil entspricht. Se. Majestät ist für seine schnelle und hastige Nahrungsaufnahme berüchtigt.

Während offizieller Anlässe, wie Empfängen, Banketten oder Hofbällen, ist es für die Gäste oftmals eine Tortur. Sobald der Kaiser das Besteck aus der Hand legt, ist es vorbei. Es wäre ein ungeheuerlicher, unverzeihlicher Fauxpas und Verstoß gegen das Protokoll, würde ein Gast es wagen, sich weiterhin den Köstlichkeiten zu widmen. Mancher kommt hungrig und voll freudiger Erwartung, was die kaiserliche Küche wohl auftischen wird, und muss mit nahezu leerem Magen wieder die Tafel verlassen.

Die Mehrheit im Vielvölkerreich, das Volk gemeinhin, glaubt, dass die Herrschaft, der Adel und das Großbürgertum in Saus und Braus leben, es ihnen an nichts mangelt. Da hat auch seine Gültigkeit, ist jedoch nur mehr ein letztes Aufbäumen vor dem drohenden, endgültigen Untergang.

Symptomatisch, wie die Habsburger-Dynastie bereits in ihren Grundfesten erschüttert ist, lässt sich auch der Allgemeinzustand der österreichisch-ungarischen Monarchie beschreiben – *Fin de Siècle*, das Ende des Jahrhunderts. Diese historische Epoche des *Dekadentismus* nimmt 1890 ihren Anfang und endet 1914, mit dem Ausbruch des Ersten Weltkriegs.

Fin de Siècle, ein Begriff, der ursprünglich aus Frankreich stammt, tauchte erstmals 1886 in der Zeitschrift »Le Décadent«

von Anatole Baju auf. Zwei Jahre später, 1888, schrieben Francis de Jouvenot und H. Micard das Lustspiel »Fin de Siècle«. Mit einiger Verzögerung nistet dieser Endzeitgeist sich in Wien ein. Der junge Hermann Bahr publiziert 1890/91 den ersten Band seiner Aufsätze »Fin de Siècle« und »Zur Kritik der Moderne«.

Es ist ein besonderes Lebensgefühl in einer ausklingenden Ära, beschreibt Europas Zustand und die Befindlichkeiten der Menschen. Ein letztes kraftvolles wie zugleich hoffnungsloses Aufbäumen gegen den ultimativen Zusammenbruch. Ein Leben im Schwebezustand, eine Stimmung zwischen himmelhochjauchzend und zu Tode betrübt. Ein Leben in Traumwelten, eine Verleugnung der Realitäten, ein nicht enden wollendes dionysisches Gelage, der Turmbau zu Babel auf Wienerisch. Sofern die nötigen finanziellen Ressourcen zur Verfügung stehen. Während ein geringer Teil überlegt, was an Hausrat in der nahenden Sommerfrische unbedingt erforderlich ist, weiß die überwiegende Mehrheit nicht, wie sie die hungrigen Mäuler stopfen soll.

Aufbruch und Euphorie im Einklang mit Regression und Zukunftsängsten. Weltschmerz, Lebensüberdruss, Endzeitstimmung in Verbindung mit Todesfaszination und dem Wissen der Vergänglichkeit. Und dennoch dem Laster, der Frivolität und der Dekadenz mehr als aufgeschlossen.

Das bislang bürgerliche Leben gerät aus den Fugen. Bohemiens, Parvenus, Dandys und Snobs leben in den Tag hinein, vertrödeln die Zeit in Cafés und Separees. Die Femme fatale verdreht den Männern die Köpfe. Künstler, Literaten und Intellektuelle verachten zutiefst die »Philister«, die Spieß- und Kleinbürger.

Gewerbefreiheit und Industrialisierung werfen die Sozialstrukturen über den Haufen. Die Kirche verliert zunehmend an Einfluss. Das *Ancien Régime* mit seiner uralten, an das Mittelalter angelehnten Weltordnung durch die Vorherrschaft des Adels ist im Ausgedinge. Die tonangebende adelige und bürgerliche Gesellschaft fürchtet um ihre Privilegien, althergebrachte Grundwerte im sozialen Leben sind völlig aus dem Ruder gelaufen. Deshalb verfällt man in den fatalen Irrglauben, diese allgemeine Krise nur mit kontinuierlicher militärischer Aufrüstung bewältigen zu können. Zusehends gewinnt ein schleichender und ständig gefährlicher werdender Nationalismus an Bedeutung, angefacht von dessen Protagonisten Georg von Schönerer, Karl Hermann Wolf und Karl Lueger.

Während in den Naturwissenschaften der Einfluss des Positivismus unübersehbar ist, hält in der Literatur der Naturalismus Einzug. Im Verbund mit diesen beiden Strömungen fördern die Ingenieurswissenschaften die Fortschrittstendenzen.

Gleichzeitige Überheblichkeit und Arroganz mit ausgeprägter Unsicherheit verleihen dem Sozialdarwinismus Auftrieb. Friedrich Nietzsche übt seine Kritik am Bürgerlichen und erschafft den Übermenschen, der ihm in gewissen Adelskreisen Anerkennung bringt.

Das Fin de Siècle fördert aber ebenso ein unermessliches künstlerisches Potenzial. Die Haupt- und Residenzstadt Wien wird zum Zentrum der *Wiener Moderne* in der Literatur und der bildenden Kunst, lässt neue vielfältige wie widersprüchliche Bewegungen entstehen.

In der Literatur ist es der Symbolismus, der sich gegen den Abbild-Realismus und eine überhöhte Objektivität richtet, ausgehend vom Lyriker Paul Verlaine, der 1884 »Les poètes maudites« veröffentlichte, in der Malerei ist es Paul Gauguin.

Der übermächtige Historismus in der bildenden Kunst durch seinen bedeutendsten Vertreter Hans Makart – er starb 1884 – wird allmählich durch den Jugendstil abgelöst, der paradoxerweise Elitäres mit Populärem in Einklang bringt. Die Secession von Joseph Maria Olbrich wird das Zentrum dieser neuartigen Stilrichtung. Die ersten Anfänge der Avantgarde haben ihre Wurzeln im Jugendstil.

Impressionismus und Spätromantik finden ihren Ausdruck in der Musik wie in Claude Debussys Oper »Pelléas et Mélisande«, in der Literatur in Rainer Maria Rilkes Dichtung »Die Weise von Liebe und Tod des Cornets Christoph Rilke«.

Sichtbares Zeichen der neuen Zeit ist die prachtvoll angelegte Ringstraße, die mehr und mehr an Gestalt und Form annimmt, sich jedoch als Achillesferse im allgemein ausufernden Bauboom erweist. Visionen und Pläne sind leicht zu Papier gebracht, aber die Umsetzung ist eine weitaus schwierigere Angelegenheit. Während der Bau des Kaiserforums eher unproblematisch ist, gibt es ungeheure Probleme mit dem Bau der Neuen Burg. So notiert Marie Valerie, Kaiser Franz Josephs jüngste Tochter, in ihr Tagebuch: »*Welche erstaunliche Vermessenheit scheint mir in dieser ungeheuren Vergrößerung der Burg zu liegen.*«[7]

Alle an dem maßgeblich Beteiligten werden das Gefühl nicht los, dass dieses Bauprojekt eigentlich überholt und sinnlos geworden ist, in einer Monarchie als Auslaufmodell. Ein Burgflügel unter der Bauleitung Carl Hasenausers, dem ehemaligen Geschäftspartner Gottfried Sempers, steht kurz vor der Fertigstellung. Doch die Gerüchte wollen nicht verstummen, dass weder der zweite Burgflügel auf der Volksgartenseite noch der Quertrakt auf Höhe des Ballhausplatzes jemals realisiert werden. Zu hohe Baukosten, eine viel zu kühne Planung. Die Unkenrufer werden recht behalten. Anlässlich des fünfzigjährigen Kaiserjubiläums sollte Sr. Majestät diese Umsetzung dieses gewaltigen Bauvorhabens zumindest in einem nahezu fertigen Zustand präsentiert werden können. Doch die Ermordung Kaiserin Elisabeths 1898 wird dieses Vorhaben nicht zulassen. Sämtliche Feierlichkeiten werden abgeblasen.

Nach dem gewaltsamen Tod seiner Frau verliert Franz Joseph jegliches Interesse an dem Bauprojekt. Das Kaiserforum bleibt unvollendet, das Hofbaukomitee wird aufgelöst. Franz Ferdinand, Thronfolger nach Rudolfs Selbstmord, übernimmt die Bauleitung.[8]

Nachdem Franz Joseph im Dezember 1857 den Erlass zur Schleifung der Stadtmauern unterzeichnet hatte und die Pläne für einen weltweit einzigartigen Boulevard in Hufeisenform auf den Zeichentischen vorlagen, erregte dieses Vorhaben beim Adel erhebliches Missfallen.

Die erste Gesellschaft, wie die Blaublütigen sich selbst bezeichnen, ist sich zu nobel und vornehm für diese geplante neue Prachtstraße. Die Stadt ist gut fürs Geschäft und für allerlei andere Aktivitäten, doch standesgemäß gelebt und gewohnt wird in den Schlössern und Palais außerhalb. Dieses Monsterprojekt soll den Neureichen, den Emporkömmlingen vorbehalten sein. Dort sind diese Leute bestens aufgehoben, mit ihnen will der Adel nichts zu tun haben. Am besten gar nicht anstreifen und ignorieren. Mit der unermesslichen Finanzstärke dieser zweiten Gesellschaft können die unterschiedlichen Adelsgeschlechter selten mithalten. Daher muss man sich mit dem Feind verbünden, weil Kredite für eigene Zwecke benötigt werden.

Letztendlich versteht auch der Adel, dass die Ringstraße akzeptiert werden muss und der Boulevard nicht länger ignoriert werden kann. Fin de Siècle und Ringstraße sind auf ewig untrennbar miteinander verbunden.

Wenn heute Jahr für Jahr Tausende und Abertausende Touristen aus aller Herren Länder über die Ringstraße spazieren, unzählige Fotos und Videos gedreht werden, lesen sie in den Reiseführern über die Geschichte der verschiedenen Bauwerke und deren Architekten. Doch niemand verliert einen Gedanken an das namenlose Heer an Arbeiterinnen und Arbeitern, die den Mörtel anrührten, die Steine zurechtschlugen und Ziegel auf Ziegel legten. Ihnen ist es letztendlich zu verdanken, dass die Ringstraße zu einem Juwel werden konnte. Wer denkt heute noch an die unzähligen Steinmetze, Zimmermänner und die vielen anderen Handwerker? An jene, die auf ungesicherten Baustellen den Tod fanden, von Baugerüsten in die Tiefe stürzten oder einfach durch Ausbeutung mit allen damit verbundenen Nebenerscheinungen starben?

Kein Denkmal erinnert an diese Menschen, die unter den widrigsten Bedingungen arbeiten und ihr Leben fristen mussten. Platz für eine Gedenkstätte ist auf jeden Fall vorhanden. Leider ist bislang niemand auf eine solche Idee gekommen.

Fin de Siècle – zwei Welten prallen aufeinander, wie sie unterschiedlicher nicht sein können. Hier die Banken, die Palais und ein Leben voller Genüsse; dort die anderen, die von der Hand in den Mund dahinvegetieren müssen, und oft nicht einmal das ist mehr möglich.

Genau von diesem Gang zwischen den Welten handelt dieses Buch, wobei der Kriminalität der Vorzug gegeben wird. Schließlich ist niemand davor gefeit, selbst im *Criminal* zu landen. Bei den Reichen ist es oft die Gier, die zu kriminellen Handlungen verleitet, während die Armen die Not auf die schiefe Bahn führt.

Dieses Buch kratzt den Zuckerguss von den Fassaden, lässt die schönbrunnergelbe Farbe abblättern und führt in ein Wien, das vorübergehend dem Untergang geweiht zu sein scheint. Fernab von allen Fremdenführern, beschönigenden Texten in den Broschüren und Prospekten. Doch wie heißt es so treffend: Ein echter Wiener geht nicht unter ... Und somit auch niemals seine Stadt.

Viele in den Geschichten vorkommende Personen lebten tatsächlich, andere sind wieder frei erfunden und der jeweiligen Zeit angepasst. Selbstverständlich stimmen sämtliche historischen Ereignisse und Begebenheiten, Orte und Schauplätze. Kurze Zeittafeln vor jedem Krimi dokumentieren die wichtigsten Ereignisse, verdeutlichen diese unruhige, zugleich bahnbrechende und interessante Epoche.

Günther Zäuner
Wien, im Dezember 2017

Der Hunger war stärker
1890

9. Jänner:	*Kurt Tucholsky kommt in Berlin zur Welt.*
18. Februar:	*Graf Gyula Andrassy stirbt in Volosca.*
1. Mai:	*Mit einem großen Aufmarsch der Sozialdemokratischen Partei feiern die Arbeiter den 1. Mai.*
18. Juni:	*Der »Rückversicherungsvertrag« zwischen Deutschland und Russland aus 1887 wird nicht erneuert. Ein wichtiger Teil der außenpolitischen Bestrebungen des deutschen Reichskanzlers Fürst Otto von Bismarck, der jedoch von Kaiser Wilhelm II. am 20. März entlassen wurde.*
9. August:	*Der beliebte Lustspieldichter Eduard von Bauernfeld stirbt in Wien.*
10. September:	*Franz Werfel wird in Prag geboren.*
19. Dezember:	*Mit der kaiserlichen Entschließung bewilligt Kaiser Franz Joseph I. das Eingemeindungsgesetz der Gemeinde Wien. Dreiundvierzig Vororte werden in das Wiener Gemeindegebiet integriert, die Grundfläche verdreifacht sich, die Bezirke 11 bis 19 entstehen.*

An diesem Samstag, dem 9. August, flirrt die Luft in der drückenden Hitze. Feiner Staub erschwert das Atmen, die Partikel belasten die Lunge, lassen die Augen tränen. Immer wieder quälen ihn Hustenanfälle. Heute Morgen spuckte er wieder einmal Blut. Er schiebt seine Mütze zurück, wischt sich mit dem Handrücken den Schweiß von der Stirn.

Wenn sich nicht bald etwas ändert, wird seine Lunge ihm demnächst den Dienst quittieren, sofern nicht vorher sein Kreuz endgültig kaputt ist. Er spürt jeden einzelnen Knochen. Seine mit Schwielen bedeckten Hände sind rissig und rau. Die rechte Hand schmerzt, pocht und sticht. Zuvor hat er sich an einem hervorstehenden Nagel in einer Latte den Ballen aufgerissen. Lamentieren oder gar krankmelden ist unmöglich, wenn er seine Arbeit in den Ziegelfabriken auf dem Laaer und Wienerberg nicht verlieren will.

Miroslav Smetana ist einer von den Abertausenden *Ziegelböhmen* – den *Ziegelbehm*, wie der Wiener sie abfällig nennt. Nur durch deren Schinderei und die Ausbeutung ihrer Arbeitskraft ist der Bau der Ringstraße mit den prunkvollen Repräsentationsbauten und Palais möglich geworden.

Smetana ist erst knappe vierzig Jahre alt, doch er sieht wesentlich älter aus. Seit zwanzig Jahren rackert er sich ab, seine Chancen, jemals diesem Elend entrinnen zu können, sind mehr als gering.

Die körperliche Schwerarbeit hinterlässt ihre Spuren. Eine von den *Maltaweibern*[9], den Mörtelmischerinnen, versorgte notdürftig Smetanas Verletzung, indem sie den Riss zuerst mit etwas Wasser spülte, dann darauf spuckte und mit einem Fetzen verband.

Er fürchtet, dass die Hand sich entzünden wird. Es wäre kein Wunder bei diesen allgemeinen untragbaren hygienischen Zuständen. Einen Totalausfall kann er sich unmöglich leisten. Obwohl seine Frau und die vier Kinder im Werk arbeiten, reicht es nicht. Zum Sterben zu viel, zum Leben zu wenig. Das Zuhause der Familie Smetana ist eine windschiefe Baracke in unmittelbarer Nähe der Ziegelfabriken, in der es im Sommer stickig und backofenheiß sein kann und im Winter der eisige Wind durch sämtliche Ritzen pfeift. Eine Behausung, die diesen Namen nicht verdient. Doch wie seiner Familie ergeht es Tausenden.

Drei von Smetanas Sprösslingen kämpfen bereits mit Asthma, und seine Frau Kristyna ist ebenfalls extrem kränklich geworden.

Die Sonne verbrennt erbarmungslos Miroslav Smetanas Nacken. Das Taschentuch, das er sich als Schutz unter die Mütze geschoben hat, ist völlig sinnlos. Einer seiner Kollegen reicht ihm einen Krug mit *Ottakringer* Bier. Kaum hat Smetana den ersten wohltuenden

Schluck getrunken, wird er sofort angeschnauzt.

»Du bist net auf Sommerfrische, sondern zum *barabern*[10] do!«, staucht der Vorarbeiter ihn mit unüberhörbarem böhmischen Akzent zusammen.

Ausgerechnet ein Landsmann muss sich aufspielen, der noch dazu aus der gleichen Gegend wie Smetana stammt. Natürlich weiß Smetana genau, warum Nemecek *einen Pick auf ihn hat*[11]. Vor Jahren hatte er ein Auge auf Kristyna geworfen, doch Smetana spannte sie ihm aus, und nun ist er mit ihr seit zwölf Jahren verheiratet. Diese Niederlage kann Nemecek nicht verwinden, und ausgerechnet im Ziegelwerk müssen ihre Wege sich wieder kreuzen. Nachdem Nemecek sich andauernd bei der Werksleitung angebiedert hat, darf er als Vorarbeiter nach Herzenslust seine Untergebenen *karniefeln*[12], allen voran Miroslav Smetana. Am liebsten möchte Smetana diesem unsympathischen, intriganten Kerl mit dem nächstbesten Ziegel, die zu Tausenden herumliegen, den Schädel einschlagen.

Wenigstens ist morgen, am Sonntag, zumindest für ein Stündchen Ruhe. Es ist noch nicht lange her, dass den Arbeitern das Recht zugestanden wird, am Tag des Herrn die Messe in der Kirche zu besuchen. Entsprechend brechend voll ist das Gotteshaus. Weniger aus Glaubensgründen, vielmehr, um ein wenig Entspannung zu genießen.

Heute wird noch, wie den gesamten Sommer über, bis Sonnenuntergang durchgeackert. Das zerschlissene, schweißgetränkte Hemd klebt an Smetanas magerem Körper. Die durchgescheuerte Hose schlottert an seiner ausgemergelten Gestalt, nur Hosenträger und ein um die Leibesmitte gebundener Strick verhindern ein Rutschen. Die Nähte der *verhatschten*[13] Lederschuhe, die er von einem Kollegen erbte, der die Belastungen, den Druck nicht länger aushielt und sich deshalb aufhängte, sind an mehreren Stellen aufgeplatzt. Staub, Sand und Dreck dringen ein und scheuern die Füße wund.

Nachdem Miroslav Smetana nach Wien gekommen war und in den Ziegelfabriken Arbeit fand, begann er als *Sandler*, der Sand in die Formen streute, damit der Lehm nicht kleben bleibt. Eine verhältnismäßig leichte Tätigkeit im Vergleich zum Ziegelträger, zu dem er inzwischen aufgestiegen ist.

Stunde um Stunde, tagein, tagaus schleppt er jetzt in hölzernen Tragen die Ziegel zu den Transportkarren und Wägen, die anschließend zu den verschiedenen Baustellen transportiert werden.

Die Lederriemen des Tragegestells schneiden tief in die Schultern ein, scheuern die Haut auf. Dagegen helfen auch nicht die unter die Gurte geschobenen Fetzen. Der monotone tägliche Trott macht mürbe. Ziegel für Ziegel auf die Trage stapeln; aufpassen, dass keiner dabei zerbricht, schultern und zu den Fahrzeugen schleppen, abladen. Durchatmen, kurz verschnaufen und die Plackerei beginnt von Neuen.

Wofür seine Ziegel bestimmt sind, weiß Miroslav Smetana nicht, und es ist ihm auch egal. Wahrscheinlich für den Protzbau eines Großkopferten, für eine Villa im Cottageviertel oder für die Ringstraße bestimmt. Gesehen hat er diesen Boulevard, für den er sich mit den anderen Leidensgefährten schindet und bis zum Umfallen schuftet, noch nie.

Für Smetana gibt es nur mehr ein lohnendes Ziel in diesem Leben. Endlich raus aus dieser baufälligen, menschenunwürdigen Baracke und eine Wohnung in einer dieser Zinskasernen zu beziehen. Endlich feste Wände, durch die im Winter nicht mehr der eiskalte Wind pfeift, die Kinder in einer besseren Umgebung aufwachsen können. Seiner Familie endlich ein bisschen bieten zu können.

Das ist sein Traum, und er setzt große Stücke auf diesen Victor Adler, der sich sehr für die Ziegelarbeiter engagiert, sich für bessere Arbeits- und Lebensbedingungen einsetzt. So kann und darf es nicht länger weitergehen. Es ist Zeit, auf die Barrikaden zu steigen und zu revoltieren. Miroslav Smetana ist nun dazu bereit.

Den endgültigen Entschluss fasste er heute Morgen, als er von seinem Erzfeind Nemecek mit einem hämischen Grinsen eine schriftliche Rüge in die Hand gedrückt bekam. Smetana musste seinen Jugendfreund Adam bitten, mit dem er seinerzeit aus dem Nest in Südmähren zusammen nach Wien aufgebrochen war, dass er ihm genau erklärt, was in dem Wisch zu lesen ist, da er mit der deutschen Sprache noch immer auf Kriegsfuß steht.

»*Es ist eine Anzeige gegen Sie eingelaufen, daß Sie mit Arbeitern und selbst jugendlichen Hilfsarbeitern im Werksgasthause dem Kegelspiele obliegen. Meine Untersuchung hat leider die Wahrheit dieser Anzeige ergeben und ich finde mich daher veranlaßt, Ihnen diese, jede Disziplin und Achtung vor der Beamtenschaft untergrabende Handlungsweise auf das Energischste zu untersagen. Sollten Sie weiterhin noch diese beschämende Tätigkeit fortsetzen, so ist Ihre Entlassung eine beschlossene Tatsache. Bei meinem nächsten Besuche am Werke erwarte ich eine mündliche Erklärung.*«[14]

Dieses harmlose Vergnügen, ein bisschen Kegel scheiben, führt zu solchen Konsequenzen. Natürlich kann Smetana sich leicht ausmalen, wer ihn angeschwärzt hat. Es kann nur dieser verdammte Nemecek gewesen sein. Wenn dieser nachtragende Mensch ihm seinen Traum zerstört, er am Ende aus dem Werk fliegt und mit seiner Familie auf der Straße landet, zum *Fechten*[15] gezwungen ist, dann wird er ihn umbringen. So oder so wird ein Nachspiel unausweichlich bleiben.

Die Werksleitung ist ungeheuer streng. Jedes Vergehen, jeder Regelverstoß wird penibel im Arbeitsbuch vermerkt. Wer es wagt, für mehr Rechte einzutreten, wird sofort als Aufrührer stigmatisiert. Wahrscheinlich wird der Schluck Bier vorhin ihm noch einen weiteren Eintrag im Arbeitsbuch einbringen.

Jetzt ist das Maß endgültig voll. Lange hat Miroslav Smetana mit sich gerungen, aber dieser Zettel in seiner Hosentasche bestärkt ihn, sich endlich aufzulehnen. Daher wird er nach getaner Arbeit das Gasthaus »Siegels« in der Triester Straße aufsuchen und an einer Versammlung des *Arbeitsbildungsvereins* teilnehmen. Ob nun seine Frau Kristyna mit ihm schimpft oder nicht. Man darf sich nicht mehr alles gefallen lassen. Ziegelbehm sind ebenso Menschen wie alle anderen. Kristyna lässt alles mit sich machen, fürchtet nur, dass ihnen das Dach, das es nicht wert ist, so bezeichnet zu werden, über dem Kopf weggenommen wird. Was soll dann aus den Kindern werden? Noch viel tiefer sinken ist kaum noch möglich.

Insgeheim wurmt es Smetana maßlos, dass er zu feige war und sich nicht sofort dieser Handvoll unzufriedener Kollegen angeschlossen hat, die sich zuerst im Wirtshaus »Schlusche« in Inzersdorf zusammenfanden. Damals hat er sich noch von Kristyna breitschlagen lassen, nicht hinzugehen. Heute sicher nicht mehr.

Nachdem die Inzersdorfer Bürgerlichen und die Bauern der Umgebung mitbekamen, was sich in der Gaststube ereignete, waren sie alles andere als begeistert. Daher waren die Ziegelarbeiter gezwungen, sich nach einem Ausweichquartier umzusehen.

Dabei geht es ihnen gar nicht um Revolution schlechthin. Victor Adler hat jenen, die des Lebens und Schreibens kundig sind, mit seinen Sozialreportagen über die Ziegelarbeiter die Augen geöffnet. Daher möchte dieser Verein seinen Mitgliedern Lesen, Schreiben, Rechnen, Reden beibringen, aber auch dem gemeinsamen Gesang wird genügend Raum gewidmet. Es geht darum nachzuholen, was einem bisher vom Schicksal verwehrt wurde. Bildung ist gefragt. Wer das Analphabetentum hinter sich lässt, hat Chancen weiterzukommen.

Immer lauter werden die Stimmen, und die Gerüchte verdichten sich, dass die Monarchie bald zu Ende sein wird, dass Österreich-Ungarn im Sterben liegt. Genaues weiß niemand. Manche Pessimisten sprechen sogar davon, dass bald Krieg droht.

Miroslav Smetana und die anderen sind der festen Überzeugung, dass sie dem Sozialdemokraten Victor Adler sehr viel zu verdanken haben. Ohne ihn wären die fürchterlichen Zustände in den Ziegelwerken und für die Arbeiter kaum an die Öffentlichkeit gedrungen.

Bereits 1888 berichtete Adler in seinem Wochenblatt »Gleichheit«[16] über die untragbaren Missstände. Zwar ist die Aufregung in der Bevölkerung groß, aber tatsächlich änderte sich zugunsten der Betroffenen nichts.

Miroslav Smetana kann sich bestens erinnern, mit welchen Hoffnungen er mit seinem Freund Adam nach Wien gekommen war, wo es endlich Arbeit gab. Doch zu einem bescheidenen, abgesicherten Leben und ein bisschen Wohlstand reicht es für beide bis heute nicht. Zu Reichtümern kamen nur die anderen.

Es begann mit Alois Miesbach, der den bis dahin aus militärischen Gründen genutzten Fortifikationsziegelofen kaufte und rasch erkannte, dass in der industriellen Ziegelfertigung am Wienerberg eine blühende Zukunft lag. 1819 gründete er die *Wienerberger Ziegelwerke*. Stetig baute er sein Unternehmen aus, brachte es um 1850 bereits auf sieben Ziegelfabriken in und um Wien, stieg zu Europas größtem Ziegelfabrikanten auf. Bereits 1857 starb Miesbach kinderlos. Sein Erbe trat sein Neffe Heinrich Drasche von Wartinsberg an. Inzwischen sind rund zehntausend Menschen beschäftigt.

Sowohl Onkel als auch Neffe führten das Ziegelimperium patriarchalisch, allerdings mit großem Sozialbewusstsein, selbstverständlich nicht uneigennützig. Miesbach war bemüht, seine Arbeiter zu versorgen und gleichzeitig für seine Zwecke zu erziehen. Drasche trat in seine Fußstapfen. Wovon andere Arbeitnehmer nur träumen konnten, am Wienerberg gab es Renten- und Krankenversicherung und verschiedene Sozialleistungen. Auf dem Werksgelände wurden eine Kinderbewahranstalt, eine Schule, ein Krankenhaus und eine Schwimmschule gebaut. Ebenso stellten Miesbach und Drasche Wohnraum auf dem Werksgelände zur Verfügung. In der Zeit um 1850 wurden an die hundert Wohnhäuser errichtet.

Seit 1885 kann auch der *Böhmische Prater*, ein Vergnügungspark, besucht werden. Zwei Jahre zuvor, 1883, kamen zahlreiche Schaustellerfamilien aus Böhmen und Mähren auf den Laaer Berg. Ein erstes Ausflugsgasthaus, entstanden aus einer ehemaligen Werkskantine der Ziegeleien, eröffnete. Doch für die Arbeiter ist es ein unerschwingliches Vergnügen. Wer sieben Tage die Woche durcharbeitet, hat keinen Kopf mehr für Ringelspiele und andere Attraktionen. Und vor allem fehlt ihm das Geld dafür. Zuerst lehnten die vergnügungssüchtigen Wiener diesen Böhmischen Prater ab, weil in dieser Gegend doch »die Behm hausen«, doch zunehmend finden sie daran Gefallen.

Nur zwölf Jahre nach der Übernahme zog Heinrich Drasche sich 1869 aus dem Geschäft zurück. Bisher waren, trotz aller sozialen Errungenschaften, die Lebens- und Arbeitsbedingungen alles andere als rosig, nun wurde es sehr schlimm. Auch der Börsengang der *Wienerberger* im gleichen Jahr brachte keinerlei spürbare Verbesserungen für die Belegschaft. Im Schnitt müssen fünfzehn Stunden pro Tag gearbeitet werden. Im Sommer nochmals um drei mehr. Natürlich auch am Wochenende und freie Tage gibt es nicht.

Was Miesbach und Drasche aufgebaut hatten, wurde bald zunichte gemacht. Die Forderungen der Arbeiter nach einem halbwegs menschenwürdigen Dasein blieben ungehört.

Die Ziegelmanufaktur wurde in die *Wienerberger Ziegelfabriks- und Bau AG* umgewandelt. Jetzt bestimmt ein Bankenkonsortium. Der eingesetzte Geschäftsführer hat dafür zu sorgen, dass die Produktion floriert. Alles andere ist unwichtig. Die Zahlen müssen stimmen, Punktum.

1871 kamen Miroslav Smetana und sein Freund Adam Novotny mit den größten Erwartungen nach Wien, doch ihre Hoffnungen wurden bitter enttäuscht. Beide stammen aus Familien verarmter Bauern und Kleinhäusler. Wirtschaftliche Krisen in Südmähren und Böhmen ließen diesen Menschen keine andere Wahl, wenn sie nicht verhungern wollten, mussten sie abwandern.

In Scharen strömten die Leute ab 1850 nach Wien und landeten vorwiegend auf dem Laaer und Wienerberg. Zuerst kamen nur die Männer. Doch in den Wintermonaten gab es für die Zuwanderer kaum Arbeit, daher kehrten diese Wanderarbeiter wieder zu ihren Familien zurück, um – sobald die Schneeschmelze einsetzte – wieder den Weg nach Wien erneut anzutreten. Dieses Mal nicht mehr alleine, sondern mit ihren Familien.

Die Frauen mühen sich als *Ziegelschlägerinnen* ab, während die Männer sich als *Lehmscheiber* plagen und die Kinder als *Aufreiber* eingesetzt sind. Ihre Aufgabe ist es, die noch feuchten Ziegel wie die Zinnsoldaten aufeinanderzuschlichten.

Die sanitären und hygienischen Zustände sind die ideale Brutstätte für sämtliche Krankheiten und Beschwerden. Gicht und Rheumatismus bekommen im Laufe der Jahre fast alle Erwachsenen, ebenso Gelenksentzündungen. Das Lehmtreten im kalten Wasser, eine einseitige Belastung bestimmter Körperpartien, fördern zusätzlich diese Leiden.

Blattern, Typhus, Cholera und Ruhr wüten in den Arbeiterquartieren. Die Kindersterblichkeitsrate ist am Laaer und Wienerberg extrem hoch, weit über dem Wiener Durchschnitt.

Die karge Freizeit verbringen die Männer vorwiegend in der Werkskantine oder in den umliegenden Wirtshäusern. Um der Tristesse des Alltags zu entfliehen, greifen sie zum selbst gebrannten Gerstenschnaps und zum Rum. Die Folge ist ein überall sichtbarer schwerer Alkoholismus. Der ohnehin miese Lohn wird versoffen, bei den Wirten angeschrieben, und die Schuldenfalle klappt zu. Zwangsläufig führt dieser Teufelskreis zu Streit und Gewalt in den Familien.

Zum Glück gehört Miroslav Smetana nicht zu den Kollegen, die ihren Frust im Alkohol ertränken. Wenn er es sich leisten kann, gönnt er sich ab und zu ein Bier, mehr nicht. Er fasst in die Hosentasche nach seinem Sacktuch, fühlt die Abmahnung zwischen seinen Fingern. Ihm graut vor dem kommenden Mittwoch. Da ist immer Rapporttag. Dann muss er sich vor der Werksleitung für sein unerlaubtes Kegeln rechtfertigen. Der Ausgang ist ungewiss. Schlimmstenfalls fliegt er aus dem Werk und verliert gleichzeitig seine Baracke. Sollte das geschehen, weiß Smetana, wen er dafür zur Rechenschaft ziehen wird.

Zwar sind in seinem Arbeitsbuch nur wenige Verfehlungen verzeichnet, zumindest, was die Geschäftsführung darunter versteht, aber man kann nie wissen, wie diese Großkopferten aufgelegt sind.

Selbst Frauen und Kinder bleiben nicht vor deren Launen verschont. Sie werden ordinär beschimpft und auch oft geschlagen. Väter müssen für Schäden, die ihre Kinder verursachen, aufkommen und von ihrem miserablen Lohn bezahlen. Oft verheimlichen die Kinder, wenn sie Unfug angestellt haben. Wird der unwissende Vater mit den Tatsachen konfrontiert, setzt es meist zu Hause Schläge.

Die Praxis der Entlohnung in den Ziegelwerken ist zwar offiziell verboten, doch niemand schert sich darum. Es herrscht das *Trucksystem*, oder wie es die Arbeiter nennen, das *Blechwesen*. Geld existiert nicht, nur Blechmarken, die ausschließlich auf dem Werksgelände Gültigkeit besitzen.

Damit dürfen nur in den Kantinen und Gasthäusern Lebensmittel von schlechter Qualität, jedoch zu überhöhten Preisen eingekauft werden. Allerdings nicht überall. Jedem ist eine bestimmte Kantine zugewiesen, in der ausschließlich die Blechmarken gegen Naturalien eingetauscht werden.

Als noch Miesbach und Drasche den Ton angaben, herrschten nahezu paradiesische Zustände, zumindest die Wohnverhältnisse betreffend. Eine Wohnung in den Arbeiterwohnhäusern bestand aus einem Zimmer und einer Küche, der Zins wurde vom Lohn abgezogen. Im Winter sorgte die Betriebsleitung für die Versorgung mit Brennmaterial.

Unter der neuen Führung sind sämtliche Küchen für mehr Schlafplätze herausgerissen worden. Die Räume werden mit vierzig bis fünfzig Personen belegt. Manchmal sogar mit bis zu siebzig vollgepfercht. Viele müssen sich mit dem blanken Fußboden zufriedengeben. Wer noch ein Bett hat, vermietet es an einen *Bettgeher*, um sich noch ein paar Kreuzer extra dazuzuverdienen. Während der eine arbeitet, schläft der Fremde in seinem Bett.

In diesen Häusern sind Gestank, Lärm und Dreck unerträglich. Die Atemluft ist knapp. Es gibt keinerlei Privatsphäre. Alles passiert vor den Augen der anderen. Es wird gezeugt und gleichzeitig gestorben. Selbstverständlich bekommen die Kinder alles mit.

Wer selbst kein Plätzchen mehr auf den Fußböden findet, meist sind es ledige Männer, muss sich in den Pferdeställen einquartieren oder schlägt sein Nachtlager in den sogenannten Ringöfen auf. Die *Ringspatzen*, wie sie allgemein genannt werden, sind die Ärmsten der Armen.

Da ist Miroslav Smetana mit seiner Baracke noch bestens bedient. Davon profitiert auch sein lediger Jugendfreund Adam Novotny. Er ist Smetanas Bettgeher und muss natürlich nichts bezahlen. Niemals würde Adam das Vertrauen seines Freundes missbrauchen, wenn er mit Kristyna alleine in der Hütte ist. Selbstverständlich vertraut Smetana ihm blind.

»Kommst du heute Abend mit zur Versammlung beim Siegels-Wirt?«, fragt Miroslav Smetana seinen Freund.

»Eher nicht«, antwortet Adam Novotny, »Kristyna wird mit dir schimpfen.«

»Das ist mir wurscht.« Smetana ist zu allem entschlossen. »Ich kann so nicht mehr weiterleben. Wir müssen der Werksführung endlich begreiflich machen, dass sie nicht länger so mit uns allen umspringen kann.«

»Wieder streiken wie vor einem Jahr?« Adam Novotny ist sich unsicher. »Das geht doch wieder schief.«

»Heute spricht der Kořinek zu uns«, lässt Smetana sich nicht darauf ein.

»Wer ist das?«

»Einer von uns«, erklärt der Freund, »aus Czaslau in Böhmen. Karl Kořinek ist auf unserer Seite, kämpft zusammen mit dem Adler für unsere Rechte.«

»Viel haben sie aber noch nicht für uns erreicht«, bleibt Novotny weiterhin skeptisch.

»Sei mir nicht bös', Adam, aber wenn alle so denken würden wie du, ändert sich nie etwas für uns. Was der Kořinek sagt, hat Hand und Fuß.«

»Und woher weißt du das?«

»Der Luttenhofer hat es mir erzählt. Einer von den Wienern, der hagere Lehmscheiber. Du kennst ihn. Der Einäugige, dem vor zwei Jahren bei einer Wirthausrauferei ein Auge ausgeschlagen wurde.«

»Ah der!« Adam Novotny zeigt sich wenig beeindruckt. »Na dann ...«

Miroslav Smetana lässt es sich nicht anmerken, aber in letzter Zeit kennt er sich mit seinem alten Freund nicht aus. Zwar möchte Adam ebenso, dass allen Arbeitern mehr Rechte zugestanden werden, aber sich dafür einsetzen oder gar selbst aktiv werden, unterlässt er. Smetana gewinnt immer mehr den Eindruck, dass Novotny sich mehr und mehr als Mitläufer entpuppt, kein Risiko einzugehen bereit ist und lieber aus der zweiten Reihe schießt.

Ebenso irritiert Smetana seit längerer Zeit, dass sein Freund und Nemecek einen überaus freundlichen Umgang miteinander pflegen, obwohl der verhasste Vorarbeiter auf Novotny genauso herumhackte wie auf ihm selbst. Das liegt etwas in der Luft, aber Smetana weiß nicht, was diesen plötzlichen Umschwung ausgelöst hat. Ihm gegenüber verhält Adam Novotny sich nicht anders als sonst, aber dennoch hat er sich verändert. Zwar ist Smetana nur ein einfacher Mann, doch so leicht lässt er sich nichts vormachen.

Es braucht seine Zeit, bis er etwas durchschaut.

Seit der einäugige Luttenhofer ihm einiges über diese neue, im Entstehen begriffene Arbeiterbewegung erzählt hat, ist er Feuer und Flamme dafür, will sich vermehrt dafür engagieren. Ob Adam Novotny nun mitzieht oder nicht. Der Einäugige beschäftigt sich eingehend damit, weiß sehr viel darüber, und Smetana ist ein wissbegieriger Zuhörer.

Die Solidarisierungsbestrebungen der Arbeiter begannen bereits vor einigen Jahrzehnten. Die neue Bewegung kam aus England herüber, die sich schon zu Beginn des neunzehnten Jahrhunderts etablierte und auf dem Festland im Deutschen Reich ebenfalls Fuß fassen konnte.

In Wien erkannten die Arbeiter während der Revolution von 1848, dass nur Bildung ihnen helfen konnte, einen gesellschaftlichen Aufstieg zu schaffen. Der Buchbindergeselle Friedrich Sander gab mit seiner Forderung »*Wir aber verlangen Bildung! Bildung als einzige Quelle von Freiheit! Belehrung durch leichtfaßliche Vorträge, Förderung der Bildung durch eine Bibliothek, Förderung der Geselligkeit durch einen Gesangsverein und Deklamationen*«[17] den entscheidenden Anstoß.

Aufgrund seiner Initiative kam es am 24. Juni 1848 im Gasthof »Fürstenhof«[18] zur Gründung des »Ersten Wiener Arbeitervereins«. Als im August 1848 die Arbeiterlöhne drastisch gekürzt wurden, organisierte Sander Protestdemonstrationen, die blutig niedergeschlagen wurden. Der Buchbindergeselle schaffte es, Karl Marx im August und September nach Wien zu holen, der im Verein zwei Referate über die sozialen Verhältnisse in Europa hielt. Allerdings kam der Verein nicht über das Gründungsstadium hinaus. Im Oktober 1848 wurde die Revolution endgültig gewaltsam beendet, und somit war auch das Ende dieses ersten Arbeitervereins besiegelt.

Erst mit der Dezemberverfassung 1867 kommt ein erneuter Durchbruch, da durch das Vereins- und Versammlungsgesetz die Gründung unpolitischer Vereine erlaubt ist. Jetzt geht es den Arbeitern nicht mehr nur um Bildung, sie fordern soziale Absicherung ihrer Mitglieder durch Kranken- und Invaliditätskassen, das Wahlrecht und Pressefreiheit.

In Ottakring kämpft dafür unermüdlich Franz Schumeier. Mit einem geschickten Schachzug trickst er die Obrigkeit, zumindest für eine Zeit lang, aus, indem er seinen politischen Verein ab 1886, als »Rauchclub Apollo« tarnt.

Politisch und ideologisch orientieren die Arbeiterbildungsvereine sich an den deutschen Sozialdemokraten sowie an der *Ersten Arbeiterinternationale* von 1864, was wiederum den Behörden in die Hände spielt, sie Verbote nach eigenem Gutdünken erlassen können.

»Das sind wir auch dem Oberwinder und dem Scheu schuldig«, meint Miroslav Smetana, »die haben sich für uns ins Zeug gelegt und mussten dafür büßen.«

»Noch nie gehört«, sagt Adam Novotny achselzuckend. »Warum sollen wir uns für die beiden einsetzen?«

»Weil sie Pioniere der Arbeiterbewegung sind«, klärt Smetana, inzwischen etwas ärgerlich, ihn auf. »Vor zwanzig Jahren hatte man sie wegen Hochverrats angeklagt und zu jeweils fünf Jahren Kerker verurteilt.«

»Aha«, zeigt Novotny sich unbeeindruckt, »das weißt du auch vom einäugigen Luttenhofer.«

»Genau.«

Ein Jahr nach ihrer Verurteilung wurden Heinrich Oberwinder und Andreas Scheu 1871 amnestiert. Danach gingen sie ins Ausland, um ihre Arbeit fortzusetzen.

1870 wurde vom Reichsrat das Koalitionsgesetz beschlossen. Jetzt waren auch politisch motivierte Vereine erlaubt. Innerhalb von zwei Jahren schossen die Arbeiterbildungsvereine wie die *Schwammerln*[19] aus dem Boden. Achtzigtausend Mitglieder waren 1872 in neunundfünfzig dieser Arbeiterbildungs- und in achtundsiebzig Gewerkschaftsvereinen registriert.

Auch die arbeitenden Frauen blieben nicht untätig. Am 5. Februar 1871 wurde im Gasthaus »Engel« in Fünfhaus der erste Arbeiterinnen-Bildungsverein gegründet, mit der Zentrale in der Gumpendorfer Straße 64 in Mariahilf, der rasch auf vierhundert Mitglieder anwuchs. Doch mangelnde Unterstützung zwang den Verein, sich bereits wieder 1877 aufzulösen.

Es sollte bis zum 8. März 1889 dauern, bis wieder das Interesse für die Anliegen der Frauen öffentlich wurde. In einem offenen Brief im sozialdemokratischen Wochenblatt »Gleichheit« schrieb die Arbeiterin Viktoria Kofler: »*Lasset uns an Euren Studien theilnehmen, errichtet Unterrichtskurse für Arbeiterinnen, bemüht Euch, die Euch bekannten Arbeiterinnen dafür zu interessiren, und Ihr werdet bald uns nicht nur zahlreich bei Euren Veranstaltungen erscheinen, nein, in Euren Reihen muthig kämpfend sehen.*«

Koflers Appell trägt Früchte. Mithilfe des Arztes und Journalisten Victor Adler fand vor wenigen Tagen, am 29. Juni 1890, die Neugründung des Arbeiterinnen-Bildungsvereins im Gasthaus »Zum Goldenen Luchsen« in Lerchenfeld[20] statt. Zur ersten Obfrau wird Anna Steiner, die Ehefrau eines Bäckereiarbeiters, gewählt. Die Versammlungen finden am Neubaugürtel 44 statt, wo auch eine Bücherei eingerichtet ist. Der Verein unterhält auch ein eigenes Organ, die »ArbeiterInnen-Zeitung«[21].

Die Lehrerin Auguste Fickert, eine Vertreterin des radikalen Flügels in der bürgerlichen Frauenbewegung, die sich nicht für Akademikerinnen einsetzt, sonders besonders für die völlig rechtlosen Hausmädchen und Gehilfinnen, hält regelmäßig Vorträge, ebenso wie ihre unermüdliche Mitstreiterin Adelheid Popp.

Trotz der gesetzlichen Grundlage bleiben diese Arbeiterbildungsvereine den Behörden ein Dorn im Auge. Vereinseigene Zeitungen, Bücher und Broschüren werden ständig zensiert oder gleich beschlagnahmt, Veranstaltungen verboten, und nahezu täglich finden in Wien Hausdurchsuchungen statt.

Der einäugige Luttenhofer ist von Anfang an dabei. Vor der gesetzlichen Grundlage bewegten sich die Aktivitäten der Arbeiter in einer halb illegalen Grauzone. Luttenhofer war auch am 4. Dezember 1881 in der Versammlung, die im Gasthaus »Zum grünen Tor« in der Neulerchenfelder Straße stattfand und plötzlich eskalierte.

Polizeikommissär Franz Kadlec beobachtete die Arbeiter argwöhnisch. Als sie Lieder sangen, die in seinen Ohren aufrührerisch klangen, beendete er die Veranstaltung. Die Arbeiter ließen sich das nicht gefallen und verprügelten das Auge des Gesetzes. Das zog böse Folgen nach sich. Noch in der gleichen Nacht wanderten der Wirt und beteiligte Arbeiter hinter Gitter. Luttenhofer, zumindest erzählte er es Miroslav Smetana, konnte noch rechtzeitig untertauchen. Am 22. Jänner 1882 verurteilte das Gericht die angeblichen Rädelsführer Eduard Doleschal zu drei Jahren und Franz Mangel zu zwei Jahren schweren Kerkers.

Zunehmend sah die Hofburg in dieser Entwicklung eine ernste und nicht zu unterschätzende Gefahr, zumal sich die unterschiedlichen Vereine zu einer einheitlichen politischen Bewegung zu formieren begannen. Deshalb bestand der Kaiser auf rigoroses Vorgehen der Polizei und Behörden.

Innerhalb der Arbeiterbewegung bildete sich eine radikale, anarchistische Gruppierung um den gebürtigen Augsburger Johann Most, dem Herausgeber der Zeitschrift »Freiheit« und um Joseph Peukert.

Es wurden mehrere schwere Straftaten verübt. Ein Überfall auf den Schuhwarenfabrikanten Joseph Merstalliger, mehrere Attentate, zwei Polizisten ermordet. Anlass genug, egal, ob die Taten nun tatsächlich von Anarchisten begangen wurden oder nicht, am 30. Jänner 1884 den Ausnahmezustand über Wien, Floridsdorf, Korneuburg und Wiener Neustadt zu verhängen, der erst 1891 begrenzt wieder aufgehoben werden wird.

Jetzt bot sich für die Hofburg die Gelegenheit, hart durchzugreifen. In der ersten Woche des Ausnahmezustandes wurden dreihundert »Aufrührer« aus Wien ausgewiesen. In einer Wohnung in Lerchenfeld fand die Polizei eine illegale Druckerei. Achtzehn Personen mussten zwischen drei und zwölf Jahren hinter Gitter.

Vorläufig war das Ziel erreicht, die Zerschlagung der Arbeiterbewegung. Versammlungen, Vereine und Publikationen wurden verboten, der Großteil der Funktionäre entweder verhaftet oder ausgewiesen.

Doch es wäre nicht Wien, wo selten so heiß gegessen wie gekocht wird. Zunehmend lockerten sich Ausnahmezustand und Verbote, unpolitische Vereine wurden wieder zugelassen. Rasch war die Königsidee geboren – *Rauchclubs*.

Man mietete in einem Gasthaus für ein bis zwei Abende pro Woche das Extrazimmer. Als Dekoration dienten ein paar herumliegende Pfeifen und Virginia-Zigarren, die perfekte Tarnung für die eigentliche Untergrundarbeit.

Der zweiundzwanzigjährige Hilfsarbeiter Franz Schumeier führte 1886 im Gasthaus »Zum weißen Engel« in Neulerchenfeld in der Grundsteingasse erfolgreich einen Rauchclub mit dem wohlklingenden Namen »Apollo«. Allerdings war der Ort eher unüberlegt. Ein Wirtshaus neben dem anderen, Huren lauerten auf ihre Freier, und die *Peitscherlbuam*, die Zuhälter, trugen ihre Revierkämpfe mit Schlägereien und Messern aus.

Selbstverständlich wusste die Polizei das, und entsprechend häufig fanden Streifen statt. Schumeier erkannte rechtzeitig die drohende Gefahr und übersiedelte mit dem »Apollo« in ein Gasthaus in der Brunnengasse 12. Eine Zeit lang ging es gut, doch ein Tischlermeister verpfiff Schumeier und seine Gesinnungsfreunde.

Die Polizei rückte an, umstellte das Lokal, und alle vierundzwanzig Anwesenden wurden verhaftet. Die Untersuchungshaft dauerte bis zu sieben Wochen, was für viele den Verlust ihres Arbeitsplatzes bedeutete. Im darauffolgenden Prozess ergingen dreiundzwanzig Freisprüche, nur Franz Schumeier fasste vierundzwanzig Stunden Arrest aus. Gleichzeitig bedeutete es auch das Ende für alle Rauchclubs.

Doch die Arbeiterbewegung konnte deshalb nicht zerschlagen werden. Schumeier gab nicht auf. Im September 1889 unternahm er einen neuerlichen Versuch, gründete in Neulerchenfeld einen Arbeiterbildungsverein im Wirtshaus »Zum schwarzen Adler« an der Ecke Neulerchenfelder Straße und Gürtel.

Dieses Mal musste ein Strohmann als Obmann fungieren, ein Eisenmöbelschlosser namens Stranzfeld, weil Schumeier aufgrund seiner Vorstrafe nicht in Erscheinung treten durfte. Der neue Verein führte den Namen »Apollo« weiter und hatte binnen kürzester Zeit tausenddreihundert Mitglieder.

Jetzt, 1890, ist der alte neue Verein wieder an seinen Ursprung ins Gasthaus »Zum Weißen Engel« zurückgekehrt, doch Schumeier trägt sich mit dem Gedanken, demnächst in die »Rote Bretze« in der Grundsteingasse 25 zu übersiedeln, wo viele beliebte und bekannte Volkssänger auftreten.

Auf sämtliche Versammlungen wirft die Polizei ein strenges Auge. Daher weicht Schumeier mit einigen Vertrauten nach den Zusammenkünften immer in ein kleines *Tschocherl*[22], ins Café Palla am Gürtel, aus, wenn Dinge besprochen werden, die nicht für die Ohren der Gesetzeshüter bestimmt sind.

Längst sehen die »Apollo«-Mitglieder sich als wichtigen Teil der jungen, aber stärker werdenden SDAP, der Sozialdemokratischen Arbeiterpartei. Vor nicht einmal einem Jahr, vom 30. Dezember 1888 bis zum 1. Jänner 1889, fand unter Führung von Victor Adler in Hainfeld der Gründungsparteitag statt. Franz Schumeier sollte als Delegierter von Neulerchenfeld und Ottakring teilnehmen, konnte jedoch nicht, da er inhaftiert war.

Am vergangenen 1. Mai trat die SDAP erstmals öffentlich in Erscheinung. Ein Jahr zuvor beschloss der Internationale Sozialistenkongress in Paris, jedes Jahr diesen Tag zum internationalen Kampftag für den Acht-Stunden-Arbeitstag zu erklären.

In der österreichisch-ungarischen Monarchie kam der 1. Mai 1890 einem Generalstreik gleich, denn es herrschte allgemeine Arbeitsruhe. Selbstverständlich nahm Miroslav Smetana an der Seite des einäugigen Luttenhofer daran teil. Auch gegen den Widerstand von Smetanas Frau Kristyna. Nur Adam Novotny drückte sich, redete sich auf unerträgliche Kopfschmerzen aus, was sein Freund Smetana ihm aber bis heute nicht abkaufte. Vielmehr hatte Novotny Angst vor Repressalien.

Zähneknirschend musste die Hofburg dem Treiben tatenlos zusehen und es dulden, wenn sie keinen Aufstand riskieren wollte, und diese neue Partei widerwillig akzeptieren.

Allein in Wien fanden an die sechzig Versammlungen statt, und mehr als hunderttausend Menschen marschierten im Prater. Der größte Arbeiterzug kam aus Neulerchenfeld und Ottakring, alle in ihrem Sonntagsstaat gekleidet. Polizei und Militär hielten sich im Hintergrund, es gab nicht den geringsten Zwischenfall. In den Kaffeehäusern lasen echauffierte Bürger in der »Neuen Freien Presse« vom 1. Mai 1890: »*Die Soldaten sind in Bereitschaft, die Tore der Häuser werden geschlossen, in den Wohnungen wird Proviant vorbereitet wie vor einer Belagerung, die Geschäfte sind verödet, Frauen und Kinder wagen sich nicht auf die Gasse, auf allen Gemütern lastet der Druck einer schweren Sorge.*«

Malte vorher die Presse den Teufel an die Wand, änderte sie

schlagartig ihre Meinung und lobte das vorbildliche Verhalten der Arbeiter. Friedrich Engels, enger Weggefährte des 1883 verstorbenen Karl Marx, betonte ausdrücklich, dass nirgendwo in Europa dieser 1. Mai so beeindruckend wie in Österreich abgehalten wurde.[23]

»Was ist jetzt, Adam?«, fragt Miroslav Smetana seinen Freund. »Gehst du zur Versammlung mit oder nicht?«

»Nein«, schüttelt Novotny seinen Kopf, »ich leg mich nieder. Ich bin hundemüde.«

»Na wenigstens ist's diesmal kein Schädelweh«, murmelt Smetana und hat dafür keinerlei Verständnis.

»Was hast du gesagt?«

»Nichts«, winkt Smetana ab, »mach, was du willst. Aber eines lass dir gesagt sein, Adam, wenn alle so Zauderer wie du wären, dann gäb's bis heute keine Veränderungen, und der Kaiser in seiner Hofburg und seine Vasallen könnten noch immer mit uns machen, was sie wollen. Ich spür' auch jeden Knochen, und meine Hand tut mir verdammt weh, aber ich geh' hin. Weil's nämlich wichtig ist, verstehst du das? Wenn sich der Adler und der Kořinek nicht so für uns ins Zeug schmeißen, würd's uns noch viel dreckiger geh'n. Nur dem Adler haben wir es zu verdanken, dass endlich diese Scheiß-Blechmarken abgeschafft worden sind. In letzter Zeit versteh' ich dich nicht mehr, Adam.«

»Dafür wärm' ich dir deine Hapf'n an«, geht Novtony nicht näher auf die Vorwürfe ein. »Wenn du zurückkommst, hast du ein warmes Bett, und ich such' mir einen Platz im Stall.«

Smetana ist mehr als verwundert. Was ist bloß mit seinem Freund in letzter Zeit passiert? Dass er vielleicht hinterrücks doch ein Techtelmechtel mit Kristyna angefangen hat, scheidet gänzlich aus. Kristyna würde sich niemals auf einen anderen Mann einlassen. Dafür legt Miroslav Smetana jederzeit seine Hand ins Feuer.

Nie würde Adam ihm in den Rücken fallen, niemals! Dafür ist er zu sehr gläubig und obendrein äußerst obrigkeitshörig, das genaue Gegenteil von Miroslav.

Wütend stapft Smetana durch den Dreck und Staub. Inzwischen ist es dämmrig geworden. Die Hitze ist zwar noch immer nicht abgeklungen, aber zumindest erträglich.

Die Fenster des Extrazimmers im Gasthaus »Siegels« in der Triester Straße sind deswegen weit geöffnet. Smetana ist wild entschlossen, nicht mehr nur passiv mitzumarschieren und an Versammlungen teilzunehmen, er will selbst in der SDAP aktiv werden. Wenn die Ziegelwerke ihn hinauswerfen, es gibt noch andere Fabriken in Favoriten, wo er als Hilfsarbeiter unterkommen kann. Was hat es denn verändert, dass endlich diese Blechmarken als Zahlungsmittel abgeschafft wurden? Weder mehr Lohn noch kann der andauernde Hunger bekämpft werden. Immerhin ein Anfang, obwohl noch viel mehr getan werden muss.

Eine Passage des Artikels, den Victor Adler in der »Gleichheit« schrieb, hat er sich aufgehoben. Inzwischen ist das Papier ziemlich zerfleddert, und er kann den Text längst auswendig. Dennoch trägt er diese Zeilen immer mit sich herum, damit sie ihn ständig an das gemeinsame Schicksal erinnern.

»*... Nun denn, diese armen Ziegelarbeiter sind die ärgsten Sklaven, welche die Sonne bescheint. Die blutige Ausbeutung dieser elendsten aller Proletarier wird durch das verbrecherische, vom Gesetz ausdrücklich verbotene Trucksystem, die Blechwirtschaft, in unbedingte Abhängigkeit verwandelt. Der Hunger und das Elend, zu dem sie verdammt sind, wird noch entsetzlicher durch die Wohnungen, in welche sie von der Fabrik oder ihren Beamten zwangsweise eingepfercht werden ...*«[24]

Nemecek, der Vorabeiter, wird ihn sicherlich bei der Werksleitung verpetzen. Zusammen mit dem verbotenen Kegeln, ein mächtiger schwarzer Punkt im Arbeitsbuch. Am Mittwoch nach dem Rapport wird Smetana Bescheid wissen. Er hat gehört, dass *Freissler* Arbeitskräfte sucht. Immerhin ist Anton Freissler k.u.k. Hoflieferant und führend in der Monarchie in der Produktion von Personen- und Lastenaufzügen. *Hutter & Schrantz* sind ebenfalls eine Option, und der Eisenwarenhersteller beliefert ebenfalls den Hof.[25]

Je näher Miroslav Smetana dem Wirtshaus kommt, desto stärker klingen die Stimmen nach draußen.

Wer schafft das Gold zu Tage?
Wer hämmert Erz und Stein?
Wer webet Tuch und Seide?
Wer bauet Korn und Wein?
Wer gibt den Reichen all ihr Brot
Und lebt dabei in bitt'rer Not?
Das sind die Arbeitsmänner
Das Proletariat
Das sind die Arbeitsmänner
Das Proletariat …

Smetana kennt dieses Arbeiterlied nur zu gut, und oft genug hat er es bisher gesungen, besonders lautstark und inbrünstig am vergangenen 1. Mai im Prater. Der Text ist bereits 1870 von Johann Most geschrieben worden, und gesungen wird es zur Melodie »Zu Mantua in Banden«, einem Kampflied für den Tiroler Freiheitskämpfer Andreas Hofer.

Smetana ballt die Fäuste in seinen Hosentaschen, beschleunigt seinen Schritt und stimmt in die zweite Strophe ein.

Wer plagt am frühen Morgen
sich bis zu späten Nacht?
Wer schafft für andere Schätze
Bequemlichkeit und Pracht?
Wer treibt allein das Weltrad

und hat dafür kein Recht im Staat?
Das sind die Arbeitsmänner
Das Proletariat
Das sind die Arbeitsmänner
Das Proletariat.

Als Miroslav Smetana die Türe des Extrazimmers öffnet, schlägt ihm eine schwere Wolke aus Bierdunst, billigem Fusel, Virginia-Qualm und der Rauch *selbst gewutzelter*[26] Zigaretten entgegen. Die Versammlung ist bereits in vollem Gange. Auch einige Ziegelarbeiterinnen haben sich hinzugesellt. Dass sollte einmal Kristyna sehen, denkt Smetana, dann würde sie anders denken. Wir sind weder Aufrührer, Anarchisten oder Spinner. Wir wollen nur für unsere zustehenden Rechte einstehen. Und vor allem sind wir nicht allein.

Der einäugige Luttenhofer hebt kurz seine Hand zur Begrüßung, als er Smetana erblickt, der sich noch zu ein paar anderen an einen Tisch nahe der Schank hinzusetzt. Das Extrazimmer ist brechend voll. Während der dritten Strophe *wutzelt*[27] sich Smetana selbst eine Zigarette mit den Tabakresten aus zusammenklaubten Tschicks. Richtige Zigaretten kaufen kann Smetana sich nicht leisten, daher ist er auf das *Tschickarretieren*[28] angewiesen.

Wer war von jeher geknechtet
von der Tyrannenbrut?
Wer musste für sie kämpfen
und opfern oft sein Blut?
O Volk, erkenn, dass du es bist
das immerfort betrogen ist.
Wacht auf, ihr Arbeitsmänner
Auf, Proletariat
Wacht auf, ihr Arbeitsmänner
Auf, Proletariat.

Miroslav Smetana blickt sich in der Runde um. Vom verhassten Nemecek ist weit und breit nichts zu sehen, was aber nichts zu bedeuten hat. Der Schweinehund hat überall seine Spitzel, und Smetana ist sich sicher, dass der Vorarbeiter längst weiß, wer heute in diesem Extrazimmer an den klobigen Tischen sitzt.

Abgearbeitete Hände und knochige Fäuste trommeln im Takt auf die Tischplatten. Aus den glanzlosen Augen in hohlwangigen, unrasierten Gesichtern schaut der Hunger. Kaum einer sitzt hier satt herum. Dennoch lodert eine Flamme der Unzufriedenheit in diesen Augen, bereit, das Feuer des Widerstandes zu entfachen. Der Arbeiter, der dieses Lied mit einer verschrammten Gitarre begleitet, gibt mit einem Kopfnicken den Einsatz für die nächste Strophe.

Jetzt sitzt keiner mehr. Alle sind aufgestanden und recken die Fäuste in die Höhe.

Rafft eure Kraft zusammen
und schwört zur Fahne rot
Kämpft mutig für die Freiheit
Erkämpft euch bessres Brot
Beschleunigt der Despoten Fall
Schafft Frieden bald im Weltenall
Zum Kampf, ihr Arbeitsmänner
Auf, Proletariat
Zum Kampf, ihr Arbeitsmänner
Auf, Proletariat.

Ihr habt die Macht in Händen
Wenn ihr nur einig seid
Drum haltet fest zusammen
Dann seid ihr bald befreit
Drängt Sturmschritt vorwärts in den Streit
Wenn auch der Feind Kartätschen speit

Dann siegt, ihr Arbeitsmänner
Das Proletariat!
Dann siegt, ihr Arbeitsmänner
Das Proletariat![29]

Mit dem Schlussakkord ertönen tosender Applaus und Pfiffe. Ein kleiner, schmächtiger Mann drängt sich durch die Menge, steigt auf einen Tisch und macht beschwichtigende Gesten mit den Händen. Langsam kehrt Ruhe ein, und alle warten darauf, was er zu sagen hat.

»Kollegen, einige haben von mir vielleicht schon gehört. Ich bin der Karl Kořinek, ebenso ein Ziegelarbeiter wie alle anderen hier auch. Ich bin einer von den Ziegelbehm, aber es ist wurscht, ob wer von uns a Weana, a Serb', a Krowod, a Behm, a Jud' oder sonst wer ist. Wir sind alle gleich, und wir haben alle nur ein Ziel! Dass uns die Obrigkeit endlich die Rechte gibt, die uns immer schon zugestanden sind, aber uns bisher von den Großkopferten verwehrt bleiben.« Applaus und Bravo-Rufe, auch einige radikale Stimmen erheben sich, fordern den Galgen für die Ausbeuter.

Karl Kořinek hebt abermals beschwörend seine Arme.

»Leut'l'n, seid's g'scheit, Gewalt löst wieder nur Gewalt aus! Unsere Waffe ist das Wort! Gegen Argumente sind auch Gewehrkugeln und Kanonen letztlich machtlos. Hört's mir zu, Kollegen! Wir haben inzwischen einiges erreicht, was wir vor ein, zwei Jahren noch für unmöglich g'halten haben! Ich habe auch zu denen gehört, die geglaubt ham, nix wird sich jemals für uns ändern. Der Herrgott hat für unsereins eben das Elend bestimmt, das ist unser Binkerl, was wir zu tragen haben, bis wir endlich *die Patsch'n strecken*[30] dürfen. Mein bester Freund war die Schnapsflasch'n, i hab' g'soff'n wie ein Loch. Nur, um den Dreck und alles um mich herum vergessen zu können. I hab's net einmal bis zu einem Bettgeher geschafft, i war ein Ringspatz. Einer, der nach der Arbeit im

Ziegelofen hat schlafen müssen. Und selbst wenn ihr Dreck fressen müsst, es kommt die Stund', der Tag und genau dann, wenn ihr nicht mehr damit rechnet. Plötzlich passiert etwas, plötzlich wird es wieder hell in der Finsternis um euch herum.«

Gebannt hängen die Menschen an Kořineks Lippen. Selbst der Wirt hat es aufgegeben, mit seinem Hangerl die Gläser zu putzen. Keiner will jetzt etwas trinken, nur hören, was dieser Mann da oben auf dem Tisch zu sagen hat.

»In meiner G'schicht waren es drei Männer, denen ich es zu verdanken hab', dass ich mir noch nicht die Erdäpfel von unten anschau', sondern hier zu euch sprechen darf. Dass es wieder Sinn macht, zu leben und aus seinem Leben etwas zu machen. Es waren unsere Kollegen Johann Raab und Ludwig Halder, die auch weder ein noch aus wussten. Dann haben sie den Herrn Doktor Victor Adler getroffen und ihm erzählt, was sie da mit uns anstellen, wie sie uns fertigmachen. Der Herr Doktor hat sich als Maurer verkleidet, geheim mit uns geredet, alles genau beobachtet, notiert und mehrere Reportagen über uns in seiner ›Gleichheit‹ geschrieben. Mit mir hat sich der Herr Doktor auch oft unterhalten, als ich ganz tief unten war und ohne den verfluchten Schnaps nicht mehr existieren konnte. Doch er hat erkannt, dass anscheinend doch mehr in mir steckt als nur zu *tschechern*[31]. Also hat mir der Herr Doktor Adler ins G'wissen g'redet, und ich hab' tatsächlich dem Suff abgeschworen. Jetzt bin ich Parteimitglied in der SDAP, und solange mich der Herrgott lässt, werde ich mich für den Herrn Doktor, für die Partei, für euch ins Zeug legen. Die Artikel und die Reportagen vom Herrn Doktor haben bereits erste Früchte getragen. Ich weiß, ihr wisst es alle, es liegt noch ein langer, harter und steiniger Weg vor uns. Aber wenn wir alle an einem Strang ziehen, schaffen wir es!«

Wieder zustimmender Applaus, Bravo- und Hochrufe.

»Jetzt sind sie munter geworden, aufgewacht in ihren Salons,

Separees, in den Kaffeehäusern und Restaurationen, in den Palais und Herrschaftswohnungen, die feinen Damen und eleganten Herren!«, agitiert Karl Kořinek erfolgreich weiter. »Jetzt begreifen sie langsam, was tatsächlich außerhalb ihrer Damast- und Seidenwelt los ist! Wenn auch die bürgerliche Presse die Schriften des Herrn Doktor verunglimpft und lächerlich macht, wenn schon! Es heißt doch, steter Tropfen höhlt den Stein. Natürlich werden uns Proletariern diese Herrschaften nicht persönlich ihre Aufwartung machen! Müssen sie gar nicht, wir werden zu ihnen kommen! Auch der Kaiser wird einsehen müssen, dass niemand in seinem Reich das Recht hat, Menschen auszubeuten!« …

Es wird noch ein langer Abend mit heißen Disputen und Diskussionen. Die Radikalen plädieren für Streik und einen Sturm auf die Paläste, die Gemäßigten versuchen zu beschwichtigen. Alle reden sich die Köpfe heiß, etliche Krügel und Seitel Bier wechseln über die Schank.

Kurz vor Mitternacht löst sich die Versammlung auf. Schließlich muss morgen wieder ordentlich hingelangt werden. Im allgemeinen Trubel hat Miroslav Smetana den einäugigen Luttenhofer aus den Augen verloren. Er wollte noch ein paar Worte mit ihm wechseln, was von Kořineks Rede zu halten ist, wie Luttenhofer die Zukunft für sie alle sieht.

Das letzte Stück des Heimwegs legt Smetana alleine zurück. In der mondhellen Nacht muss er nicht besonders auf seine Schritte achten, und er kommt gut voran. Insgeheim freut er sich auf seinen Strohsack. Endlich die Glieder ausstrecken können, zumindest für ein paar Stunden in einen tiefen Schlaf sinken.

Plötzlich stutzt er. Hinter dem einzigen, winzigen Fenster in der Baracke scheint noch das Petroleumlicht. Was ist da los? Ist etwas mit den Kindern oder mit Kristyna geschehen? Miroslav Smetana legt die letzten Meter im Laufschritt zurück und bleibt wie angewurzelt stehen. Smetana muss zweimal hinsehen, um den unerwarteten Besucher zu erkennen. Auf der wackeligen Bank vor der Hütte sitzt der einäugige Luttenhofer und stopft sich mit zitternden Händen seine Pfeife. Nun erst bemerkt Smetana, dass vor den Füßen des Einäugigen noch ein weiterer Mann bäuchlings liegt und in seinem Nacken ein Taschenfeitl steckt.

»I hab's net mehr verhindern können«, sagt Luttenhofer leise, »i bin z'spät gekommen.«

»Wovon red'st du? Wer is' das?«, fragt Smetana fassungslos.

»Des is' der Nemecek, um den is' net schad'.«

»Was is' passiert? Wo is' meine Frau? Wo sind die Kinder?«

Smetana will in die Baracke, aber Luttenhofer hält ihn zurück.

»Geh net rein, Miroslav. Glaub mir, es ist besser so.«

Schwerfällig erhebt der Einäugige sich, nimmt Smetana am Arm und geht mit ihm ein paar Schritte beiseite.

»Was is' mit meiner Kristyna?«

»Der Herrgott hat's so gewollt«, weicht Luttenhofer aus, aber Smetana versteht ihn auch ohne direkte Antwort.

»Was ist mit meinen Kindern?«

Smetana ist auf die Knie gesunken, vergräbt sein Gesicht in den Händen.

»Denen geht es gut. Sie sind bei Nemeceks Frau.«

Luttenhofer hockt sich zu ihm auf die Erde und erzählt. Auch dem Einäugigen ist nicht verborgen geblieben, dass Nemecek in letzter Zeit zu Adam Novotny äußerst freundlich war. Luttenhofer hasste auch wie der Großteil der anderen diesen Vorarbeiter. Daher war er sehr verwundert, dass dieser plötzlich zu Novotny, an dem Nemecek ständig etwas auszusetzen hatte, plötzlich die Freundlichkeit in Person war. Zufällig belauschte Luttenhofer vor ein paar Tagen ein Gespräch der beiden. Nemecek sagte, dass er noch eine offene Rechnung habe, die lange Zeit zurückliegt, und Novotny könne ihm helfen, sie endlich zu begleichen. Dafür würde Nemecek ihn zu seinem Stellvertreter machen. Er regelt das mit der Werksleitung. Dafür gibt es höheren Lohn, bessere Kost, und Novotny muss nicht länger Bettgeher sein. Tatsächlich willigte Novotny ein.

Zwar wollte Luttenhofer Smetana rechtzeitig warnen, aber es fand sich keine passende Gelegenheit. Die letzten Tage war der Einäugige auf einer Baustelle in Wien eingeteilt worden und schlief auch dort. Nur heute Abend schaffte er es erstmals, wieder auf den Wienerberg zu kommen, um an der Versammlung teilzunehmen. Leider kam Smetana später, und wieder konnte er ihm in dem Wirbel im Extrazimmer nicht sagen, was er mitgehört hatte. Aber das ungute Gefühl ließ Luttenhofer nicht los, und deshalb ging er früher weg, um Nachschau zu halten.

Leider hatte er sich nicht getäuscht. Er kam gerade hinzu, als Nemecek Kristyna brutal vergewaltigte. Er konnte den besoffenen Vorarbeiter von ihr herunterreißen. Zwar schrie Smetanas Frau um Hilfe, aber niemand stand ihr bei. Gewalt ist am Wienerberg alltäglich, und wenn eine Frau schreit, dann schreit sie eben. Keiner kümmert sich näher darum.

Die schweren Blutungen überlebte die kränkliche Kristyna nicht, sie verblutete hilflos. Nemecek grinste nur hämisch, meinte, jetzt gehört sie keinem mehr, und drohte Luttenhofer, wenn er etwas erzählt, wird er es schwer büßen müssen. Natürlich wollte Luttenhofer wissen, was mit Smetanas Kindern geschehen ist. Wieder dieses dreckige Lachen und die zynische Antwort – drei, vier Scheiben Brot und ein bisschen warme Milch verschafften die erwünschte Ruhe. Nemecek hatte die Kinder zu seiner Frau geschickt. Dafür ließen die hungrigen *Potscherln*[32] ihre Mama im Stich, weil sie nicht verstanden, was der eigentliche Grund war. Nachdem Nemecek verschwinden wollte, stieß Luttenhofer ihm in einem günstigen Moment seinen Taschenfeitl ins *Gnack*[33] und wartete auf Smetana.

»So«, sagt Luttenhofer, »jetzt weißt du es. Jetzt lass mich arretieren.«

»Nein«, Miroslav Smetana atmet tief durch, versucht, Fassung zu wahren, »wir werfen die Leich' in eine Lehmgrube. Niemand hat etwas gesehen und gehört. Niemals wird wer darauf kommen, dass du diesen Falotten abgestochen hast.«

»Keine gute Idee«, winkt Luttenhofer ab.

»Dann verschwinde einfach. Jetzt ist noch Nacht, da kannst du leichter weg.«

»Und wohin? Von meiner Familie lebt keiner mehr. Ohne Geld, ohne nix? In einer Zelle habe ich wenigstens eine Pritsche und bekomme regelmäßig zu essen, so lange, bis sie mich hinrichten. Du, kümmer dich um deine Kinder, die brauchen jetzt ihren Vater. Deine Kristyna ist jetzt sicher bei den Engeln.«

Die Männer umarmen sich schweigend, Worte sind jetzt völlig unnötig. Miroslav Smetana geht hinaus in die Nacht.

»Mach keinen Bledsinn«, murmelt Luttenhofer ihm nach, »denk an deine Kinder« und weiß, dass er Smetana nicht zurückhalten kann.

Der schwer geprüfte Mann muss nicht lange suchen. In einer der Boxen im Pferdestall findet Smetana den Mann, mit dem er aufgewachsen ist und dem er blind vertraute. Adam Novotnys unverkennbares Schnarchen verrät ihn.

»Ruhig, ruhig«, besänftigt Smetana den leise schnaubenden Gaul und verpasst Novotny einen kräftigen Tritt.

Schlaftrunken schreckt Adam Novotny hoch, schält sich aus der zerschlissenen Decke, blinzelt und erkennt Smetana im fahlen Mondlicht.

»Was ist los, Miroslav?«

»Nur eine Frage, Adam, warum? Warum hast du meine Familie zerstört?«

»Der Hunger war stärker …«

Mehr kann er nicht mehr zu seiner Verantwortung sagen. Smetana rammt ihm eine herumstehende Mistgabel in den Bauch. Die drei Zinken fixieren den Verräter auf den Holzbohlen. Novotny brüllt mit seinen Schmerzensschreien alle wach.

Widerstandslos lassen Smetana und Luttenhofer sich von der Polizei abführen. Miroslav Smetanas Kinder vergrößern das Heer der Wiener Waisen.

Vorstadt bleibt eben Vorstadt 1891

6. Jänner:	*Der spätere Film- und Volksschauspieler Fritz Imhoff (eig. Friedrich Jeschke) wird geboren.*
11. Jänner:	*Uraufführung von Carl Zellers Operette »Der Vogelhändler« im Theater an der Wien.*
23. Jänner:	*Friedrich Freiherr von Schmidt, Erbauer des Rathauses und anderer Wiener Bauten, stirbt.*
17. Februar:	*Theophil Eduard Freiherr von Hansen stirbt. Der gebürtige Däne aus Kopenhagen schuf das Parlament, die Börse, das Musikvereinsgebäude, den Heinrichshof (1945 zerstört), die Akademie der bildenden Künste, mehrere Ringstraßenpalais, um nur die wichtigsten seiner Bauwerke zu nennen.*
18. März:	*Das erste Telefongespräch von Paris nach London wird über ein Nachrichtenkabel durch den Ärmelkanal geführt. In diesem Frühjahr unternimmt Flugpionier Otto Lilienthal erste Versuche mit einem manntragenden Gleitflugzeug in Derwitz bei Potsdam.*
8. Mai:	*Erste Gemeinderatswahlen nach Eingemeindung der früheren Vororte. Die antiliberale Opposition, die sich unter Karl Lueger und Georg von Schönerer zusammenfindet, schafft einen vollen Erfolg, erlangt dreiunddreißig von sechsundvierzig Mandaten.*
15. Mai:	*Papst Leo XIII. nimmt in der Enzyklika »Rerum Novarum« Stellung zu Sozialfragen und Arbeiterproblemen.*
12. Juli:	*Der spätere Schriftsteller und Stegreifconférencier Anton Kuh wird geboren.*
25. August:	*Thomas Alva Edison erhält das Patent für seine Erfindung des 35-mm-Films.*

17. Oktober: *Eröffnung des Kunsthistorischen Museums; erbaut von Carl von Hasenauer und Gottfried Semper.*

24. November: *Arthur Schnitzler schreibt an seinem »Anatol«-Zyklus und beendet den Einakter »Weihnachtseinkäufe«. Der »Erste Wiener Schiverein«, einmalig in der gesamten Monarchie, wird gegründet.*

29. November: *Julius Raab, der spätere Bundeskanzler, wird in St. Pölten geboren.*

Vielleicht ergibt sich heute eine Chance?

Die beiden jungen Männer haben es bitter nötig. Schließlich sind sie *stier*, also total abgebrannt. Die letzten Gulden, die sie noch besaßen, verloren sie gestern in der Krieau auf dem Trabrennplatz. Eine flüchtige Wirtshausbekanntschaft gab ihnen einen angeblich todsicheren Tipp, wenn sie seine Zeche übernehmen. Dummerweise stiegen die beiden auf dieses Luftgeschäft ein.

»Poseidon« habe bisher jedes Rennen gewonnen, schwor der Saufkumpan bei seiner seligen Frau Mutter, der ihnen vorgaukelte, ein exzellenter Pferdesportkenner zu sein, und mit »Poseidon« immer noch einen Treffer landen konnte. Warum er denn nicht selbst auf diesen gewinnbringenden *Gigerer*[34] wette, fragten sie ihn. Doch der unbekannte vermeintliche Philanthrop meinte nur, er müsse heute noch in einer geschäftlichen Angelegenheit nach Salzburg reisen.

Leider schien »Poseidon« gestern unpässlich gewesen zu sein, hatte keinen guten Tag, oder es war ihm schlichtweg zu blöd, in der Hitze Runde um Runde und von der Peitsche angetrieben im Kreis zu traben. Bereits nach einigen hundert Metern fing er an zu galoppieren und wurde disqualifiziert.

Endlich hatten auch die beiden begriffen, dass sie auf einen *Ganeff*, einen Gauner, hereingefallen waren. Wien mag zwar eine große Stadt sein, aber man begegnet sich immer zweimal im Leben. Wehe dem *Flohbeidl*, wenn er ihnen wieder unter die Augen kommt!

Doch das hilft ihnen im Moment auch nicht weiter. Sie müssen schleunigst an *Flieder*, an Geld, kommen. Ihre Mägen knurren und fordern ihr Recht.

Der *Hatscherte* und der *Rostige* sind ein über Jahre eingespieltes Duo als *Taschlziaga*. Beide stammen aus Krems an der Donau im Niederösterreichischen und wollen in der Kaiserstadt das Glück machen. Leider empfinden sie Arbeit wie eine ansteckende Krankheit und vermeiden alles, um sich erst gar nicht damit zu infizieren. Lieber versuchen sie es auf die illegale Tour und haben es in ihrem Metier, dem Taschendiebstahl, bis zur Perfektion gebracht.

Das Handwerk hatte ein alter Trickdieb von der Hasenleiten in Ottakring ihnen mithilfe einer *Glöckerlpuppe* beigebracht. Eine *gefladerte*[35] Schaufensterpuppe wurde angezogen, und mit Drähten sind an den Taschen kleine Glöckchen angebracht. Der angehende Meisterdieb muss nun lernen, Gegenstände zu entwenden, ohne dass der leiseste Ton erklingt.

Obwohl der Hatscherte und der Rostige über die Volksschule nicht hinausgekommen sind, handwerklich sind sie hochbegabt. Der Spitzname des Hatscherten rührt daher, dass er vor einigen Jahren von einem gehörnten Ehemann in flagranti erwischt wurde und fürchterliche Prügel bezog. Dabei fing er sich einen gewaltigen *Bracholder*, einen fürchterlichen Schlag, ein, der ihn unglücklicherweise gegen eine Tischkante krachen ließ und seine rechte Hüfte schwer lädierte. Seither hinkt er und zieht das Bein nach. Ein Vorteil für die kriminellen Taten des Diebesduos, da der Hatscherte im Bedarfsfall ein erstklassiger Schauspieler ist. Überzeugend und mitleidheischend kann er den *fechtenden*, den bettelnden, Invaliden mimen, während der Rostige, der in einschlägigen Kreisen wegen seiner roten Haare so genannt wird, das Opfer *abstiert*[36].

Leider erweist diese Behinderung sich als Nachteil, wenn das Duo von der *Heh*, der Polizei, verfolgt wird. Der Rostige schafft es meistens davonzurennen, während sein Partner *die Krot fressen muss*[37] und in den *Häfen*, in den Arrest, wandert. Aber auf den Rostigen ist Verlass. Geduldig wartet er, bis sein Komplize die Strafe abgesessen hat, macht inzwischen weiter, und wenn der Hatscherte wieder ein freier Mann ist, erhält er seinen Anteil. Noch nie wurde er vom Rostigen übers Ohr gehauen.

Irgendwo in dem Getriebe und Gewurl an der Sirk-Ecke, einen Steinwurf von der Hofoper entfernt, muss doch heute noch etwas zu machen sein. Zumindest einen *Fleck* ziehen, eine Brieftasche erbeuten. Zumindest so viel muss drin sein, dass es für ein billiges Nachtlager in einem Wirtshaus reicht. Vielleicht gelingt es ihnen auch, für die Nacht noch ein naives Dienst- oder Wäschermädl aufzugaberln?

Zumindest wäre das Bett gesichert und wahrscheinlich miteingeschlossen ein frivoles Vergnügen. Der Rostige ist ein Feschak, der hat genügend Chancen. Manche empfinden rote Haare als Stigma, aber viele Frauen meinen, dass Rothaarige ein besonderes Feuer haben, wie viele Männer es auch von rothaarigen Frauen annehmen.

Bei der Anbahnung von amourösen *Pantscherln*[38] erweist der Hatscherte sich als Störfaktor. Nicht nur seine Behinderung verschreckt so manches Mädchen, auch in puncto Attraktivität kann er seinem Kumpanen nicht das Wasser reichen. Manchmal passiert es dennoch. Entweder will die Betreffende wissen, wie es so mit einem Krüppel ist, oder sie leidet unter extremem Notstand, und es ist ihr egal.

Fieberhaft suchen die beiden nach einem geeigneten Opfer, während sie gleichzeitig darauf achten, keinem herumpatrouillierenden Wachmann in die Arme zu laufen. Zwar sind sie derzeit nicht zur Fahndung ausgeschrieben, aber leicht können sie wegen

Vagabondage arretiert werden. Schließlich verfügen sie über keinen festen Wohnsitz, und ihre Papiere sind gefälscht.

Es ist wie verhext! Zwar ist wie immer ein gewaltiges Remmidemmi an der Sirk-Ecke, benannt nach dem exquisiten Ledergeschäft *August Sirk*[39], gleich neben dem Wohnhaus, das in einem Jahr zum Hotel »Bristol« umgebaut werden wird.

Nicht nur auf die Polizei müssen der Rostige und der Hatscherte ein wachsames Auge haben, hier an dieser äußerst beliebten Rendezvous-, Flanier- und Treffpunktecke gelangen ihnen schon einige lukrative Coups. Die Gefahr, möglicherweise wiedererkannt zu werden, ist nicht zu leugnen. Doch was bleibt ihnen anderes übrig? In den noblen Kaffeehäusern und Restaurationen haben sie keine Chance. Jeder Ober würde sie sofort wieder aufgrund ihres äußeren Habitus zurück auf die Straße expedieren. Abgesehen davon, dass sie sich derartige Vergnügen in ihrer Zwangslage ohnehin nicht leisten können.

Die Kreuzung mit den Menschenmengen ist nahezu ideal. Jeder, der etwas auf sich hält, flaniert hier um die Mittagszeit herum. Vom Schwarzenbergplatz bis zum *Sirk* an der Kärntner Straße – sehen und gesehen werden. Der tägliche Ringstraßen-Corso, wo Alt- und Vorstadt aufeinandertreffen.

Mit spitzer Feder und einer gehörigen Portion an Zynismus porträtiert der ungarische Schriftsteller und Journalist Ludwig Hevesi einige Jahre später dieses Schaulaufen: »*Ganze Prozessionen von zweibeinigen Bibern und Zobeln drücken sich aneinander vorbei. An der bekannten Straßenecke* [Sirk], *wo alles wie auf Commando kehrt macht, stauen sich die Gruppen von Rittern des Chic, der Monokel-Adel, die Bügelfaltokratie.*«[40]

Wer vom Präsentieren und Herumstolzieren etwas müde geworden ist, kann unter siebenundzwanzig Kaffeehäusern an der Ringstraße wählen, wenn eine Rastpause nötig ist. Das Nonplusultra jedoch ist, wenn Se. Majestät in der Kutsche vorbeifährt. Selten, aber manchmal passiert es, dass der Kaiser anhalten lässt und sich unter seine Untertanen mischt. Dann ist das Glück perfekt, und für einige Minuten kann man sich der ersten Gesellschaft zugehörig fühlen.

Trotz der noblen Garderobe der feinen Damen und eleganten Herren, der Offiziere in ihren schmucken Uniformen, eingehüllt in Wolken von schwülstigen und schweren Parfüms und Rasierwässern, lässt der Stallgeruch sich nicht übertünchen, der über der Ringstraße hängt. Noch dominieren Kutschen, Fiaker und Reiter das Straßenbild. Die Entwicklung des Automobils steckt noch in den Kinderschuhen, doch bald werden knatternde Motoren wiehernde Pferde ablösen.

Zahlreiche Untergeschosse der Ringstraßenbauten dienen als Ställe. Im Innenhof des Palais Württemberg[41] liegt Stroh, und Rösser stehen herum.

In Wien heißt es, *das Glück is' a Vogerl*. Ja, und manchmal fliegt dieses Vögelchen auch *Pülchern*[42] wie dem Hatscherten und dem Rostigen zu. Plötzlich stößt das Hinkebein seinen Komplizen an.

»Es gibt noch einen Herrgott«, grinst der Hatscherte mit seiner unübersehbaren Zahnlücke, »und ab und zu blickt er auf Leut' wie unsereins herunter. Schau, wer da steht. Der mit der speckigen Melone.«

»Tatsächlich«, nickt der Rostige, »den kaufen wir uns. Jetzt gehört er uns.«

Scheinbar herumspazierend, nähert das Duo sich von hinten, um den Mann plötzlich links und rechts an den Oberarmen zu packen. Dem Überrumpelten fährt der Schreck in sämtliche Glieder.

»Nochmals ein herzliches Vergelt's Gott für den *Wams*[43]«, sagt der Hatscherte, »dieser ›Poseidon‹ war tatsächlich schnell wie ein Blitz.«

»Sag mal, Rosstäuscher«, hänselt der Rostige den Betrüger, »is' jetzt Salzburg a Vorstadt von Wien? Das wär' mir neu. Bist aber sehr schnell zurückgekehrt.«

»Lasst's mi aus, oder i schrei um Hilfe.«

»Wirklich?«

Davon lässt das Duo sich nicht beeindrucken.

»Huarch zua«, sagt der Rostige sehr leise. »Wir ham beide a *Trawanka*[44] eing'steckt. Willst wirklich, dass wir dich damit anstechen? Das geht sehr schnell.«

»I kenn die Herren doch gar nicht! Lassen S' mich *in Kraut*[45]!«

»So ein schlechtes Gedächtnis?«, lässt der Hatscherte nicht locker. »Gestern in Gumpendorf beim Heurigen, schon vergessen? Pass auf, Rosstäuscher, wir gehen jetzt zusammen ein paar Schritte. Wo uns keiner sieht, *sackeln* wir dich aus. Dann schleichst dich, und am besten trittst uns nie wieder unter die Augen, wenn du weiter unversehrt bleiben willst.«

Dem kleinen, feisten Mann mit dem buschigen Backenbart und seiner Speckmelone auf dem Kopf bleibt keine andere Wahl. In dieser ausweglosen Situation muss er sich fügen. Er hat zu viel auf dem Kerbholz. Einen Wirbel kann er sich nicht leisten.

Unweit des Stadtparks findet sich ein Plätzchen, wo das Trio ungestört ist. Während der Hatscherte Schmiere steht und aufpasst, dass nicht unerwartet ungebetene Zeugen aufkreuzen, *stiert* sein Kompagnon sein wehrloses Opfer ab. Der heutige Tag hat sich bereits mehr als gelohnt, und dabei ist es erst Mittag!

Eine vollgefüllte Brieftasche mit knapp dreißig Gulden wechselt die Besitzer. Natürlich ist klar, dass dieses Portemonnaie mit dieser Barschaft niemals rechtmäßig in die Hände der Speckmelone gelangt war. Das nennt sich ausgleichende Gerechtigkeit für die verlorene Pferdewette und dass die beiden gestern auch noch die Zeche der Melone beglichen hatten. Zumindest nach dem selbst geschnitzten Rechtsverständnis des Rostigen und des Hatscherten.

Eine weitere Zugabe ist eine goldene Taschenuhr mit Kette, die den beiden Halunken bereits gestern am Heurigentisch ins Auge gestochen war. Auf der Innenseite des aufgeklappten Deckels eine fein gestochene Gravur: *Für meinen Rudolf von deiner Julie*. Leider gab es keine Möglichkeit, sich das gute Stück anzueignen. Aber wie man sieht, gut Ding braucht Weile.

»Bist du dieser Rudolf?«, fragt der Rostige.

»Na. I bin der Nazl. Ignaz Baumkirchner aus Margareten.«

Lügen macht in seiner ausweglosen Lage wenig Sinn. Mit diesen Halunken ist nicht zu spaßen. Außerdem stecken blöderweise seine richtigen Ausweispapiere in der Brieftasche. Gestern dachte er noch, dass er mit zwei Deppen gesoffen hatte, denen er alles verkaufen konnte. Jetzt wird er eines Besseren belehrt. Die Uhr war für *stiere Zeiten*[46] gedacht. Versetzt im *Pfandl*[47], hätte der Chronometer einiges als Überbrückungshilfe eingebracht. Das kann Baumkirchner jetzt in den Wind schreiben.

»Wem hast denn die *g'stessen*[48]?«, hakt der Rostige nach.

»Die hab' i vorhin bei der Hofoper auf der Straße'n zufällig g'fund'n.«

Die Antwort für diese Lüge folgt postwendend in Form einer Mordstrummwatschen, dass die Melone in den Staub fällt. Das kann der Rostige auf den Tod nicht leiden, wenn wer ihn für dumm verkaufen will. Dieser Baumkirchner ist ebenso wie sie in der gleichen Branche tätig, und immerhin gibt es eine Ganovenehre.

»Steht eh im Deck'l«, mault Baumkirchner und reibt sich seine gerötete Backe.

»Ja und?«, hakt der Rostige giftig zurück. »Zwei Vornamen. Und weiter?«

Sein Instinkt sagt ihm, mit dieser Uhr hat es etwas Besonderes auf sich. Da steckt mehr dahinter.

»In irgendeinem Wirtshäusl im Gumpendorf sind die zwei g'sess'n und haben allen erzählt, was sie sich nicht alles leisten können. Er war schon ein bisserl *ang'spitzt*[49] und hat herumgeprahlt, seine Uhr gezeigt. Später war dann a *Puschkawü*[50] mit an anderen

B'soffenen, und i hab die Gelegenheit genutzt und bin mit der Uhr *pallisiert*[51]. Ehrlich, mehr weiß i wirklich nicht.«

Das nehmen der Rostige und der Hatscherte ihm sogar ab. Noch ist die Durchsuchung nicht vorbei. Ein Griff in den Hosenbund, und der Rostige hält plötzlich eine *Krach'n* in der Hand.

»Ah, da schau i aber jetzt! Liegt so etwas auch auf der Straß'n herum?«

»Pass auf, dass das Ding net losgeht«, zischt der Hatscherte ängstlich.

»Scheiß di net an«, winkt sein Partner ab, »i kann mit Waffen umgehen. Schließlich hab' ich bei den Dragonern gedient.«

Das stimmt sogar. Allerdings wurde er wegen Kameradschaftsdiebstahl unehrenhaft entlassen. In seinen Händen hält der Rostige eine *Mauser C96*-Pistole. Eine ungewöhnliche Waffe, da sich das Magazin vor dem Abzugshahn befindet. In militärischen Kreisen wird sie wegen ihrer Zuverlässigkeit und der durchschlagskräftigen Munition sehr geschätzt. Der Rostige überprüft die Pistole, sie ist geladen.

»Sei vorsichtig, sie ist scharf«, warnt er seinen Kumpanen, übergibt ihm die Waffe. Der Hatscherte wickelt sie schnell in ein Taschentuch und lässt sie unter seiner Jacke verschwinden.

»Woher hast du den *Pumperer?*«, will der Rostige es genau wissen.

»Hab' ich in München einem Bayern abgenommen«, antwortet Baumkirchner. »Einem Offizier, der Spielschulden bei mir hatte.«

Mit dieser Erklärung geben die beiden Räuber sich zufrieden. Außerdem ist es ihnen egal, woher die Mauser stammt. Hauptsache, nun sind sie endlich selbst im Besitz einer Waffe.

»Verschwind'«, fordert der Hatscherte Ignaz Baumkirchner auf, »jetzt sind wir quitt.«

»Aber«, widerspricht der Ausgeraubte, »ihr könnt's mi do net so *neben die Böck stehen lassen*[52]! Lasst's mir doch wenigstens fünf, oder besser, zehn Gulden. Wir könnten doch in Zukunft auch zusammenarbeiten.«

Die Antwort ist ein fester Tritt vom Rostigen in Baumkirchners Allerwertesten und begleitet mit den Worten: »Du kannst vom Glück reden, dass wir heute gut aufg'legt sind. Sonst schneiden wir Rosstäuschern wie dir gleich die Gurgel durch. Schleich dich!«

Während Baumkirchner voller Wut und Rachegelüste seiner Wege zieht, freuen der Rostige und der Hatscherte sich diebisch über ihren gelungenen Coup. Jetzt ist das Leben wieder schön. Das heutige Nachtlager ist gesichert und für die weiteren Wochen ebenfalls. Sie können sich nun jeden Tag die Bäuche vollschlagen, saufen und sich obendrein ein paar liederliche Weiber leisten. Obwohl unbedarfte, naive *Diensttrutschen* ihren Reiz haben, doch gegenüber einer fertigen *g'standenen, ausg'schamten Hur'* kein Vergleich. Denen muss man nichts mehr beibringen.

»Kumm, wir verschwinden«, drängt der Rostige zum Aufbruch, »der Teufel schläft nicht.«

»Also, g'seh'n hat uns sicher niemand«, beruhigt sein Komplize ihn. »I hab aufgepasst wie ein Haftelmacher. Glaubst du, dass der Nazl uns hochgehen lässt?«

»Niemals!« Der Rostige lacht hellauf. »Gegen diesen Strolch sind wir harmlos wie zwei Pfaffen. Aber das kann uns wurscht sein.«

»Wo gedenken wir heute unsere edlen Häupter zur Ruhe zu betten?«, witzelt der Hatscherte und spricht plötzlich mit sehr nasalem Tonfall.

»Wir fahren nach Gumpendorf«, entscheidet der Rostige.

»Und was machen wir dort?« Der Hatscherte ist davon nicht besonders begeistert. »Dort ist doch net viel los.«

Der Rostige deutet auf die Uhr in der Tasche seiner Weste.

»Wenn es stimmt, dass dieses Ehepaar mit seinem Geld in Gumpendorf protzt, dann wird dort sehr viel mehr zu holen sein. Wir hören uns a bisserl herum. Vielleicht ist uns Fortuna weiterhin hold, und wir stöbern die Leut' auf?«

»Dafür müssen wir sie aber erst einmal finden«, wendet der Hatscherte ein.

»So groß ist Gumpendorf auch wieder nicht. Wir quartieren uns dort ein, sehen und hören uns a bisserl herum. A Zimmer finden wir leicht. Vermietet doch jeder wegen der hohen Preise zumindest ein Kabinett.«

»Ein Zimmer in einem Gasthaus muss schon drin sein«, entgegnet der Hatscherte, »schließlich haben wir jetzt a *Gerschtl*[53] und können uns das getrost gönnen.« Im Gegensatz zum Rostigen schöpft der Hatscherte aus dem Vollen, ohne viel nachzudenken, wenn genügend Barschaft vorhanden ist.

»Zum Feier des Tages«, beschließt sein Partner, »leisten wir uns heute einen Fiaker.«

Misstrauisch mustert der Kutscher die beiden absolut nicht vertrauenserweckenden Männer, als sie bei der Hofoper in sein *Zeugl*[54] steigen. Dann sagt er sich insgeheim, diese beiden *Bochereimanderln*, diese eher schmächtigen Männer, gehen ihm nicht durch. Gegen den korpulenten Fiaker mit seinem imposanten *Löffelwischer*[55] unter der Nase, sind sie chancenlos, sollten sie tatsächlich beabsichtigen, ihn um seinen Fuhrlohn zu betrügen.

Gumpendorf ist eine sehr alte Siedlung entlang der alten Römerstraße, hat ihren Ursprung ungefähr im Jahr 1000 n. Chr. und wird erstmals 1130 urkundlich erwähnt. Der Name stammt mit hoher Wahrscheinlichkeit von *Gumpe*, dem Tümpel. Der damals noch unregulierte Wienfluss führte zu häufigen Hochwasserkatastrophen, und danach blieben zahlreiche Tümpel zurück.

Seit 1798 stand Gumpendorf unter Wiener Grundherrschaft, bevor es 1850 wie viele andere Vorstädte eingegliedert und zum 6. Bezirk wurde.

Von der Industrialisierung profitiert auch Gumpendorf. Zahlreiche Betriebe und Manufakturen haben sich angesiedelt. Bereits

1827 zählte die Vorstadt an die dreißigtausend Einwohner. Von wegen, in Gumpendorf ist nicht viel los. An jeder Ecke, auf jedem Platz, in den Straßen und Gassen ist ein buntes Treiben zu beobachten. Doch das gilt eigentlich für die gesamte Kaiserstadt.

Man lebt öffentlich, draußen läuft der Handel mit Waren aller Art ab. Entweder wird auf den vielen Märkten oder direkt durch die Fensterläden verkauft. Wanderhändler aus den entlegensten Teilen der Monarchie ziehen in ihren regionalen Trachten herum und bieten ihre Spezialitäten an. Obendrein gibt es laufend Kirtage und andere *Remasuri*[56].

Der Hatscherte und der Rostige lassen den Fiaker bei der Ägidiuskirche anhalten. Anstandslos bezahlen sie die Taxe, geben noch einen fürstlichen *Schmattes*[57]. Leben und leben lassen … Trotzdem traut der Fiaker ihnen nicht über den Weg, ist heilfroh, diese unsympathischen Fahrgäste losgeworden zu sein.

Ein *Kutscheberer* kreuzt den Weg der beiden, bietet aus einem Korb *welsche* Früchte und verschiedene Hafnerwaren, also Koch- und Essgeschirr, an. Der fliegende Händler stammt von der deutschen Sprachinsel Gottschee im Herzogtum Krain[58]. Dem Rostigen und seinem Komplizen steht weder der Sinn nach Obst und schon gar nicht nach Geschirr. Was sie wollen, ist stante pede etwas Handfestes zwischen die Zähne. Ein Schweinsbratl mit Kraut und Knödeln oder ein deftiges Gulasch mit viel Paprika.

Doch der Kutscheberer lässt nicht locker, will ihnen *Pfaiflan*, kleine Pfeifchen in Vogelform für die Kinder andrehen. Wieder erfolglos. Außerdem, mit so einem sich näher einzulassen, kann fatale Folgen vor allem für den Geldbeutel haben, da diese Händler aus der Krain sich hervorragend auf das betrügerische Glücksspiel verstehen.

Ausgerechnet mit dem Rostigen und dem Hatscherten will er windige Geschäfte machen, wobei die beiden doch selbst sich bestens darauf verstehen. Erst unter Androhung von kräftigen *Salzern*[59] zieht der Kutscheberer lauthals fluchend und Verwünschungen ausstoßend von dannen.

Kaum ist dieser lästige Händler verschwunden, stellt sich den beiden ein *Welscher* in den Weg, der unbedingt seine *Figurini* an den Mann bringen will. Kleine kitschige, billige Gipsfiguren, die allerdings als Geschenkartikel und Mitbringsel sehr beliebt sind.

»Katzelmacher, putz di! Sunst brock i dir deine Ohrwascheln oh!«[60], schnauzt der Hatscherte ihn an.

Zwar versteht der Italiener kein Wort, aber am Gesichtsausdruck erkennt er sofort, dass dieser Hinkende ihm nichts abkaufen wird, und kontert zornig mit *rimbambito* und *coglione*[61], bevor er sich trollt. Kaum ist der eine Italiener verschwunden, kreuzt der nächste Itaker auf, ein *Salamutschi*-Mann, und er hat mehr Verkaufsglück. Da der Hunger sehr groß ist, kaufen die beiden ihm gerne seine kleinen, mundgerechten Portionen an Salami und Emmentaler Käse ab. Als Zwischenmahlzeit auf dem Weg in ein passables Wirtshaus, wo der Rostige und der Hatscherte sich endlich die Bäuche vollschlagen können.

Vor einem Tor streitet eine Hausfrau sich mit einer Gruppe slowakischer *Rastelbinder* und *Pfannenflicker* herum, die Geschirr reparieren. Entweder will die Frau den vereinbarten Lohn nicht bezahlen, oder die Slowaken versuchen, sie übers Ohr zu hauen.

Allgemein gelten diese Leute als lichtscheues Gesindel, dem nicht über den Weg zu trauen ist. Ebenso wenig wie der Partie *Zwiefel-Krowoten*, die vorwiegend Zwiebeln und Knoblauch, aber auch andere Lebensmittel in ihrem Sortiment haben. Lautstark preisen sie ihre Waren mit unüberhörbarem Akzent an. »*Fandl, Sprudl, brettane Nudel, hulzerne Ferdl, fleischane Schlegel, hulzerne Tegel! Gaafts, Mutterle, gaafts!*«[62]

Ein verhutzeltes Lavendel-Weiblein bietet in einem Körbchen die wohlreichende Pflanze an, die für angenehmen Duft im Wäschekasten sorgt. Mit kräftiger Stimme, die man ihr aufgrund ihrer

Statur nie zutraut, leiert sie ihren Singsang wie eine Drehorgel monoton herunter. »*An Lavendel hätt i do, kaaft's mir an oh!*«

Ein Stück weiter interessieren einige Frauen sich für angebotene Leinwand und gewebte Stoffe, die von *Schlasiern* feilgeboten werden und aus der Zwettler Gegend im Waldviertel kommen.

Schwer hat ein ärmlich gekleideter Mann an seinem Handkarren zu ziehen, der mit *Hadern* beladen ist. Der Lumpensammler geht von Haus zu Haus, fragt nach nicht mehr gebrauchten Kleidungsstücken und zerschlissener Wäsche. Entweder werden ihm die Fetzen geschenkt, weil man froh ist, dass dieses Zeug aus dem Haus ist, oder er kauft es um wenige Kreuzer. Die Hadern verkauft er mit kleinem Gewinn an eine Papiermühle.

Auch ein schmutziger *Aschenmann* zieht seine Runde. Unter seinem Rock trägt er ein nahezu bodenlanges *Fürtuch*, eine Schürze, und auf dem Kopf einen breitkrempigen Hut. Auf dem Rücken schleppt er eine Holzbutte, in der er die Asche sammelt.

Zwar setzt sich das Heizen mit Kohle anstelle mit Holz immer mehr durch, da bereits 1758 ein Braunkohlelager bei Thallern im Niederösterreichischen entdeckt wurde, aber diesen Wärmespender können sich vorwiegend nur die Reicheren leisten. In Gumpendorf und in anderen Bezirken wird weiterhin mit Holz geheizt. Dem Aschenmann ist es egal, beides erzeugt nach dem Verbrennen Asche. Obwohl Sommer ist, brennen Feuer. Schließlich wird gekocht, geselcht, gesotten und gebraten. Seine eingesammelte Asche verkauft er an Seifensieder und Leinwandbleicher. Noch – sein Gewerbe ist im Aussterben, da inzwischen verstärkt Soda und Pottasche zur Anwendung kommen.

Eine Schar begeisterter und ausgelassener Kinder weiß nicht, wo sie zuerst hinsehen soll. Da steht ein Tierbändiger, der an einer Kette ein Kapuzineräffchen mit sich führt, das allerlei Kunststücke ausführt oder zum Gaudium aller einem vorbeigehenden Herrn den Hut vom Kopf stibitzt.

Aber der *Guckkastenmann* ist letztlich doch um einiges interessanter. Die Kinder stehen Schlange vor dem Holzkasten, in den ein kleines Loch geschnitten ist. Wer da sein Auge anpresst, dem eröffnen sich wahre Wunder. Es gibt gemalte, detailgetreue Schlachtenszenen zu sehen oder wie Kaiser und Kaiserin in der Hofburg leben. So manche Figur wird zum Leben erweckt und bewegt sich sogar! Die Kinder stehen Schlange, können es kaum erwarten, selbst in diesen Zauberkasten hineinzusehen. Immer wieder kommt es zu Streitereien, Vordrängen und Rempeleien, weil der Bub vorne nicht und nicht weggehen will. Manche Mutter muss ihren Sprössling mit sanfter Gewalt wegziehen. Schließlich muss sie noch kochen und Wäsche waschen.

Meist sind diese Guckkastenmänner invalide Soldaten, die für Gott, Kaiser und Vaterland ihre Knochen hinhielten. Nun gibt es keine Verwendung mehr für sie. Aber auch alte Schauspieler oder jene, die es nie bis auf die großen Bühnen schafften, versuchen, sich mit diesen Darbietungen über Wasser zu halten. Oder Menschen, die keine Lust auf eine halbwegs geregelte Arbeit verspüren und sich lieber auf diese Art ihren Lebensunterhalt zu verdienen versuchen.

Ein Weilchen lauschen der Rostige und der Hatscherte einem Bänkelsänger zu, der sehr zotige Lieder singt und die Leute zum Lachen bringt, während einige Mütter ihren Kindern die Ohren zuhalten.

Dieser Samstag, der 4. Juli 1891, ist ein herrlicher Sommertag. Zwar haben sich einige Wolken gebildet, aber nach Regen sieht es nicht aus. Der Rostige und der Hatscherte fühlen sich prächtig. Geld in den Taschen, das Leben ist wieder schön geworden. Dennoch bleiben sie auf der Hut, wollen verständlicherweise keinem Wachmann in die Arme laufen. Gefälschte Papiere, etwas zu viel Gulden bei sich und obendrein bewaffnet, das sind äußerst schlechte Karten vor einem Gesetzeshüter.

»Da gemma jetzt rein«, beschließt der Rostige und deutet auf das Schild »Zum blauen Strauss«[63]. Der Flameau der beiden ist gewaltig, und sie beschließen, sich durch die Speisekarte durchzuessen. Heute soll es an nichts mangeln.

Um die Mittagszeit ist das Wirtshaus bestens besucht. Nur mehr ein Tisch in unmittelbarer Nähe eines älteren Ehepaares ist frei. Einige der Gäste drehen sich neugierig um und mustern die Neuen, die sie hier noch nie gesehen haben. Auch der Wirt sieht sich seine hinzugekommenen Gäste sehr genau an. Ob die wohl zahlen können?

»Was darf's denn sein, die Herren?«, fragt er höflich.

»Zwei Krügel Bier und die Speiskart'n«, bestellt der Rostige lächelnd.

Es ist schon länger her, dass die beiden sich wie richtige Herren fühlten, und dieses Gefühl gilt es auszukosten.

»Zahlen!«, ruft der ältere Herr neben ihnen mit den gepflegten, gescheitelten Haaren und Schnurrbart.

»Komme sofort!«, antwortet der Wirt hinter seiner Schank.

Nachdem er dem Rostigen und dem Hatscherten ihre Biere auf den Tisch gestellt hat und sie noch die Speisekarte studieren, wendet er sich dem Ehepaar zu.

»Na, wo soll's denn morgen hingehen, Herr von Emeder?«, will der Wirt wissen.

Anscheinend zählt das Paar zu den Stammgästen.

»Wenn's Wetter weiterhin so schön bleibt, dann wollen wir eine Landpartie hinauf auf den Kahlenberg machen. Ein bisserl spazieren, die gute Luft genießen, und danach geht's zum Heurigen. Schließlich haben wir ein Leben lang g'arbeitet, uns genug beiseitelegen können. Wir sind ja keine Hungerleider und können es uns erlauben. Die Kantine wirft genug ab.«

Musik in den Ohren des Rostigen und seines Kumpanen. Die Speisekarte hat zwar nichts von ihrem Reiz verloren, ist aber momentan nicht so wichtig. Unbemerkt werfen die beiden Strizzis sich vielsagende Blicke zu. Heute scheint ihr Glückstag zu sein.

»Das freut mich für Sie, Herr von Emeder, und für Ihre Frau Gemahlin«, kommt es eher gallig vom Wirt zurück. »So, die Rechnung, bitte.«

Schließlich ist in ganz Gumpendorf bekannt, dass die Emeders gerne mit ihrem Geld protzen. Viele neiden es ihnen, andere bewundern sie. Nach dem Bezahlen inklusive einem üppigen Trinkgeld für den Wirt, greift Emeder nach seinem Girardi-Hut. Ein flacher Strohhut mit Band, benannt nach dem populären und gefeierten Volksschauspieler Alexander Girardi, der diese Kopfbedeckung berühmt machte. Seither ist es für den Herrn, der etwas auf sich hält, nahezu Pflicht, diese Modeerscheinung mitzumachen.

Nachdem der Hatscherte sich für ein Backhenderl mit reichlich Erdäpfelsalat und der Rostige für ein Beuschl mit Semmelknödel entschieden haben, langen sie zu, genießen schweigend ihre Mahlzeit. Sie brauchen nicht miteinander zu sprechen. Beide wissen, dieses Ehepaar werden sie heute noch genauer unter die Lupe nehmen. Zum Abschluss gönnen sie sich noch Kaffee mit Schlagobers und Haustorte. Danach noch einen doppelten Cognac und eine Virginia. Stets misstrauisch beobachtet vom Wirt, der sich bereits einen Wachmann rufen sieht, weil er wieder einmal Zechprellern auf den Leim gegangen ist.

Doch sein Verdacht ist unbegründet. Die beiden zahlen anstandslos und lassen sich ebenfalls beim Trinkgeld nicht lumpen.

»Sagen Sie, Herr Wirt«, meint der Rostige beiläufig, »die Herrschaften, die vorhin neben uns gesessen sind, die kommen mir und meinem Freund sehr bekannt vor. Die ganze Zeit über zerbrechen wir uns die Köpfe und kommen nicht drauf, wo wir die beiden hintun sollen?«

»Ach, Sie meinen den Herrn Emeder und seine Frau Gemahlin Julie«, gibt der leutselige Wirt bereitwillig Auskunft.

Der Hatscherte kombiniert blitzschnell, lässt sich aber nichts anmerken. Die Taschenuhr! *Von deiner Julie …*

»Jetzt weiß ich es wieder«, sagt er und blufft aufs Geratewohl, »dann ist es der Herr Rudolf Emeder gewesen.«

»Genau«, bestätigt der Wirt und plappert munter drauflos. »Früher haben die beiden in der Schirmgestängefabrik *J. Schuller & Sohn* in der Sandwirtgasse gearbeitet. Woher kennen die Herren die Herrschaften, wenn ich fragen darf?«

»Richtig«, spielt der Hatscherte weiterhin den Interessierten, »das ist schon länger her, da haben wir dort einen ramponierten Schirm reparieren lassen. Da sind uns Herr und Frau Emeder wohl über den Weg gelaufen.«

»Jetzt arbeiten sie ja nicht mehr, sind in Pension«, der Wirt entpuppt sich als wahre Plaudertasche, »leben aber weiterhin auf dem Fabrikgelände in einer kleinen Dienstwohnung und betätigen sich als Hausbesorger.«

»Aber es scheint ihnen sehr gut zu gehen«, wirft der Rostige ein.

»Ja, das will ich wohl meinen«, und Neid schwingt in der Stimme des Gastwirts mit, »sie betreiben dort eine Kantine, und wie man so hört, verdienen sie sich angeblich damit eine goldene Nase. Sie machen auch keinen Hehl daraus.«

»Und warum leben sie dann, wie Sie vorhin sagten, in einer kleinen Dienstwohnung?«, wirft der Hatscherte ein.

»Das weiß ich auch nicht. Aber ich denke, die horten das Geld, obwohl sie sich doch einiges vergönnen, was sie ja auch immer an die große Glocke hängen. Doch ich will nichts gesagt haben«, abwehrend hebt der Wirt seine Hände, »aber man weiß nie. Schließlich treibt sich genug Gesindel herum.«

Du brauchst auch nichts weiter ausplaudern, wir wissen ohnehin bereits das Wesentliche.

Also ist es mit ziemlicher Gewissheit die Taschenuhr von Rudolf Emeder, die ihm einst seine Frau Julie geschenkt hatte. Natürlich kann es auch Zufall sein. Rudolf und Julie sind gebräuchliche Wiener Vornamen. Rückblickend ist dieser Nazl Baumkirchner ein Geschenk des Himmels gewesen. Jetzt wird der nächste Coup geplant.

Ein wolkenverhangener Himmel. Kein Mond und kein Stern sind zu sehen in dieser rabenschwarzen Nacht vom 4. auf den 5. Juli 1891. Der Zaun rund um das Gelände von *J. Schuller & Sohn* ist kein unüberwindbares Hindernis, auch nicht für den Hatscherten.

Eine Zeit lang haben die Pülcher sich im Strauchwerk versteckt und *abgeschmiert*[64], was vor sich geht. Es ist totenstill, irgendwo schreit ab und zu ein Käuzchen. In dem ebenerdigen Gebäude brennt noch Licht. Das muss diese Hausbesorgerwohnung sein. Von ihrem Versteck aus lassen der Hatscherte und der Rostige das Fenster nicht aus den Augen. Endlich wird es finster. Sie warten noch eine weitere halbe Stunde, um sicherzugehen, dass das Ehepaar tief schläft.

Geduckt und nach Möglichkeit jeden Laut vermeidend, huschen die Verbrecher zu dem Häuschen, lauschen. Aufgrund der Wärme ist das Fenster nur angelehnt. Sie hören den Mann laut schnarchen. Der Rostige zieht die Mauser-Pistole aus seinem Hosenbund, während der Hatscherte sein Messer aufklappt.

Vorsichtig drückt der Rostige den Fensterflügel auf, der ein wenig quietscht, aber es wird zum Glück niemand wach. Behände schwingt er sich auf die Fensterbank, steigt vorsichtig ein und hilft seinem Komplizen. Sie versuchen, sich in der Dunkelheit zu orientieren. Leider ist der Hatscherte manchmal etwas ungeschickt und meist im ungünstigsten Moment. Er stößt dermaßen heftig gegen eine Kredenz, dass das darin aufbewahrte Geschirr augenblicklich scheppert. Natürlich sind die Eheleute sofort wach. Julie Emeder schreit um Hilfe, als die beiden dunklen Schatten vor dem Bett stehen. Der Rostige gerät in Panik, schießt sofort, und die Frau bricht auf der Stelle tot zusammen. Ihr Mann ist aus dem Bett gesprungen. Da trifft ihn der Schlag des Hatscherten, der zufällig ein herumliegendes Beil in dem Zimmer in die Hände bekommen hat. Der Hieb spaltet Rudolf Emeder den Schädel.

Durch den Wirbel sind auch drei junge Burschen aufgewacht, die auf Besuch sind und übernachten, weil sie mit dem Ehepaar diese Landpartie unternehmen wollen. Wieder Schüsse, Beilhiebe und Messerstiche. Die drei werden schwer verletzt.

Kinderleicht haben der Rostige und der Hatscherte sich den Überfall vorgestellt und sind kläglich gescheitert. Hals über Kopf und ohne Beute flüchten die Doppelmörder hinaus in der Nacht ...

Der soignierte Herr klemmt sich sein Monokel ins rechte Auge und liest den Anschlag an der Litfaßsäule unweit der Hofoper.

Kundmachung
Bei der Thatbestandserhebung über den in der Nacht vom 4. zum 5. d. M. in der Sandwirtgasse Nr. 11 an den Hausbesorgers-Eheleuten Rudolf und Julie Emeder verübten Doppelmord wurde im Bette des ersteren ein kurzstieliges, nach seiner natürlichen Größe hier abgebildetes Beil (Fokos) vorgefunden. Nachdem es für die Untersuchung von hohem Interesse ist, den früheren Besitzer dieses Instrumentes auszuforschen, werden jene Personen, welche hierüber Aufklärung geben können, ersucht, diese dem Sicherheits-Bureau der k.k. Polizei-Direction oder dem nächsten Polizei-Commissariate mitheilen zu wollen.
Wien, am 11. Juli 1891
Von der k.k. Polizei-Direction

»Vorstadt bleibt eben Vorstadt«, meint der Herr herablassend zu seiner Begleiterin, »am besten nicht anstreifen an diesem Pöbel. Ich denk', wir sollten jetzt ein molliges Kaffeetscherl im ›Sacher‹ genießen.«

Tatsächlich gab es Julie und Rudolf Emeder, wurden in dieser erwähnten Nacht brutal ermordet. Trotz aller Bemühungen der Polizei konnten die Täter nie gefasst werden. Der Fall bleibt bis heute unaufgeklärt.[65]

Blütenregen
1895

Jänner:	*Die Kinderarbeit unter vierzehn Jahren und Nachtarbeit für Frauen und Jugendliche wird verboten. Die Arbeitszeit wird auf elf Stunden beschränkt und die Sonntagsruhe eingeführt.*
5. Jänner:	*Dreyfus-Affäre in Frankreich.*
9. Februar:	*Der geheime Bündnisvertrag zwischen Österreich-Ungarn und Serbien wird nicht mehr verlängert.*
17. Mai:	*Kundgebung der Wiener Christlichsozialen im Großen Musikvereinssaal.*
18. Mai:	*Der Vergnügungspark »Venedig in Wien« im Prater wird eröffnet.*
21. Mai:	*Kapellmeister und Operettenkomponist Franz von Suppé stirbt (eig. Francesco Ezechiele Ermenegildo Suppé-Demelli).*
Juni:	*Rücktritt der Koalitionsregierung des Ministerpräsidenten Alfred Fürst zu Windischgrätz wegen der Errichtung einer slowenischen Schule in Cilli.*
1. August:	*Die Zivilprozessordnung wird erlassen.*
17. September:	*Beginn der Wiener Gemeinderatswahlen, die bis zum 26. andauern und den Christlichsozialen die Zweidrittelmehrheit bringt.*
30. September:	*Die Polizeidirektion erteilt die zehntausendste Radfahrerlizenz.*
2. Oktober:	*Kaiser Franz Joseph I. ernennt Kasimir Felix Graf von Badeni, einen Polen, zum neuen Ministerpräsidenten.*
9. Oktober:	*Arthur Schnitzlers »Liebelei« wird im Burgtheater uraufgeführt. In der Hauptrolle seine Freundin Adele Sandrock. Die »Arbeiter-Zeitung« wird von einer Wochenschrift zu*

	einer Tageszeitung.
29. Oktober:	*Der Wiener Gemeinderat wählt erstmals Dr. Karl Lueger zum Bürgermeister, doch der Kaiser lehnt die Wahl ab.*
8. November:	*Der Physiker Wilhelm Conrad Röntgen entdeckt die nach ihm benannten Röntgen-Strahlen.*
13. November:	*Abermals wird Lueger mit 93 von 137 Stimmen gewählt. Abermals verweigert die Hofburg ihre Anerkennung.*
24. November:	*Der Komponist und Musiker Josef Schrammel stirbt.*

Leichter Schneefall setzt ein, als der vornehme Herr auf Höhe der Pestsäule am Graben seine Kutsche an diesem Samstag, den 28. Dezember 1895, anhalten lässt. Der Kutscher schwingt sich vom Bock, öffnet den Wagenschlag.

»Eure Durchlaucht, ist etwas vorgefallen? Es sind nur noch ein paar Meter bis zu unserem Ziel.«

»Ich weiß, Hartinger, ich weiß.« Der Adelige steigt aus. »Die paar Schritt' geh' ich *per pedes*. Ein bisserl die Beine vertreten schadet nicht nach den üppigen Weihnachtsfeiertäg'. Hartinger, kümmer Er sich um die Pferdln, und dann geh Er sich aufwärmen. Kann bei mir a bisserl länger dauern, muss noch etwas erledigen. Hat Er genug Geld dabei?«

»Es langt schon, Durchlaucht.«

Sein Herr greift in die Tasche, zieht aus einer Brieftasche einen Zehn-Gulden-Schein, gibt das Geld seinem Kutscher.

»Gönn' Er sich etwas Gutes. Vielleicht eine warme Gulaschsuppe? Ist doch etwas frisch heute.«

»Untertänigsten Dank, Eure Durchlaucht, untertänigsten Dank.«

Der Kutscher verbeugt sich, lüftet dabei ehrerbietig seinen Zylinder.

»Is' schon recht, Hartinger. Hol Er mich in einem knappen Stünderl vorm *Kniže* ab.«

»Sehr wohl, Eure Durchlaucht.«

Albert von Mensdorff-Pouilly-Dietrichstein amtet tief ein, die kalte Winterluft lässt ihn vollends munter werden. Bei der gestrigen Soiree war er doch etwas länger als ursprünglich vorgehabt geblieben und dazu der Champagner, etwas zu viel.

Ein streunender Hund läuft ihm vor die Beine, schüttelt sich, schnüffelt kurz auf der Suche nach einem trockenen Plätzchen. Eine dick eingepackte Bettlerin kauert in einem Hauseingang. Den Kopf in eine wollene *Gugel* eingehüllt, streckt sie ihre Hand aus, bittet kaum hörbar um ein Almosen. Auch ihr drückt der Graf ein paar Heller in die Hand, und sie bedankt sich mit einem dankbaren »Behüt' Euch Gott, Euer Gnaden«.

Kurz vor Weihnachten kam er aus London, wo er für Se. Majestät als Botschafter tätig ist, und ist jetzt wieder für ein paar Wochen in sein Wien zurückgekehrt. *Sein* Wien, das stimmt schon. London hat sicherlich vieles zu bieten, aber mit der Kaiserstadt, mit Verlaub, kann es sich nicht messen. Das beginnt bereits beim Wetter, keine Walzer- und Schrammelmusik, keine Operetten und erst die englische Küche.

Vor der Nummer 13 am Graben bleibt der Graf stehen und betrachtet die Fassade.

»Das ist also der neue Knižе«, murmelt er vor sich hin, »sehr nobel, formidable …«

Er drückt die Türklinke, eine Glocke schellt, und er tritt ein.

Ein Schneidergehilfe ist sofort zur Stelle, erkennt natürlich den vornehmen Kunden – in diesem Herrenmodengeschäft verkehrt ausschließlich nur die erste Gesellschaft – verbeugt sich tief.

»Guten Tag, womit kann ich dienen, Euer Gnaden?«

»Von Mensdorff-Pouilly-Dietrichstein«, stellt der Graf sich vor, »ich bin mit Herrn Wolff verabredet. Ich habe ihm telegrafiert.«

»Sehr wohl, Euer Gnaden«, erwidert der Gehilfe mit einer servilen Geste, »ich hole augenblicklich den Meister. Wenn sich Euer Gnaden kurz gedulden.«

In der Zwischenzeit sieht der Graf sich um. Ja, dieser Kniže hat sich wirklich gemausert, ist nicht umsonst in der gesamten Monarchie und im Ausland ein Begriff.

»Eure Durchlaucht sind wieder in Wien! Wie schön! Ich habe Eure Durchlaucht bereits erwartet.«

Freudestrahlend eilt Albert Wolff herbei, macht zuerst einen formvollendeten Diener, bevor von Mensdorff-Pouilly-Dietrichstein ihm die Hand reicht.

»Lassen S' doch die Förmlichkeiten, verehrter Wolff«, meint der Graf, »wir kennen uns schon so lange.« Das entspricht der Wahrheit, da er wie auch einige andere Familienmitglieder seit vielen Jahren zu den Stammkunden des Hauses zählt. »Wenn ich mich so umschau', Kompliment! Wenn man bedenkt, wie alles seinerzeit angefangen hat.«

»Ja, wir haben eine bewegte Firmengeschichte, mussten einige harte Schicksalsschläge verkraften. Aber unsere Kunden haben immer an uns geglaubt, uns immer die Treue gehalten.«

»Ihr Haus liefert eben erstklassige Qualität, Herr Wolff. Das spricht sich herum. Dieser böhmische Schneidermeister Josef Kniže war ein Visionär. Er hatte damals bereits vorausgesehen, dass hochwertige Bekleidung reich machen kann. Die Leut' brauchen etwas zum Anziehen. Sowohl die Zivilen wie auch das Militär. Schließlich sind wir ja keine Hottentotten.«

»Darf ich Herrn Graf etwas zeigen?«, fragt Albert Wolff.

»Aber gern. Was denn?«

Wolff nimmt aus einer Mappe einen vergilbten Zeitungsausschnitt vom 6. November 1858, ein Inserat im »Wiener Morgenblatt«.

»So hat alles begonnen«, sagt Wolff und reicht dem Grafen das Papier, »das haben wir beim Umzug gefunden.«

»J. Kniže, Schneidermeister für Civil und Militär, zeigt hiermit höflich an, dass er das seit vielen Jahren bestehende Geschäft des J. Eisele, Stadt, Speng-

lergasse 477, im Bazar[66] *übernommen und durch elegante und moderne Arbeit die Kunden seines Vorgängers zu erhalten suchen wird. Er hält stets ein großes Lager von Herrenkleidern in jeder Saison.«*[67]

Der Schneidermeister schuf sich bald einen Namen mit Sport-, Reitbekleidung und mit Livreen für das neureiche Bürgertum. Von Beginn an florierten die Geschäfte, allerdings erwies der Geschäftsstandort sich eher als ungünstig. Der Herrenbekleidungssalon zog mehrmals um auf der Suche nach dem besten Platz, wie in die Schulerstraße, am Judenplatz und in die Teinfaltstraße.

Ab 1870 holte sich Josef Kniže mit L. Ruzitska einen Partner ins Geschäft. Drei Jahre später wurde der Herrenausstatter im Rahmen der Wiener Weltausstellung 1873 mit der »Fortschrittsmedaille« ausgezeichnet. Im Jahr darauf durfte das Geschäft den Titel »ottomanischer und persischer Hofschneider« führen.

1875 wurde das Unternehmen in *J. Kniže & Sohn* umbenannt, und die neue Geschäftsadresse lautete nun Am Hof 3. Nach dem Tode des Vaters führte sein Sohn Josef, der bereits vorher im Salon mitarbeitete, das Geschäft weiter.

Leider nahmen die finanziellen Probleme ständig zu, und Josef Kniže jr. musste schleunigst nach einem Retter suchen, wenn das Lebenswerk seines Vaters nicht endgültig vor die Hunde gehen sollte.

Er fand ihn 1883 in der Person von Albert Wolff, einem deutsch-jüdischen Bankierssohn aus Neumark in Stettin in Pommern, der zuerst als stiller Teilhaber im Hintergrund blieb.

Als es endlich wieder aufwärts ging und schwarze Zahlen geschrieben wurden, starb 1888 Kniže jr. mit nur siebenunddreißig Jahren an Tuberkulose. Zuvor durfte er noch miterleben, wie der Schah von Persien diese Schneiderkunst mit dem Sonnen- und Löwenorden ausgezeichnet hatte. Nach zweijähriger Wartezeit bekam das Geschäft endlich auch den begehrten Titel *k.u.k. Hofschneider* verliehen.

Seither leitet Albert Wolff erfolgreich die Geschicke des Unternehmens. Die Auftragsbücher sind voll, neues Personal muss zusätzlich eingestellt werden. Die Kundenkartei kann sich sehen lassen. Allen voran der Kaiser höchstpersönlich und andere Habsburger, die Herzöge von Mecklenburg und Oldenburg, aber auch der englische Jockey-Club und selbstverständlich die Wiener Gesellschaft. Mode aus dem Hause Kniže ist längst zu einer Verpflichtung geworden für alle mit Rang und Namen in Europas Adelshäusern. Sehr zum Missfallen der bisherigen englischen Marktführer.

Inzwischen gibt es auch eine eigene Damenmodenabteilung. 1886 hatte Albert Wolff Gisela Steiner geheiratet, die aus einer Preßburger Fabrikantenfamilie stammt, die Kunstblumen erzeugt und Schmuckfedern fertigt.

Die Familie seiner Frau ist den schönen Künsten gegenüber sehr aufgeschlossen, hält viel vom Jugendstil und ihren Protagonisten. Wolffs Schwiegermutter Katharina Steiner steht in engem Kontakt zu dem aufstrebenden Architekten Adolf Loos, dessen bauliche Visionen äußerst umstritten sind.

Man trägt sich mit dem Gedanken, demnächst Loos den Auftrag für die Gestaltung der Geschäftsräume an der nunmehrigen und endgültigen Adresse Am Graben 13 zu erteilen.[68]

»Ja, Verehrtester«, sagt Albert von Mensdorff-Pouilly-Dietrichstein, »ich habe Ihnen schon telegrafisch angekündigt, was ich brauche. Eine neue Galauniform und Frack. Bald beginnen die Hofbälle und andere Faschingsvergnügungen. Da muss ich doch wie aus dem Schachterl sein.«

»Wir werden unser Bestes geben und zu Ihrer vollsten Zufriedenheit, Eure Durchlaucht.«

»Davon bin ich überzeugt, verehrter Wolff. Aber lassen S' doch diese Förmlichkeiten. Bei der Stoffauswahl verlasse ich mich ganz auf Sie. Sie kennen meinen Geschmack. Meine Maße haben Sie.«

»Selbstverständlich und …«, Albert Wolff taxiert mit Kennerblick, »… wie ich sehe, hat sich nichts geändert.«

»Kunststück«, lächelt der Graf, »bei der englischen Kost. Ein bisserl dürft' ich über Weihnachten zugelegt haben, aber es hält sich in Grenzen.«

»Rank und schlank wie immer«, schmeichelt Wolff.

»Na …«, von Mensdorff-Pouilly-Dietrichstein blickt etwas ungeduldig auf seine Taschenuhr, »eigentlich sollte meine Kutsche bereits vorgefahren sein. Das kommt davon, wenn man seine Domestiken human behandelt.« Der Adelige blickt durch das Schaufenster. Es sind nur wenige Meter bis zur Pestsäule, wo seine Kutsche steht. Er sieht Hartinger mit einem Wachmann in einem heftigen Diskurs. »Was ist denn da los?«

Albert von Mensdorff-Pouilly-Dietrichstein eilt die wenigen Schritte durch den dichter werdenden Schneefall zur Pestsäule, kommt gerade zurecht, als ein Wachmann seinen Kutscher arretieren will.

»Moment!«, ruft der Graf. »Einen Augenblick, Herr Polizei-Kommissär! Haltet ein!«

»Mischen Sie sich net ein, Herr«, weist der Wachmann ihn augenblicklich zurecht, »das ist eine behördliche Angelegenheit, die Sie überhaupt nichts angeht.«

»Und ob mich das etwas angeht! Das ist *mein* Kutscher! Hartinger, was ist passiert? Hat Er was ang'stellt?«

So schlecht kann das Wetter in Wien gar nicht sein. Wenn sich ein *Puschkawü*, ein Wirbel, anbahnt, sorgt es stets für einen Auflauf. Immer mehr Schaulustige bleiben stehen, beobachten interessiert das Szenario.

»Können Sie sich legitimieren?«, wird der Adelige angeschnauzt.

Natürlich sieht der Polizist im mittleren Alter an der Kleidung, dass er es mit einem vornehmen Herrn zu tun hat, aber das hält ihn nicht von seiner Pflichterfüllung ab.

»Selbstverständlich, bitte schön.«

Der Graf gibt ihm seinen Pass. Anhand der silbernen Metalllitzen am Stehkragen sieht von Mensdorff-Pouilly-Dietrichstein, dass hier kein Charge vor ihm steht. Als der Wachmann den Namen liest, knallt er die Hacken zusammen und salutiert. Augenblicklich ändert sich sein Beamtentonfall. Solche Leute lassen sofort ihre Beziehungen spielen, beschweren sich bei seinen Vorgesetzten, und am Ende ist er der *Teschek*[69]. Das forsche Auftreten dieses Adeligen verunsichert den Wachmann, dennoch vertritt er das Gesetz, und offensichtlich sollte eine Straftat begangen werden. Gleichsam als Stütze hält sich an seinem Säbelgriff fest und versucht, Paroli zu bieten.

»Nun, Durchlaucht, die Sache ist Folgende. Dieser Mann, von dem Sie angeben, dass es sich um Ihren Kutscher handelt, hat sich da vorne an dem Standl eine Zervelatwurst gekauft und mit einem Zehn-Gulden-Schein bezahlen wollen. Allerdings stellte sich heraus, dass dieses Subjekt«, dabei zeigt der Wachmann auf Hartinger, »einen gefälschten Schein dem Standler unterjubeln wollte.«

»Herr Polizei-Kommissär«, der Tonfall des Grafen wird nun sehr scharf, »zum einen ist mein Kutscher für Sie kein Subjekt. Oder haben Sie irgendeinen Beweis, dass er der Fälscher dieses Geldscheins ist? Habe ich mich deutlich ausgedrückt? Sie stellen den armen Mann doch glatt als Schwerverbrecher hin! Was erlauben Sie sich eigentlich? Wenn Sie sich weiterhin so maßlos gebärden, werde ich meinen guten Freund, den Polizeipräsidenten, über Ihr Verhalten in Kenntnis setzen und dafür Sorge tragen, dass Sie demnächst im tiefsten Galizien Dienst versehen. Haben wir uns verstanden? Damit die Angelegenheit rasch aufgeklärt ist, *ich* gab Herrn Hartinger das Geld, damit er sich etwas zu essen kaufen und sich aufwärmen kann, während ich etwas erledigen musste.«

Dem Polizisten wird sein schwarz lackierter Helm ziemlich eng, und trotz der vorherrschenden Kälte beginnt er, in seiner Uniform zu schwitzen. Jetzt kennt er sich überhaupt nicht mehr aus.

»Mit Verlaub, Durchlaucht …« Sein bisheriger Befehlston klingt nun ziemlich krächzend. Er sieht sich bereits in ein galizisches Kaff strafversetzt. »… dann stammt dieses Falsifikat von Ihnen?«

»Das sagte ich doch bereits, dass ich ihm den Schein gegeben habe. Woher soll ich denn wissen, dass es sich um Falschgeld handelt? Bin ich ein Experte? Lesen Sie keine Zeitungen? Seit geraumer Zeit kursieren doch in dieser Stadt verschiedenste Geldfälschungen. Ergo bin ich selbst unwissentlich in den Besitz dieses falschen Guldenscheins gekommen, und heute habe ich ihn an Herrn Hartinger weitergegeben.«

»Ja«, gibt der Wachmann klein bei, »durchaus eine plausible Erklärung. Natürlich wissen wir von den Fälschungen, aber wir tappen bisher im Dunklen. Allerdings muss ich diesen Schein konfiszieren.«

»Natürlich. Damit hat sich die Sache wohl für uns erledigt«, lässt Albert von Mensdorff-Pouilly-Dietrichstein keinerlei Widerspruch zu, »ich empfehle mich. Hartinger, wir fahren nach Hause.«

Zurück bleibt ein ziemlich blamierter Wachmann, der bemüht ist, sein Gesicht zu wahren. Da ihm nichts Besseres einfällt, fordert er die größtenteils belustigten Gaffer auf, sich schleunigst zu zerstreuen, weil es hier nichts zu sehen gibt.

Gegen achtzehn Uhr betritt an diesem Samstag eine verhärmte ältere Frau mit mürrischem Gesichtsausdruck die Fleischhauerei *Schödl* in der Landstraßer Hauptstraße 91. Nachdem sie das Angebot ausreichend in Augenschein genommen hat, entscheidet sie sich für Schinken.

»Für zwanzig Kreuzer von dem Schinken da«, verlangt sie.

Die Ehefrau des Chefs bedient selbst, schneidet mit einem scharfen Messer hauchdünn die gewünschte Menge ab, legt sie auf ein Papier und wiegt die Ware ab.

Die Kundin, die vorher noch nie in diesem Geschäft gewesen ist, hält ihr einen Zehn-Gulden-Schein hin. Als Frau Schödl das Geld in Empfang nimmt, merkt sie als erfahrene Geschäftsfrau sofort am Papier, hier stimmt etwas nicht.

»Was wollen S' mir da andrehen?«

Misstrauisch geworden, fällt ihr das *Circulare*, eine schriftliche Warnung der Polizei, vor gefälschten Gulden ein, die seit längerer Zeit im Umlauf sind.

»Wieso? Das sind zehn Gulden.«

»Das seh' ich, aber nix wert«, widerspricht Frau Schödl der unbekannten Kundschaft und ruft in Richtung Selchkammer nach dem Lehrmädchen: »Agnes! Hol schnell an Wachter aus dem Wachzimmer gegenüber! Lauf schon, Madl!«

Der Fleischhauergattin fällt ein Mann mit Vollbart und einem verbeulten Hut in einem Mantel mit Pelzbesatz am Kragen auf, der vor ihrem Geschäft herumlungert und reichlich nervös wirkt. Ebenso wie diese Kundin ist dieser Fremde ihr völlig unbekannt. Jetzt sollte ihr Mann hier sein, aber so ist es immer. Wenn man ihn braucht, ist er nicht zur Stelle. Vorsichtshalber legt sie ein Hackbeil griffbereit.

Durch das Schaufenster sieht Frau Schödl das Lehrmädchen mit dem Polizisten herbeieilen. Als der Wachmann das Geschäft betreten will, stellt der Fremde sich ihm in den Weg, will ihn nicht vorbeilassen. Selbstverständlich will der Polizist ihn wegen Behinderung einer Amtshandlung sofort arretieren, doch der Unbekannte flüchtet, kommt aber nicht weit, da er einem zweiten Polizisten geradewegs in die Arme läuft.

Inzwischen ist die mysteriöse Kundin auf die Wachstube gebracht worden. Unbemerkt gelingt es ihr, etwas Unbekanntes aus einem Fläschchen, das in ihrem Einkaufskorb lag, zu trinken. Kurz danach bricht sie tot zusammen.

Dem Unbekannten gelingt es, während seines Fluchtversuchs

noch auf der Straße ebenfalls Gift einzunehmen, und er zertrümmert den Behälter mit dem tödlichen Inhalt auf dem Pflaster. Unter Krämpfen stürzt er zu Boden, wird bewusstlos und landet im Inquisitenspital, dem Gefangenenkrankenhaus.

Ein Polizeidetektiv, der mit dem Transport mitfährt, erkennt den Mann und identifiziert ihn als Viktor Krauthauf, der bereits 1887 wegen Raubmordverdacht und Vergewaltigung eines Milchmädchens in Linz festgenommen worden war. Krauthauf wurde nach Wien überstellt, da in Linz die Gefahr einer Lynchjustiz zu groß war, und durfte hier seine Strafe absitzen.

Jedenfalls besitzt er eine bessere körperliche Konstitution als die Selbstmörderin in der Fleischhauerei, die Krauthaufs Mutter Josefine war, wie er nach seinem Erwachen aus der Bewusstlosigkeit am nächsten Tag gesteht.

Beide sind ein seit Jahren gesuchtes Verbrecherpaar, für dessen Ergreifung eine hohe Belohnung ausgesetzt war.

Josefine war mit einem unbescholtenen Linzer Assekuranzbeamten verheiratet, verfügte jedoch über enorme kriminelle Energie. In dem unheilvollen Mutter-Sohn-Verhältnis war sie die treibende Kraft, die den jungen Viktor aufgrund seines zeichnerischen Talents für die Fälschungen einspannte. Außerdem fiel der Sohn durch abartige sexuelle Neigungen auf, die jedoch von der Mutter geduldet wurden. Ob dabei auch Inzest im Spiel war, bleibt ungeklärt.

Nachdem Viktor und Josefine Krauthauf in Penzing in einer kleinen kleinen Wohnung lebten, zogen sie 1889 in die Lehnergasse auf der Schmelz[70]. Börsenspekulationen mithilfe einer kleinen Erbschaft von Josefine Krauthauf brachten nicht den gewünschten Erfolg. Daher wurden Fälschungen von Banknoten, Losen und Coupons zur einzigen, aber dafür äußerst lukrativen Einkommensquelle.

In großem Stil kamen die Falsifikate in Umlauf. Jahrelang ging es gut. Die Polizei setzte auf ein völlig falsches Pferd, glaubte, ein internationaler Fälscherring mit dem Hauptquartier in Italien wäre dafür verantwortlich, da die Blüten auch in Berlin, Breslau, Budapest, Prag und natürlich in Wien unter die Leute kamen.

Kein Mensch schöpfte Verdacht, dass dafür ein unauffälliges Mutter-Sohn-Gespann verantwortlich war. Josefine und Viktor Krauthauf lebten bescheiden und zurückgezogen, erklärten ihren Wohlstand mit erfolgreichen Börsengeschäften.

Nur der Aufmerksamkeit einer resoluten Fleischerhauergattin ist es zu verdanken, dass dieses Duo aufflog und sofort die Nerven verlor.

Josefine Krauthauf entzog sich durch Selbstmord der irdischen Gerichtsbarkeit. Ihr Sohn erkannte, dass Leugnen sinnlos war. Während einer Hausdurchsuchung wurde in der Wohnung eine komplett eingerichtete Fälscherwerkstatt entdeckt. Zusätzlich ein Tagebuch, in dem er neben seinen abartigen amourösen Abenteuern auch penibel sämtliche Fälschungen notierte sowie die Börsenspekulationen, die meist Verlustgeschäfte waren.

Viktor Krauthauf wusste, das Spiel war endgültig aus. In seiner Zelle im Wiener Landesgericht unternahm er drei Selbstmordversuche. Nach eingehenden Untersuchungen seines Geisteszustandes konstatierten Ärzte und Gutachter seine abnormen sexuellen Neigungen, aber erklärten ihn für voll zurechnungsfähig.

Im Juni 1896 fiel das Urteil, achtzehn Jahre schwerer Kerker mit einem vierteljährlichen Fasttag. In der Strafanstalt Stein an der Donau arbeitete Viktor Krauthauf in der Schneiderei. Endlich gelang ihm dort der vierte Selbstmordversuch mit einem Zwirnfaden.[71]

Der Todesbote
1896

5. Jänner:	*Der erste christlichsoziale Arbeitertag wird abgehalten.*
17. März:	*Der spätere Volks-, Theater- und Filmschauspieler Richard Eybner wird in St. Pölten geboren.*
27. März:	*An der Ecke Kärntner Straße 45 / Eingang Krugerstraße 2 findet die erste Kinovorstellung statt.*
5. bis 14. April:	*I. Olympische Spiele in Athen. Österreich-Ungarn gewinnt zweimal Gold und drei Bronzemedaillen.*
8. April:	*Lueger wird abermals zum Wiener Bürgermeister gewählt.*
21. April:	*Der spätere Volks-, Theater- und Filmschauspieler Attila Hörbiger wird in Budapest geboren.*
27. April:	*Nach einer einstündigen Audienz bei Sr. Majestät verzichtet Lueger, überlässt seinem Parteifreund Josef Strobach das Bürgermeisteramt und wird selbst Vize.*
9. Mai:	*Der Thronfolger Erzherzog Karl Ludwig stirbt, sein Sohn Franz Ferdinand tritt die Nachfolge an.*
27. bis 29. August:	*Hoher Besuch – das russische Zarenpaar Nikolaus II. und Alexandra Feodorowna beehren Wien.*
Oktober	*Baustart des Gaswerks in Simmering.*

»Also so was von ausg'schamt«, murmelt die Alte voller Entrüstung und lauscht weiter äußerst interessiert an der Zimmertüre ihres Untermieters. Dahinter sind zweifelsfrei eindeutige Geräusche zu vernehmen, die ihr, auch wenn es beinahe nicht mehr wahr ist, wohlbekannt sind. Leider gibt es nichts zu sehen, da der Hallodri das Schlüsselloch verhängt hat.

»Das is' ja wirklich eine Sünd'. Mitten am Tag, wo noch die Sonn' scheint.«

Drinnen knarrt und quietscht das Bett, als würde es jeden Moment auseinanderfallen oder in sich zusammenbrechen. Dazu dieses Stöhnen von diesem *Flitscherl*[72], das er sich mitgebracht hat. Wer weiß, wo er sich die *aufgegaberlt* hat? Dabei ist Damenbesuch ausdrücklich verboten. Schließlich ist das ein seriöses Haus. Aber er muss seine Qualitäten haben, und zugegeben, er ist wirklich ein *Feschak* in den besten Jahren. Wenn die alte Vermieterin sich an ihr längst vergangenes Liebesleben, sofern man es überhaupt als solches bezeichnen kann, erinnert, überfällt sie Wehmut. Ihr verstorbener Mann sah es nur als lästige Pflicht an. Immer nur im Finstern unter der Tuchent. Er schob ihr Nachthemd hoch, dann seines, und nach spätestens drei Minuten war alles vorbei. Er drehte sich zur Seite und schnarchte.

Nein, sie wird ihren Untermieter nicht zur Rede stellen. Er zahlt pünktlich, ist freundlich und hackt ihr immer das Holz. Zwar hat sie keine Ahnung, was er tatsächlich arbeitet, doch solange er Geld ins Haus bringt, soll es ihr recht sein. Einer geregelten Tätigkeit geht er bestimmt nicht nach, weil er zu den unmöglichsten Zeiten kommt und geht.

Nochmals legt sie ihr Ohr an die Tür. Anscheinend sind sie jetzt fertig, weil nichts mehr zu hören ist. Achselzuckend schlurft sie zurück in ihre Küche. Es ist Zeit für ihren Malzkaffee.

»Dieses Bett macht einen ganz verrückt«, meint Pauline und schmiegt sich an ihren Liebhaber, »nicht, dass du Schwierigkeiten wegen mir bekommst.«

»Ah«, winkt Johann ab und zündet sich eine Zigarette an, »die alte *Bißgurn*[73] is' doch *terrisch*[74]. Hast du noch Lust, Pauline?« Er grinst. »Ich schon …«

»Ja, das weiß ich doch.« Sie lächelt. »Ich bin noch immer erledigt von vorhin. Aber ich muss heim.«

»Ja, leider.« Er dämpft die Kippe in einem Aschenbecher ab. »Denkst du, er weiß von uns?«

»Soll er ruhig«, ihre Augen funkeln zornig, »das ist mir wurscht. Er muss weg. Lieber heut' als morgen. Du hast gesagt, du wirst ihn wegräumen. Stehst du noch zu deinem Wort, Johann?«

»Was denkst du denn, Pauline? Klar! Dein Alter ist bereits tot, nur weiß er es noch nicht. Lass mich nur machen.«

»Wie wirst du ihn umbringen?«

»Ich habe da so eine Idee«, lässt er sich nicht weiter in seine Karten blicken.

»Ich will nur nicht, dass er leiden muss. Es soll schnell gehen. Und wir dürfen keinesfalls verdächtig werden.«

»Das ist wohl sonnenklar. Zerbrich dir nicht dein hübsches Köpferl, ich habe mir schon etwas einfallen lassen.«

»Ich vertrau' dir, Johann.«

Die düsteren Gedanken und Absichten, die Pauline Basch seit längerer Zeit beschäftigen, merkt man dieser schönen Frau nicht an. In Johann Fock hat sie ein willfähriges Werkzeug für ihre finsteren Pläne gefunden. Zumindest glaubt sie das. Für Pauline Basch ist Johann Fock nichts weiter als ihr potenter Liebhaber, mit dem sie immer wieder für ein paar Stunden ihrem tristen Ehealltag entfliehen kann und der dafür sorgen wird, dass ihr Mann frühzeitig das Zeitliche segnen wird.

Focks Absichten zielen darauf ab, sobald Paulines Mann Marcus unter der Erde ist, nach einer angemessenen scheinheiligen Trauerzeit sie zu heiraten, sich ins gemachte Nest zu setzen und sich auf diese Weise die Schlossereiwerkstätte unter den Nagel zu reißen. Für eine gesicherte Zukunft lohnt es sich, den verliebten Gockel zu spielen. Was die Angelegenheit erheblich erleichtert, ist die Tatsache, dass Pauline, ganz nach seinem Geschmack, im Bett ein ausgesprochenes Luder ist und nie genug kriegen kann.

Für Johann Fock ein absoluter Glücksgriff. Dieses *Gspusi*[75] begann bereits in der Zeit, als er noch als Mechanikergehilfe in dieser Schlosserei arbeitete. Unverhohlen machte Pauline dem attraktiven

Mann Avancen, bis Marcus Basch eines Tages seiner Frau auf die Schliche kam und Fock kurzerhand vor die Tür setzte.

Seither treffen Pauline und Johann sich, wann immer es möglich ist, in seinem Untermietzimmer, oder bei schönem Wetter verkriechen sie sich in den Praterauen, malen sich ihre gemeinsame Zukunft aus. Sie hilft ihm finanziell über die Runden, und er verbindet das Angenehme mit dem Nützlichen. Für Johann Fock lohnt sich dieses infame Spiel, Pauline jedoch merkt nicht, dass mit ihren Gefühlen Schindluder getrieben wird.

Inzwischen sind einige Wochen vergangen.

Gestern, am Sonntag, hat er nochmals den Mordplan genau durchdacht, überlegt, ob ihm ein Fehler unterlaufen ist, der ihn verdächtig machen kann. Aber er findet keinerlei Schwachstelle.

Heute, an diesem 1. August, wird Marcus Basch seinen letzten Atemzug tun. Für Johann Fock ist sofort klar gewesen, als Pauline ihn mit den Mordabsichten konfrontierte, dass er sich niemals selbst die Hände schmutzig machen wird. Den verhassten Nebenbuhler direkt anzugreifen, scheidet aus. Den entscheidenden Anstoß fand er in einem Zeitungsartikel.

In der gesamten Monarchie grassiert die Angst vor Anarchisten. Warum nicht die Tat wie einen anarchistischen Anschlag ausführen? Somit kommt nur eine Bombe infrage. In einschlägigen Kreisen organisierte er sich ausreichend Schwarzpulver. Da er ein handwerklich geschickter und technisch versierter Mann ist, fällt es ihm leicht, einen Zündmechanismus zu bauen. Eine Blechdose dient als Behälter, getarnt in einem unauffälligen Paket.

»Die Adresse hast du dir gemerkt?«, fragt Johann Fock seine Zufallsbekanntschaft im Gasthaus »Zum grünen Jäger«[76] in der Leopoldstadt. »Ist nicht weit von hier.«

»Natürlich. Schlossereiwerkstätte *Marcus Basch* in der Kaiser-Joseph-Straße, Nummero sieben.«[77]

»Brauchst es nur abzugeben für den Meister, er weiß Bescheid«, lügt Fock. »Ich wollte es ja selber vorbeibringen, aber leider muss ich dringend etwas erledigen. Das sind wichtige Maschinenteile drin. Also, kann ich mich auf dich verlassen, Burscherl?«

»Selbstverständlich , gnä' Herr.«

»Na, dann verschwind'«, trägt Fock dem Burschen auf und gibt ihm zwei Gulden für den Botendienst.

Der obdach- und arbeitslose Waise ist froh über diese unerwartete Einnahme. Damit kann er sich, wenn er sparsam ist, ein Weilchen über Wasser halten. Eigentlich wollte er in dem Wirtshaus fragen, ob ein Schankbursche oder ein Hausknecht gebraucht wird. Doch dann sprach dieser Herr ihn an und erteilte ihm diesen Auftrag. Einen Augenblick überlegte der junge Mann, ob er nicht in dem Paket nachsehen soll. Wenn da drinnen wichtige Maschinenteile sind, dann sind sie sicherlich etwas wert, und er könnte sie … Nein, schnell verwarf er diese Absicht wieder. Warum soll er diesen netten und spendablen Herrn hintergehen? Ob es Arbeit für ihn in diesem Gasthaus gibt, kann er nach dem Botengang noch immer fragen.

»Habe die Ehre«, grüßt er, als er die Werkstätte betritt.

»Ja, bitt schon?«, fragt der Lehrling Johann Gerstmann.

»I hätt do ein Pack'l für den Herrn Meister abzugeben.«

»Er is' aber net hier. Doch lassen S' es da. I geb's ihm, wenn er kommt. Dank' schön.«

Schwerer Fehler von Johann Fock. Trotz genauer und sorgfältiger Planung hat er nicht überprüft, ob Marcus Basch tatsächlich in seinem Betrieb ist. Er ist davon ausgegangen, dass der Meister ohnehin immer anwesend ist. Zumindest war es so, als Fock noch in dieser Schlosserei arbeitete.

An diesem Montag rettet ein wichtiger Termin dem Schlossereiinhaber das Leben. Er sitzt mit einem potenziellen Kunden in einem Kaffeehaus und verhandelt über einen größeren Auftrag.

Den zweiten tödlichen Fehler begeht der Lehrling Johann Gerstmann. Ihn plagt die Neugier, und er will sehen, was in dem Paket drinnen ist. Kaum hat er das Packpapier von der Schachtel gelöst, erschüttert eine gewaltige Explosion die Werkstätte. Gerstmann ist auf der Stelle tot, wird zerfetzt. Zwei weitere Lehrlinge, die glücklicherweise etwas abseits standen, erheblich verletzt.

Sofort schrillen in der Polizeidirektion am Schottenring 11 sämtliche Alarmglocken. Sämtliche in den spektakulären Fall ermittelnden Polizei-Kommissäre und Kriminalbeamte vertreten die einhellige Meinung, das war die Handschrift der Anarchisten.

Nur Hofrat Johann von Habrda, der stellvertretende Polizeipräsident, hat seine Zweifel und Bedenken. Was soll eine relativ unbedeutende Schlosserei in der Leopoldstadt mit Anarchisten zu tun haben? Das passt nicht zusammen. Daher schickt er seine Kommissäre aus, damit sie das Umfeld dieses Ehepaars Basch genau unter die Lupe nehmen.

Natürlich brodelt die Gerüchteküche. Vermutungen schwirren herum wie Schmeißfliegen. Aber keiner will etwas direkt sagen, hat es von dem oder der zugetragen bekommen. Was eben die Leute so reden. Es wird getuschelt, gemunkelt und aufgebauscht.

Pauline Basch ist verunsichert und ärgerlich, dass der gemeinsame Mordplan scheiterte. Ihr Liebhaber Johann Fock hat sich in seinem Untermietzimmer versteckt. Sorgsam gehen die Krimineser[78] sämtlichen Spuren und Gerüchten nach, stoßen unweigerlich dabei auf das zerrüttete Eheleben von Pauline und Marcus Basch. Jetzt ist es nur mehr ein kleiner Schritt, bis es Johann Fock an den Kragen geht.

Im darauffolgenden Prozess hat Pauline Basch mehr Glück als ihr ehemaliger Liebhaber. Durch einen gefinkelten Schachzug ihres Advokaten kommt sie mit einem Freispruch im Sinne der Anklage frei. Weniger glimpflich endet es für Johann Fock. Er fasst das Todesurteil aus, wird jedoch von Kaiser Franz Joseph I. begnadigt, bleibt dafür lebenslang hinter Kerkermauern.

Seine ehemalige Vermieterin ist sauer. Nicht nur, dass sie um eine zusätzliche Einnahme umfällt, gibt es keine interessante Abwechslung mehr in ihrem Untermietzimmer.

Dafür atmen die Wiener auf. Nur eine fatal endende Dreiecksbeziehung, keine Anarchisten. Und zu sehen gibt es auch etwas. Dafür müssen die sensationslüsternen Wiener nur in die Mariahilferstraße Nummero 82. Die neue Technik macht es möglich. Im *Moskauer Panopticum* gibt es den *Bomben-Attentäter Fock lebensgroß* zu sehen! Sowie weitere *lebende Photographien* in – man will es gar nicht glauben – weiteren *840 Abtheilungen*![79]

Der Kohlrabi-Apostel und seine Jünger
1899

12. Februar:	*Gustav Hügel wird im schweizerischen Davos zum zweiten Mal Weltmeister im Eiskunstlauf.*
8. März:	*Rosa Mayreder, Auguste Fickert und Marie Lang geben die Zeitschrift »Dokumente der Frauen« heraus.*
1. April:	*In Wien erscheint die erste Nummer der Zeitschrift »Die Fackel« des scharfzüngigen Karl Kraus als Ein-Mann-Unternehmen. Bereits in den ersten vierzehn Tagen sind dreißigtausend Exemplare verkauft.*
19. April:	*In Ottakring, Ecke Blumberggasse/Ottakringer Straße wird ein »k.u.k. Tabakverschleissautomat«, der erste Zigarettenautomat, montiert.*
21. Mai:	*Kaspar Zumbuschs Reiterdenkmal von Erzherzog Albrecht wird auf der Albrechtsrampe der Albertina enthüllt.*
3. Juni:	*Der Komponist Johann Strauss (Sohn) stirbt in Wien.*
6. Juli:	*Auf der Vogeltennwiese in Ottakring wird die Jubiläumswarte eröffnet.*
26. Juli:	*Carl Michael Ziehrers erfolgreichste Operette »Die Landstreicher« erlebt ihre Uraufführung im Etablissement »Venedig in Wien« im Prater.*
Herbst:	*Unter Leitung Oscar Friedmanns wird der »Wiener Verlag« gegründet. Heimische Autoren sollen endlich in Wien eine Verlagsheimat bekommen. Für die Gestaltung des Verlagsprogramms werden der Secession nahestehende Graphiker verpflichtet.*
4. Oktober:	*Franz Jonas, der spätere Wiener Bürgermeister und Bundespräsident, wird in Wien geboren.*
22. Oktober:	*Im Prater findet ein Automobilrennen statt.*
26. Oktober:	*»Wiener Blut«, eine Operette von Johann Strauß (Sohn)*

	wird im Carl-Theater uraufgeführt.
31. Oktober:	*Nach der Kündigung der englischen Gasgesellschaft »Imperial Continental Gas Association« geht das erste gemeindeeigene Gaswerk in Betrieb.*
Dezember:	*Adolf Loos beginnt mit der Gestaltung des Café Museum.*
	Sigmund Freud veröffentlicht »Die Traumdeutung«. Es wird allerdings acht Jahre dauern, bis die erste Auflage von sechshundert Büchern verkauft ist.
	Nach der Berufung einiger namhafter Secessionisten wie Kolo Moser, Josef Hoffmann und Felician von Mydbach wird die dem »Österreichischen Museum für Kunst und Industrie« angeschlossene Kunstschule zu einer der bedeutendsten in Europa.
	Zwei zentrale Telefonamtsgebäude in der Lehárgasse im 6. und in der Berggasse im 9. Bezirk werden gebaut.

Der Mann mit dem Rauschebart und dichten, schulterlangen Haaren in dem bodenlangen, weiten, wallenden Gewand und mit Sandalen an den Füßen breitet seine Arme vor der auf der Wiese ehrfürchtig lauschenden Schar aus.

Das Bild gleicht ein bisschen einer schlechten Kopie der Bergpredigt. Ein leichter Wind spielt mit seinen Haaren. Die Frauen, Männer, Mädchen, Burschen, Kinder zu seinen Füßen sind ebenso wie er gekleidet. Mit seiner tiefen, getragenen Stimme zieht er die Menschen in seinen Bann.

»Meine Schwestern, meine Brüder! Glaubt meinen Worten! Nur wer mit der Natur in Frieden leben kann, wird glücklich sein! Vergesst doch alles, was euch die Obrigkeit einreden will! Diese Leute haben keine Ahnung! Es bringt nur Unfrieden, Krieg und Leid! Sie wollen nur herrschen und uns unterdrücken!« Immer wieder branden zwischendurch spontaner Applaus und lautstarke Zustimmung auf. »Seht sie euch doch an, diese Bürger und Adeligen! Unglücklich in ihren Ehen! Was ist mit uns? Schauen wir uns doch an! Ist wer von uns unglücklich? Wir pflegen den Beischlaf mit jeder und mit jedem, wie es uns gefällt und überkommt. Verzichtet auf die lächerlichen Moden! Befreit euch von den lästigen, unnützen Stoffen! Lebt mit der Natur im Einklang, verzichtet auf Arbeit! Genießt lieber die frische Luft, erfreut euch an euren Körpern! Entsagt der Völlerei, genießt die Produkte der Natur! Glaubt nur an euch selbst und an unsere Gemeinschaft! Lasst euch nichts von der Kirche einreden!«

Meister Diefenbach ist ein exzellenter Rhetoriker und Demagoge. Jedes Wort, jede Geste saugt die Jüngerschar in seiner Landkommune »Himmelhof« in Ober-St.-Veit[80] wie ein Schwamm auf. Weithin sichtbar weht die weiße Fahne der *Humanitas*, wie er es nennt. Geschickt versteht er es, die Gunst der Stunde zu nutzen, passt mit seinen Ideen alternativer Lebensformen ideal in diese Zeit des Umbruchs und der Veränderungen.

Jene, die imstande sind, über den eigenen Tellerrand zu gucken, feiern ihn enthusiastisch. Andere, die spüren, dass ihr altes Weltbild ausgedient hat, verdammen ihn in Grund und Boden. Besonders das intensive Praktizieren der freien Liebe in dieser Kommune, das Herumlaufen nackter Kinder und Jugendlicher ist diesen verzopften Moralisten ein Dorn im Auge.

Selbst Wiens wohl berühmtester Maler Gustav Klimt kann in Nacktheit nichts Unanständiges und Obszönes sehen.

»Wieso soll an der Darstellung von Nacktheit etwas Schlechtes sein? Wir sind Natur, wir sind Geschlecht, auch wenn wir Kleider tragen, sind wir darunter nackt«, sagte er bereits vor einigen Jahren zu seiner Muse Emilie Flöge nach dem Besuch von Arthur Schnitzlers angeblichem Skandalstück »Liebelei«.

Angesagte Revolutionen finden eben nie statt, zumindest nicht in Wien.

Tatsächlich ist Karl Wilhelm Diefenbachs großes Vorbild Jesus von Nazareth, beruft sich auf ein angebliches Erweckungserlebnis in den bayrischen Alpen. Allerdings ist Diefenbach nichts weiter als ein charismatischer Scharlatan, der es glänzend versteht, Menschen für seine Zwecke zu manipulieren und um den Finger zu wickeln. Er sieht sich als Prophet, als neuer Messias, ausgestattet mit einem überdurchschnittlichen künstlerischen Talent und auserkoren, in die Fußstapfen Jesu zu treten.

Ursprünglich stammt Karl Wilhelm Diefenbach aus Hessen, geboren als Sohn eines Zeichenlehrers und Malers in Hadamar. Das bildnerische Talent bekommt er von seinem Vater vererbt. Diefenbach geht nach München, studiert an der dortigen Kunstakademie, wird von dem Schweizer Arnold Böcklin, einem Vertreter des Symbolismus, und dem Deutschen Franz von Stuck, ebenfalls ein Symbolist und Anhänger des Jugendstils, beeinflusst.

Diefenbachs Werke finden rasch Anerkennung und Beachtung. Im August 1891 stellt Diefenbach seinen Bilderzyklus »Das wiedergefundene Paradies« in der »Löwengrube« in München aus. In Wien wird daraufhin Moriz Terke auf Diefenbach aufmerksam.

Dem Direktor des Österreichischen Kunstvereins auf der Tuchlauben Numero acht steht das Wasser bis zum Hals. Dem alteingesessenen Verein droht der Bankrott. Der Kaiser hat das Interesse daran verloren, die Hofburg verweigert weitere Subventionen. Die Vereinsauflösung scheint nicht mehr aufzuhalten zu sein. Nun soll Diefenbach als Retter in der Not einspringen, und er willigt ein.

Am 18. Februar 1892 erfolgt die Ausstellungseröffnung mit Diefenbachs elf »Sensationsbildern«, die er in nur vierundvierzig Tagen geschaffen hatte. Terke ist darüber nicht sonderlich begeistert, doch in der Not frisst der Teufel Fliegen. Allerdings stimmt der Publikumsansturm ihn rasch versöhnlich. Innerhalb von fünf Monaten besuchen 78.000 Menschen den Kunstverein, und in der Kasse klingelt es. Terkes Kalkül ist voll aufgegangen. Wahrscheinlich ist es weniger Diefenbachs Kunst, sondern vielmehr sein schlechter Ruf, der dem Hessen vorauseilt, und dafür sind die sensationslüsternen Wiener allemal äußerst empfänglich.

Moriz Terke ist nicht nur ein Schlitzohr, leider auch ein Betrüger und Defraudant, der ein Darlehen, mit dem Diefenbachs Werke abgesichert sind, veruntreut. Deshalb müssen zehn Gemälde versteigert werden, um den Schaden zu mildern. Doch vom Erlös erhält Diefenbach keinen lumpigen Kreuzer. Aus guten Gründen bleibt er trotzdem in Österreich. Schließlich ist er für die bayrischen Behörden ein *»notorisch gemeinschädlicher und sittenwidriger Mensch«*[81]. Von Terke wird er nur benutzt, um den schwer angeschlagenen Kunstverein wieder in die schwarzen Zahlen zu bringen.

Völlig mittellos muss Karl Wilhelm Diefenbach sich als obdachlos melden, doch es gibt Gönner, die an ihn glauben. Wie beispielsweise die Friedensaktivistin und spätere Nobelpreisträgerin Bertha von Suttner, die Diefenbach ermöglicht, eine Wohnung mit Atelier im *Gallitzinlusthaus*, einem ehemaligen kaiserlichen Lustschlösschen im Prater, mit Kindern und Getreuen zu beziehen. 1775 ließ der damalige russische Botschafter Demetrius Michailowitsch Gallitzin es erbauen, 1794 übernahm es der Hof. Der dazugehörige Park wurde in den Kaisergarten integriert, dem ausschließlich für die Hofburg reservierten und abgeschotteten Teil im Prater.[82]

Doch eine schwere Typhuserkrankung und eine verpfuschte Operation, die seinen rechten Arm verkrüppelt, stoppt vorübergehend Diefenbachs Schaffen. Ein alles entscheidender Wendepunkt in seinem Leben. Er musste lernen, alle Tätigkeiten mit links zu verrichten, selbstverständlich auch Schreiben und Malen.

Den bayrischen Wurzeln und der Heimat eng verbunden, ließ er sich 1875 mit rauchender Pfeife und zusammen mit seiner Schwester Elisabeth in Bad Tölz in Tracht von einem Fotografen ablichten. Doch Tradition, Brauchtum und bislang praktiziertes konventionelles Leben gehören bald der Vergangenheit an.

Mit der festen Überzeugung, sein Leben mit Naturheilmethoden gerettet zu haben, setzt er sich mit den Lehren des Schweizer Naturheilpraktikers Arnold Rikli und dem Begründer des *Vegetarischen Vereins* in Deutschland, Eduard Baltzer, auseinander.

Der evangelische Theologe und Demokrat Baltzer plädiert in seinem Hauptwerk »Die natürliche Lebensweise« vehement für einen *»religiösen Sozialismus«* in den *»grünen Hallen der Natur«*.[83] Schnell erweist Diefenbach sich als einer seiner eifrigsten Anhänger. Baltzer, Jahrgang 1814, ist der erste Präsident des *Bundes Freireligiöser Gemeinden Deutschlands* und prägte bereits 1852 den Begriff der *Jugendweihe*, die Konfirmation in neuer Form. Baltzer tritt für seine pantheistische Naturreligion ein. Durch die Bekanntschaft und die Schriften des deutschen Apothekers und Heilpraktikers Theodor Hahn wird auch Baltzer zum Vegetarier.

Baltzer publiziert nun selbst, gibt ab Juni 1868 das *Vereinsblatt für Freunde der natürlichen Lebensweise (Vegetarianer)* heraus. Drei Jahre vor seinem Tod, 1884, kritisiert er in einem Zeitungsartikel den deutschen Kronprinzen wegen dessen Teilnahme an einer Hetzjagd und beschuldigt ihn der Barbarei, wofür er zu einem Monat Festungshaft verurteilt wird.

Diefenbach widmet sich nach längerer Pause wieder seinem Malstudium, um es nach wenigen Monaten erneut abzubrechen, will als freischaffender Künstler seinen Lebensunterhalt verdienen.

Zu diesem Zeitpunkt ist er fünfundzwanzig Jahre alt, verdient mit Kinderbuch-Illustrationen und Aquarell-Kopien sehr gut. Trotz nur sieben Monaten an der Kunstakademie ist Diefenbach in nahezu allen Maltechniken firm, versteht sich bestens auf das Porträt, das Modellzeichnen und die Silhouettenmalerei.

Sein Talent und Können werden mit Anerkennung und steigender Popularität belohnt, die interessierten Besucher kommen in Scharen in seine Ausstellungen. Doch an sein großes Vorbild Arnold

Böcklin kommt er nicht heran.

Die künstlerische Seite Diefenbachs ist eine Facette, die andere ist jene des Sektierers, des Scharlatans, des Naturapostels, selbst ernannten Propheten und Missionars. 1881 kehrt er endgültig der Kirche, diesem »*Satansinstitut*«, den Rücken. In der Öffentlichkeit, außerhalb seines Anhängerkreises, macht Diefenbach sich zusehends zum Gespött der Leute.

In München verkündet er, stets in Kutte und Sandalen, seine eigene Lehre. Den Bayern hat Diefenbach auch seinen abwertenden Spitznamen, *Kohlrabi-Apostel*, zu verdanken, da die Ernährung nur aus Paradeisern, Gurken, Brot und eben Kohlrabi besteht.

Unbeirrt erzählt er weiter öffentlich von seinen angeblichen Offenbarungen, verteufelt Alkohol- und Tabakgenuss, wettert gegen den »*Verzehr von Tierfetzen*« (Fleisch). Diefenbach verachtet Wirtschaft, Politik, Gesellschaft und Religionen sämtlicher Konfessionen.

Dafür setzt er sich streitlustig nach seiner selbst zurechtgezimmerten Weltanschauung für das Ausleben der Nacktheit, für Bewegung an der frischen Luft als Basis einer gesunden und ordentlichen Lebensführung ein. Mode und Kleidung verdammt er als »*Affenmaskerade*«.[84]

Inzwischen sind die Behörden auf Diefenbach aufmerksam geworden, behalten ihn im Auge, und immer öfter sprengt die Polizei seine Versammlungen. Er ist gezwungen, München zu verlassen, und zieht sich in einen Steinbruch in Höllriegelskreuth im Isartal zurück. Eine Künstlerkolonie entsteht, die nach den Lehren Eduard Baltzers, Diefenbachs Idol, lebt.

In seinem Manifest »Sonnen-Aufgang« vom 11. Februar 1882 geißelt Karl Wilhelm Diefenbach die Grundübel der Zeit: »… *Fürstenhabgier, Priesterwahn und Medizinertreiben, die der Menschheit Menschlichkeit vernichtet und der Erde blühend Eden in ein Jammertal verwandelt.*«[85]

Auch der steirische Schriftsteller Peter Rosegger, Hermann Hesse und spätere Malerkollege Egon Schiele bewundern Diefenbach. So schreibt Rosegger 1894 in »Ein Sonderling und sein Werk«: »*... Das, was andere sprechen und lehren – er lebt es. ›Naturgemäße Lebensweise‹ in Nahrung, Kleidung, Wohnung, in allem – das ist sein Fall; in hemdartigem Talare spazierte er barfuß in der Stadt München umher, seine Kinder ließ er nackend herumlaufen in seinem abgeschlossenen Landwinkel.*«[86]

Ein besonderer Gräuel ist für Karl Wilhelm Diefenbach die Ehe, die für ihn »*entwürdigend und schmachvoll*« ist und er als »*legitimierte Form der Hurerei*« sieht.[87] Für den sexbesessenen Exzentriker besteht die ideale Beziehung aus mindestens zwei Frauen, und damit es nicht eintönig wird, dazu noch ein paar willige Jüngerinnen.

Um 1880 lebt er mit Maximiliane »Maja« Schlotthauer und Magdalena Atzinger zusammen. Selbstverständlich ohne Trauschein. Magdalena bringt 1880 Sohn Helios – die Sonne – zur Welt. Nach zwei weiteren Jahren heiratet er sie doch, jedoch nur aus dem einzigen Grund, weil ledige Mütter mit ihren Kindern schief angesehen werden. Gleich nach der Hochzeit verdrückt Diefenbach sich in die Alpen, wo ihm angeblich am 10. Februar 1882 seine erste Offenbarung widerfährt. Seine legitime Ehefrau gebärt ihm weitere Kinder. 1882 Stella, den Stern, und 1886 Lucidus, den Leuchtenden.

Später erinnert sich Tochter Stella: »*Meine Mutter war ehrlich bestrebt, nach den Grundsätzen meines Vater zu leben und vor allem uns Kinder leben zu lassen, was keineswegs leicht gewesen sein kann. Denn mein Vater war so erfüllt durch seine von langjähriger Krankheit gewonnenen Erkenntnisse, dass er mit dem Fanatismus des Entdeckers und seiner 33 Jahre von seiner Frau absolute Gefolgschaft auf allen Gebieten des Lebens forderte. Da das damals ganz neue Ideen waren, gegen die sich alle ›normalen‹ Menschen auflehnten und die von Staats wegen sogar verboten waren, mag die arme Frau manchmal der Zweifel gequält haben, wer nun recht hatte:*

die Welt oder ihr Mann.«[88]

Die Ehe ist für beide Partner ein Martyrium, doch Magdalena stirbt 1890. Diefenbach sieht sich von einer Last befreit und erspart sich, die Scheidung einzureichen.

1892, bereits in Wien, kümmert sich Katharina »Katinka« Kolarik um die drei Halbwaisen. Ihre Aufgaben sind, neben der Kindererziehung, auch Haushaltsführung und natürlich für das sexuelle Wohlbefinden Diefenbachs zu sorgen. Da eine Frau ihm bekanntlich zu wenig ist, kommt noch Magdalena Bachmann, offiziell als Sekretärin und Lehrerin für die Kinder, dazu.

Diefenbach bezeichnet Katharina Kolarik als *»Unglückliche, dem Irrenhaus und dem Selbstmorde Entronnene«*[89]. Auf seine Weise sollte er recht behalten. Als der Egomane im April 1895 eine äußerst morbide Ausstellung im Wiener Philipphof inszeniert, in der auch das Bild »Erlösung« eines sterbenden Buben gezeigt wird, setzt Kolarik mit Zyankali ihrem Leben ein Ende.

Zu Diefenbachs engsten Vertrauten zählt der junge Maler Hugo Höppener, geboren in Lübeck. Der Sohn eines Konditors wird von den Eltern nach München geschickt, verlässt bereits nach drei Monaten wieder die Kunstakademie, schließt sich der Kommune und Künstlerkolonie von Karl Wilhelm Diefenbach in Höllriegelskreuth an.

Diefenbach nennt seinen Adlatus *Fidus*, den Getreuen, und dieser Name wird von nun an Höppeners Künstlername. Fidus ist überzeugter Anhänger des Vegetarismus und einer naturgemäßen Lebensweise, hält an der Lichtgläubigkeit fest und vertritt vehement die Freikörperkultur. Sowohl er wie auch Diefenbach werden wegen ihrer Liebe zu FKK, die zumindest nach außen hin in einer prüden und puritanischen Gesellschaft keinen Platz hat, mehrmals zu Kerkerstrafen verurteilt.

Fidus reist viel, besucht Norwegen, Italien und Istrien. In Berlin sucht er Kontakt zur dortigen literarischen Bohème, arbeitet als Illustrator der Zeitschriften »Pan«, »Simplicissimus« und »Jugend«.

Drei Jahre lang lebt der bisexuelle Fidus mit dem Dichter Franz Evers in Berlin zusammen. 1895 geht Fidus eine Beziehung mit Amalie Reich ein, eine sogenannte »freie Verbindung«, entsprechend den neuen Ansichten über die veraltete Institution Ehe. Für das gemeinsame Kind bestreitet er die Vaterschaft.

Später wird Fidus noch zwei weitere, dieses Mal legalisierte Ehen mit Elsa Knorr und Elsbeth Lehmann-Hohenberg eingehen. Aber er geht auch eine Beziehung mit dem Pastorensohn Georg Bauernfeind ein, der sich letztlich aus Schlankheitswahn zu Tode hungern wird.

Fidus ist Mitglied der *Theosophischen Gesellschaft* und gründet selbst mit anderen eine theosophische Loge, vermutlich *D. T. G.* oder den *Esoterischen Kreis.* Er trifft mit dem Kunsthistoriker, Kunst- und Kulturkritiker sowie antisemitischen Schriftsteller Willy Pastor zusammen, unterhält Kontakte zu dem ebenfalls deutschen rechtsradikalen Publizisten und Kulturhistoriker Arthur Moeller van den Bruck.

In enger Verbindung steht Fidus mit dem *Friedrichshagener Dichterkreis*, einer losen Zusammenkunft von Schriftstellern des Naturalismus, die sich zuerst in den Häusern von Wilhelm Bölsche und Bruno Wille in Friedrichshagen am Müggelsee[90] treffen, später in Haus von Gerhart Hauptmann in Erkner in Brandenburg. Unter anderem zählen zu dieser Runde Max Dauthendey, Max Halbe, Knut Hamsun, Gustav Landauer, Else Lasker-Schüler, Erich Mühsam, Rudolf Steiner, Bertha von Suttner, Frank Wedekind und kurze Zeit auch August Strindberg.

Hugo Höppener alias Fidus pflegt auch enge Kontakte zur *Gartenstadt-* und *Bodenreformbewegung* und zum *Wandervogel*, wird schließlich zu einer Säule der Freikörperkultur. Zu seinen Bewunderern gehört auch Hermann Hesse.

Nachdem im Deutschen Reich der Boden für Diefenbach und

seine Jünger etwas zu heiß geworden ist, wird 1892 Wien die nächste Station. Der selbst ernannte Prophet und Exzentriker erregt Aufsehen und sorgt, wie bereits in München, für allgemeine Belustigung, wenn er sich in einer Art Rikscha durch die Straßen ziehen lässt, begleitet von seiner Anhängern, die ihm mit Palmwedeln Frischluft zufächeln.

Zum engsten Kreis des Kohlrabi-Apostels gesellen sich nun neben Fidus/Höppener auch die Maler Frantisek Kupka aus Ostböhmen, Gustav »Gusto« Gräser aus Siebenbürgen, der griechische Ikonenmaler Konstantinos Parthenis und der kleinwüchsige Paul Ritter von Spaun mit seinem Bruder Friedrich hinzu. Aber auch der deutsche Schriftsteller, Pazifist und Vertreter für Tierrechte Magnus Schwantje.

Zusammen mit Fidus schafft Diefenbach das achtundsechzig Meter lange und aus vierunddreißig Tafeln bestehende Schattenfries »Per aspera ad astra«[91]. Bereits im ersten Jahr seines Wiener Aufenthaltes gelingt Diefenbach mit einer Ausstellung seiner Werke der Durchbruch. Ein Sensationserfolg, der ihn schlagartig berühmt macht. Das Schattenfries ist besonders in Deutschland ein großer Erfolg, wird in Mappen und auf Postkarten vertrieben.

Nach Diefenbachs negativen Erfahrungen mit dem Österreichischen Kunstverein verlässt er mit seinem Gefolge Wien 1895 für zwei Jahre. Die Gruppe marschiert in den Alpen herum, bevor es nach Ägypten geht, wo Diefenbach im Land der Pharaonen wahnwitzige Tempelbauten auf dem Papier entwirft.

Die Sehnsucht nach seinen verlorenen Gemälden treibt ihn 1897 wieder nach Wien zurück. Um sie wieder an sich zu bringen, stellt er neuerlich aus und plant die Herausgabe der Zeitschrift »Humanitas«.

Ein Freundeskreis, der seine Arbeit schätzt und dem auch weiterhin die Pazifistin Bertha von Suttner und der Publizist Michael Georg Conrad angehören, unterstützt ihn tatkräftig.

Dennoch nehmen die Probleme überhand, vor allem mit den Finanzen steht es äußerst schlecht. Nach Katharina Kolariks Selbstmord hat Magdalena Bachmann deren Stelle an der Seite Diefenbachs eingenommen. Doch auf Dauer hält diese Verbindung nicht. Sie verliebt sich in Diefenbachs Jünger Friedrich Ritter von Spaun.

Zudem ist Karl Wilhelm Diefenbachs Gesundheit schwer angegriffen. Neben den Nachwirkungen der Typhuserkrankung kämpft er mit einer Syphilisinfektion, und hartnäckige Hämorrhoiden werden ihn zeit seines Lebens quälen.

Trotz aller Widrigkeiten bezieht die Kommune 1897 das ehemalige Wirtshaus »Auf den Himmeln«. Diefenbach ist wieder in Wien zurück, Grund genug für die heimische Presse, darüber ausführlich zu berichten.

So schreibt die »Österreichische Illustrierte Zeitung«:

»Etwa zwanzig Minuten vom Bahnhofe Ober-St.-Veit der neuen Stadtbahn liegt auf einem eine entzückende Rundschau gewährenden Bergabhange der Himmelhof, die gegenwärtige Heimstätte der Colonie Diefenbach. Das Gebäude selbst, zu dem eine schattige Kastanienallee in sanfter Steigung führt, ist seiner Lage sowohl als seiner Bauart nach wie geschaffen für die Zwecke Meister Diefenbachs ...«[92]

Die Ideale und Ziele des »Homo« oder »Meister«, wie seine sechsundzwanzig Jünger Diefenbach anzusprechen haben, bleiben in der Kommune »*Humanitas – Werkstätte für Kunst, Religion und Wissenschaft*« unverändert ... Und mit »Religion« im Titel meint Diefenbach ausschließlich seine eigene selbstgebastelte Glaubensrichtung.

»Wir streben nach dem Paradies auf Erden; wir wollen die Unnatur verbannen, wollen ein völlig Gott geweihtes Leben führen.«[93]

Hehre Worte, aber nichts weiter aus Schall und Rauch, reine Augenauswischerei.

Im »Paradeiser-Paradies«, so spotten die Wiener abfällig, haben sich alle ausnahmslos nach den Bedürfnissen Diefenbachs zu richten. Geschlafen wird nackt auf harten Matratzen in sommers wie winters unbeheizten Zimmern bei offenen Fenstern. Die Tage sind streng strukturiert. Noch im Morgengrauen wird aufgestanden, danach ein kaltes Bad mit anschließendem Chorgesang, bevor es an die Arbeit geht. Jeder wird nach seinen eigenen Fähigkeiten abgestellt. Persönliche Bedürfnisse müssen sich dem Wohlergehen des Meisters unterordnen. Alleingänge in die Stadt sind verboten, private Post und Tagebücher werden von Diefenbach kontrolliert. Am Abend steht Hausmusik auf dem Programm, und Friedrich Nietzsches Schriften wurden vorgetragen. Was die Ernährung betrifft, können es zwischendurch auch »Tierfetzen«, also Fleisch, sein. Allerdings nur für den »Meister«, versteht sich.

Wenn auch Diefenbach der freien Liebe hemmungslos und maßlos frönt, heißt das noch lange nicht, dass Gleiches auch für seine Anhänger gilt. Ab 1898 teilen sich Wilhelmine »Mina« Vogler und Mathilde »Hilaris« Oborny den Meister. Vogler wird Diefenbach auch später heiraten. Beide Frauen haben mehrere Selbstmordversuche hinter sich und landen mehrmals in der Psychiatrie.

Oborny, eine schwere Alkoholikerin, ist für Diefenbach nur ein Versuchskaninchen. Tatsächlich verzichtet sie auf die Flasche, und Diefenbach kann sie als lebendes Beispiel für seine erfolgsversprechende Heilslehre präsentieren. Doch es kriselt andauernd in der Dreiecksbeziehung, die beiden Frauen sind eifersüchtig aufeinander und bekriegen sich. Vier Monate hält Wilhelmine »Mina« Vogler durch, bevor sie wieder einmal im *Guglhupf*[94] landet.

Über das Sexmonster Karl Wilhelm Diefenbach wird später Mathilde »Hilaris« Oborny vor Gericht aussagen, dass der Meister eine »*fürchterlich thierische Natur ist*« und: »*Diefenbach sagte mir, er könne 20 Weiber auf einmal befriedigen und dies Zeugniß stelle ich ihm aus. Doch ekelt mich seine Heuchelei. Auf der Straße die Verstellung des Gesichtes, seine gebückte Gestalt und zu Hause? Ein Wüstling in vollstem Sinne des Wortes. Sein Gesicht änderte sich bei dem Ackte, sein Auge flamm-*

te; einem Arzt wäre es von Interesse, doch ich darf mein Tagebuch nicht damit auch noch verunreinigen.«[95]

Auslöser letztlich für den Untergang von Karl Wilhelm Diefenbach und seiner Kommune sind die aristokratischen Aussteiger Friedrich und Paul Ritter von Spaun. Die Spauns akzeptieren vieles nicht in Diefenbachs Regelwerk. Spannungen und Streit können somit nicht verhindert werden.

Doch der Meister braucht Paul von Spaun. Zwar kann Diefenbach wegen seines kaputten rechten Arms links malen, aber Details schafft er nicht. Das führt für ihn Paul aus.

Vorher war dafür Fidus alias Hugo Höppener zuständig. Nach einer Auseinandersetzung mit Diefenbach verließ er die Kolonie, und nun ist Paul zum neuen Lieblingsjünger aufgestiegen. Mehr und mehr wird Diefenbach von den Spaun-Brüdern abhängig, bis Paul ins Visier der Presse gerät, die ihn als »*Narr, Schwindler, dämonischer Verführer, Heuchler*« beschimpft.[96]

Das Kommunenleben kann auf Dauer wahrlich nerven. Daher verzieht Paul Ritter von Spaun sich öfters ins nahe gelegene Hotel und Restaurant »Auhof«, wo er sich Kaffee und Zigaretten gönnt. Irgendwer steckt es Max Winter, einem Journalisten der »Arbeiter-Zeitung«.

Während eines Vortrags vor Arbeitern über gesunde Lebensweise zündet Winter die Bombe und konfrontiert von Spaun. »*Wie kommt es dann, Herr Paul Ritter von Spaun … dass Sie dreimal täglich im Hotel ›Auhof‹ heißen Kaffee trinken und Zigaretten rauchen, freilich bei verhängten Fenstern?«*[97]

Von Spaun wird ausgebuht und ausgepfiffen. Ihm bleibt nichts anderes übrig, als klein beizugeben, spricht von Schwächemomenten, was ihm natürlich niemand abkauft. Max Winter spitzt die Feder und schießt sich mit seinen Giftpfeilen auf Paul Ritter von Spaun und in weiterer Folge auf die Kommune ein. So notiert Winter in der »Arbeiter-Zeitung«: »*… Paul Ritter von Spaun ist ein kleiner lang-*

haariger und langbartiger Mensch, der in seinem härenen Büßerkittel einen möglichst ungünstigen Eindruck macht ... Nach der Lehre Diefenbachs darf sich der Mensch nur von rohen, ungekochten und ungewürzten Feldfrüchten ernähren. Die 26 Personen, die jetzt die ›erweiterte Familie‹ bilden, nähren sich auch thatsächlich nur von rohen Kartoffeln, Gurken, Paradeisäpfeln, Obst und Schrotbrot. Der Ehrenmann Spaun freilich weiß sich diese Kost entsprechend zu ergänzen. Er selbst hält die strenge Kost, die er predigt, nicht ein. Gurken predigen und Kaffee saufen ...«[98]

Dieser Artikel ist der Anfang vom Ende, läutet unweigerlich den Abgesang der Humanitas-Kolonie ein. Paul Ritter von Spaun ist nämlich auch kein Kind von Traurigkeit. Bereits 1895 entsteht eine Liebesbeziehung des damals Achtzehnjährigen zu Diefenbachs Tochter Stella. Der Haken dabei, das Mädchen ist erst zwölf Jahre alt.

Zurück in Wien, am »Himmelhof«, erhält das Verhältnis neuerliches Feuer, was Vater Diefenbach überhaupt nicht in den Kram passt. Streit bleibt nicht aus. Doch Diefenbach braucht von Spaun für seine Malerei. Der Adelige will die Kommune verlassen, der Meister erpresst ihn, droht mit Anzeige. Schließlich war Stella minderjährig, als Paul sie verführte. Von Spaun fügt sich und bleibt.

Doch Stella gewährt nicht nur ihm ihre Gunst, sondern auch seinem Bruder Friedrich, was sie Paul im Sommer 1898 gesteht und *ihm* verständlicherweise schwer gegen den Strich geht. Inzwischen ist Friedrich Ritter von Spaun allerdings mit Magda Bachmann, Diefenbachs Ex, verheiratet, und sie haben einen kleinen Sohn. Stellas Tochter Vera erblickt im Juni 1889 das Licht der Welt. Sowohl Paul als auch Friedrich kommen als Väter infrage.

Die Stimmung in der Kommune ist von explosiver Spannung erfüllt. Anna »Jukunda« Bayer schreibt am 5. November 1898 in ihr Tagebuch: »*Das ist heute wieder ein Druck, der auf dem ganzen Hause lastet. Seit gestern abend ist Stella besonders entsetzlich; sie ist gar nie lieb mit uns, und ich vermisse das Mädchenhafte an ihr gar sehr; sie lässt uns so deutlich und thatsächlich pietätlos fühlen, dass sie als Tochter des Meisters so hoch über uns steht; aber seit gestern abend ist sie so, dass ich ihr ausweiche ... Gestern hat Stella so viel mit Paul und Friedrich gesprochen, und wahrscheinlich ist sie deshalb so erregt ... In einem fort wirft sie mit ›Frechheit‹ und ›blöd‹ herum. Ist das denn recht in ›Humanitas‹? ... Ich kann nur daraus entnehmen, dass Stella in einem recht unglücklichen Gemüthszustand ist.«*[99]

Zu einem späteren Zeitpunkt sagt Mathilde »Hilaris« Oborny vor dem Richter aus, dass Friedrich Ritter von Spaun der Vater von Stellas Tochter Vera ist. Woher sie dieses Wissen bezieht, bleibt im Dunkeln. Oborny selbst lässt sich nach Diefenbach mit Josef Baumgartner ein, der für »Humanitas« seine eigene Familie in Stich lässt. Wieder einmal landet die schwere Alkoholikerin im Irrenhaus. Nach ihrer Rückkehr im August 1898 nimmt Diefenbach sie wieder unter seine Fittiche. Schließlich trennt sie sich endgültig im Zorn von ihm und seiner Künstlerkolonie.

Für »Meister« Karl Wilhelm Diefenbach wird es von Tag zu Tag enger. Eine Ausstellung in der Seilergasse im 1. Bezirk endet im finanziellen Desaster. Der Schuldenstand ist in astronomische Höhen gestiegen. Einmal mehr steht der Gerichtsvollzieher vor der Türe. Selbstverständlich bleiben die Umstände auch der Journaille nicht verborgen. Das Schlagzeilen-Sperrfeuer lautet »*Meister des Nichtstuns und Dochlebens, der mit seiner Narren-Gesellschaft am Himmelhof einem gemeingefährlichen Leben voll unsittlichem Treiben nachgeht*« und »*das schrullenhafte Gaukelspiel in Ober-St.-Veit*«.[100]

Diefenbach bleibt keine andere Wahl, er muss den Offenbarungseid ablegen. Aber auch diesen Canossagang inszeniert der »Meister« als theatralischen Auftritt, den die »Innsbrucker Nachrichten« am 19. September 1898 genüsslich kommentieren: »*Das war ein gar sonderbarer Anblick nächst dem Bezirksgerichtshause in Hietzing. Ein leichtes, schönes, geschmücktes Wägelchen rollte heran, doch nicht von Thieren, nicht durch Dampf und nicht durch Electricität bewegt – vielmehr war es eine Schar junger, sonderbar gekleideter Männer mit langem, wallenden Haupthaar, welche an den Wagen gespannt waren und denselben einherzogen, so, als wäre der einzige Insasse desselben ein Triumphator. Vor dem Thore des Gerichtshauses machten sie halt und der den Wagen verließ – man hat es längst errathen – der Maler Karl Wilhelm Diefenbach in seiner urweltlichen Kleidung.«*[101]

Die Künstlerkolonie »Humanitas« ist endgültig in Konkurs, wird vom Himmelhof delogiert und Diefenbach entmündigt. Seine Frau Wilhelmine »Mina« Vogler verkraftet die Aufregungen nicht, bricht erneut psychisch und physisch zusammen, wird ins Krankenhaus eingeliefert.

Seinen letzten öffentlichen Auftritt beendet Diefenbach mit einem Eklat. Während einer Versammlung der Friedensbewegung mit prominenten Teilnehmern, wie Bertha und Arthur von Suttner sowie dem amerikanischen Schriftsteller Mark Twain, fordert der abgehalfterte »Messias« das Verbot des Tiermordes und ruft offen zum Sturz der Monarchie auf. *»Ende der Knechtung und Ausbeutung der Menschheit durch Fürsten und Fürstendiener.«*[102]

Mit dieser Aussage verprellt Diefenbach endgültig seine letzte, ihm noch verbliebene Gönnerin Bertha von Suttner endgültig.

Im Frühjahr 1899 streicht er, da ihm gar nichts anderes übrig bleibt, in Wien die Segel und lässt sich in Triest nieder.

»Im eisigen Bora-Sturm zog ich im März 1899 mit Helios, Lucidus und dem jüngeren Spaun [Paul] *in die seit Jahren von Menschen verlassene, dagegen von unzähligen Mäusen und Ratten bewohnte Festung* [von Triest] *über die morsche Zugbrücke ein, während ich die arme, ihrer ersten schweren Stunde entgegengehende Stella den Krallen des zum Satyr an ihr gewordenen älteren Spaun* [Friedrich] *und dem ›christlichen‹ Haß von dessen Frau (ihrer früheren Lehrerin!) in einem weit abgelegenen einsamen Bauernhof überlassen musste.«*[103]

Bereits im Sommer 1899 muss Paul Ritter von Spaun nach Wien zurückkehren. Er hat eine Anklage wegen »*Verbrechens der Noth-*

zucht« und des »*Vergehens gegen die öffentliche Ruhe und Ordnung*« am Hals.

Paul ist geständig und sagt am 11. Juli 1899 vor Gericht aus: »*Ich gestehe zu, die Stella Diefenbach, als sie noch nicht 14 Jahre alt war, geschlechtlich gebraucht zu haben und zwar in vollkommener Kenntnis, daß sie die Altersgrenze von 14 Jahren noch nicht erreicht hatte, wenn auch ihre Entwicklung einen Fremden über ihr Alter getäuscht hätte. Stella ist heute 16 ½ Jahre und habe ich seit 2 ½ – 3 Jahren mit ihr verkehrt. Friedrich von Spaun verkehrt erst seit ¾ Jahr mit Stella und sie hat ein Kind von ihm; mein Verhältnis mit Stella blieb ohne Folgen.*«[104]

Obwohl es andauernd Streit mit den Spaun-Brüdern gibt, lässt Diefenbach den Liebhaber seiner Tochter nicht im Stich, kommt ebenfalls aus Triest zur Hauptverhandlung nach Wien zurück. Sehr zur Freude der heimischen Presse. Die Redakteure und Journalisten gießen kübelweise Spott und Häme aus. Diefenbach und Paul Ritter von Spaun sind Stammgäste in den »Criminal-Geschichten«.

Eine volle Breitseite feuert das »Neuigkeits Welt Blatt« am 22. September 1899 ab.

»Ein grelles Streiflicht fiel heute in das Leben und Treiben der sattsam bekannten ›Kolonie Diefenbach‹. Einer der ›Jünger‹ Diefenbach's, welcher schon aus dem Grunde ein Liebling des ›Meisters‹ sein mußte, weil er malen konnte und die vielen ›echten Diefenbach's‹, die freilich ebensoviele Kopien waren, anfertigte, stand heute vor Gericht unter einer fürchterlichen Anklage.

Die ›Lehren und Gebräuche‹, die in der unter des ›Meisters‹ Diefenbach Führung stehenden Gesellschaft im Schwange waren, erfahren da eine abscheuliche Illustration. Diese Leute, denen Diefenbach eine absurde Art ›Naturreligion‹ predigte, nahmen offenbar das Recht in Anspruch, sich über Gesetz und Sitte hinwegzusetzen und so kam es, daß ein jugendliches Wesen, welches inmitten dieser Vereinigung aufwuchs, schon frühzeitig der Schande anheimfiel. Die heutige Schwurgerichtsverhandlung beschäftigte sich damit. Die Dinge, die zur Sprache kamen, waren überaus beredt. Tief beklagens-

werth ist nur das arme Mädchen, das ein unglückliches Los in solche Hände brachte.«[105]

Mathilde »Hilaris« Oborny, ehemals eine von Diefenbachs Gespielinnen und die in Unfrieden die Kommune verließ, fährt im Zeugenstand schwere Geschütze auf.

»Eines Nachts, wir schliefen bei offenem Fenster, hörte ich einen markerschütternden Schrei, der mir durch alle Glieder gieng. Es war ein Wahnsinns-Schrei. Diefenbach sprang auf – er war nackt (wir mussten alle nackt schlafen) und sah Helios, den ältesten Sohn, der wie wahnsinnig unten herumrannte. Paul war bei ihm ... Ein Schleier, den ich nicht lüften will, liegt zwischen Paul und Helios. ... (Helios intimer Verkehr) ...«[106]

Paul Ritter von Spaun kanzelt Obornys Aussage als Geschwätz einer Alkoholikerin und notorischen Lügnerin ab, verantwortet sich, *»daß der Verkehr mit Helios ein rein freundschaftlicher sein: Wir schliefen völlig unbekleidet in einem Bette, aber von einer unnatürlichen Unzucht war nicht die Rede. Helios hat allerdings vorübergehend Onanie betrieben; ich habe ihn davon mit Erfolg abgewehrt«.*[107]

Stella ist in Triest geblieben. Sie muss ihr Kind versorgen und ist außerdem krank. Doch in einer schriftlichen Aussage an das Gericht entlastet sie Paul Ritter von Spaun und erklärt, dass sie *»im Alter von 12 Jahren und 11 Monaten Paul von Spaun den Vorschlag gemacht hätte, sich geschlechtlich gebrauchen zu lassen«*. Und sie fügt hinzu, dass sie erst nach ihrem vierzehnten Lebensjahr den Geschlechtsverkehr mit dessen Bruder Friedrich richtig genießen konnte.[108]

Paul Ritter von Spauns Verteidiger Richard Preßburger plädiert für die Unschuld seines Mandanten, stellt *ihn* als Verführten und gleichzeitiges Opfer der unmoralischen Zustände in der Kommune dar. Von Spaun selbst bezichtigt sich in seinem Schlusswort als Schuldigen, nimmt Diefenbach und dessen Tochter Stella in Schutz.

Anscheinend ist in diesem Prozess Pädophilie kein Thema, die Geschworenen sprechen Paul Ritter von Spaun mit sieben zu fünf Stimmen frei. Missbrauch wird in diesem Prozess keineswegs als schweres Verbrechen geahndet. Damit ist ein Anklagepunkt vom Richtertisch und abgehakt.

Weitaus schwerwiegender sieht das Schwurgericht von Spauns Verbrechen gegen die öffentliche Ruhe und Ordnung. Was hat er sich zuschulden kommen lassen?

In der Untersuchungshaft schreibt Paul Ritter von Spaun einen geharnischten Brief und bezeichnet die katholische Kirche als *gemeinschädlich* und *geistentwürdigend*. Das Schreiben gibt er einem *Kas*[109] im Gefängnis mit, der es an den Magistrat weiterleitet. Das geht entschieden zu weit. Mit elf zu eins Stimmen der Geschworenen fasst Paul Ritter von Spaun wegen *Herabwürdigung der katholischen Kirche* acht Tage strengen Arrest aus und muss die Gerichtskosten bezahlen. Ein Urteil, das die verlogene und heuchelnde Doppelmoral einer scheinheiligen, bigotten Gesellschaft trotz aller Umwälzungen und Neuerungen eindrucksvoll verdeutlicht.

Mit Jahresende 1899 hält es Karl Wilhelm Diefenbach nicht mehr länger in Triest, er will es nochmals wissen und zieht nach Capri weiter. Er lässt sich in der Villa Giulia in Anacapri nieder. Bald folgen seine Kinder, die Spaun-Brüder und Wilhelmine »Mina« Vogler ihm nach.

Die Insel genießt keinen guten Ruf. Ein Zufluchtsort für Künstler, Lebenskünstler, Bohemiens und Selbstdarsteller, die hier ungestört ihre Laster ausleben können. Diefenbach wird seinem Ruf mehr als gerecht, selbst im freizügigen Capri ist der bunte Hund bald als Schwerenöter, der nichts anbrennen lässt, bestens bekannt. Von einem friedvollen Zusammenleben, das er stets will, sofern es nach seinen Regeln abläuft, keinerlei Spur. Streit mit seinen Gespielinnen und Kokotten, mit Hanns Heinz Ewers, der Diefenbach in einer anarchistischen Zeitung anprangert, und mit den Kindern.

Besonders Sohn Helios stellt einen *Bam auf*[110]. Der Kerl raucht seit seinem sechzehnten Lebensjahr wie ein Schlot, treibt sich in Kaffeehäusern herum, ist einem guten Tröpferl niemals abgeneigt und treibt es mit *buhlerischen, feindlich gesinnten Frauenzimmern*[111].

Bekanntlich fällt der Apfel nicht weit vom Stamm. In dieser Hinsicht steht der Sohn seinem Vater in nichts nach. Tochter Stella ist meist mies gelaunt, Diefenbach setzt sie mehrmals vor die Tür. Der Vater will eine Ehe mit Friedrich Ritter von Spaun arrangieren, der auch einverstanden ist und sich dafür von seiner Frau scheiden lässt. Doch nach einem Streit mit Diefenbach verlässt Friedrich die Villa Giulia.

Stella wendet sich wieder ihrem altgedienten Liebhaber Paul Ritter von Spaun zu. Nach Töchterchen Vera, deren Vater Friedrich ist, zeugt nun Paul weitere vier Kinder mit ihr. Schließlich geht er auch mit Stella den Bund der Ehe ein.

Der Ehehasser Karl Wilhelm Diefenbach lässt sich ebenfalls herab und heiratet zum zweiten Mal Wilhelmine »Mina« Vogler. Vorher muss er dafür allerdings seine Verbindung mit der Theosophin Maria Scholl lösen.

Dreizehn Jahre lebt Diefenbach auf Capri, und trotz neuerlicher Ehe – wie kann es auch anders sein? – lebt er weiterhin seinen ungeheuren Sexualtrieb ungeniert und hemmungslos aus. Er hat Techtelmechtel mit seiner Schwägerin Marie, mit einer Russin namens Eugenie von Reinke; steigt mit Agnes Bogler von Plankenfeld, einer Verehrerin aus vergangenen Wiener Zeiten, ins Lotterbett. Seine Liebeskünste schätzen ebenso eine Lehrerin aus Leipzig wie Martha Rogalla von Bieberstein, eine ostpreußische Gutsbesitzerin.

Irgendwann ist endgültig Schluss. Karl Wilhelm Diefenbach stirbt am 15. Dezember 1913 mit zweiundsechzig Jahren qualvoll an einem Darmverschluss. Gepflegt von einer letzten Mätresse, Sela Tannenberg aus dem Baltikum.

Bald danach geraten Karl Wilhelm Diefenbach als Maler und Wiens erste Kommune in Vergessenheit.

In seine Fußstapfen tritt, allerdings legal und unter völlig anderen Gesichtspunkten, 1900 Florian Berndl (1856 – 1934), ein weiterer Befürworter alternativer Lebensweisen. Während einer Wanderung entdeckte er eine Insel in der Alten Donau, das Gänsehäufel, und pachtet sie für jährlich fünfzehn Gulden. Jetzt kann er endlich seinen Traum von einem Luft- und Sonnenbad realisieren. Das Gänsehäufel wird binnen kürzester Zeit zum einem Wiener Publikumsmagneten, und daran hat sich bis heute nichts geändert. Ebenso gründet er die Kleingartenkolonie Neu-Brasilien, die ebenfalls noch heute besteht.

1967 bildet sich in West-Berlin aus der APO (Außerparlamentarische Opposition) innerhalb der Studentenbewegung vorerst in der Wohnung des Schriftstellers Hans Magnus Enzensberger die Kommune I mit bekannten Kommunarden wie Rainer Langhans, Uschi Obermeier, Fritz Teufel und anderen. In weiterer Folge gibt es auch Berührungspunkte mit der späteren Baader-Meinhof-Bande.

In Österreich ist es 1970 Otto Mühl (1925 – 2013), ein Aktionskünstler und Vertreter des Wiener Aktionismus, der die AAO, die Aktionsanalytische Organisation, ins Leben ruft, in der Zweierbeziehungen und Kleinfamilien strikt verpönt sind.

Auf der Parndorfer Platte im Burgenland gründet er den Friedrichshof, eine autarke Kommune, die von Mühl patriarchalisch geführt wird. Jahrzehntelang verschließen die Behörden die Augen, obwohl die propagierte freie Sexualität auch für Kinder und Jugendliche ein Mühlsches Dogma ist. In der Glanzzeit in den 1980ern der Kommune lebten bis zu sechshundert Personen, eingeteilt in zwanzig bis fünfundzwanzig sogenannte Stadtgruppen, auf dem Friedrichshof.

Doch Mühls Einfluss kommt ins Wanken. Unzufriedene Kommunarden bestehen auf mehr Freiheit, was der Patriarch verweigert. Die Mühl-Kommune zerfällt. Mühl wird wegen sexuellem Missbrauchs und Vergewaltigung von Kindern und Jugendlichen sowie wegen der Weitergabe weicher Drogen angeklagt, wandert für neun Jahre hinter Gitter.

Nach seiner Entlassung kehrt er Österreich den Rücken und lässt sich mit einer Gruppe von Getreuen, vierzehn Erwachsenen und deren Kindern, im portugiesischen Faro nieder.

Ein eher skurriles, aber dafür bald weltweit bekanntes Wiener Original ist Waluliso alias Ludwig »Wickerl« Weinberger (1914 – 1996) gewesen. Waluliso steht für Wasser, Luft, Licht, Sonne.

Öffentlich fällt der Kauz erstmals in den 1970ern auf, als er erfolgreich Unterschriften für die Wiener Donauinsel als Naherholungsgebiet sammelt. Später demonstriert er gegen Abrüstung und für Frieden, geleitet einen sturzbetrunkenen Richard Burton nach dem Opernball sicher ins Hotel und läuft dem damaligen Außenminister einer maroden Sowjetunion Eduard Schewardnadse vor der Hofburg in die Arme.

Stets mit einer weißen Toga und mit Sandalen bekleidet, am Kopf einen Kranz aus Olivenzweigen, einen Hirtenstab in der Hand, hält Waluliso mit Vorliebe seine Ansprachen auf dem Stephansplatz und dem Naschmarkt. Im Sommer ist der fanatische FKK-Anhänger nur mit einem Lendenschurz unterwegs.

Weltweit existieren von diesem liebenswerten Sonderling wohl Millionen an Fotos und Videoaufnahmen in aller Herren Länder, der es auch zu einer Touristenattraktion gebracht hat.

Natürlich unwissend ist Karl Wilhelm Diefenbach zu einem Ahnvater der Alternativen, der grünen Bewegung, mit all ihren verbundenen Strömungen geworden.

Nach Jahrzehnten der Vergessenheit weckt Enkel Fridolin von Spaun in den 1960er-Jahren die Erinnerung an seinen Großvater Paul Ritter von Spaun und somit auch an Diefenbach wieder wach. Er stellt den Nachlass seines Opas zur Verfügung, hilft entscheidend bei der Gründung der Diefenbach-Museen auf Capri und in dessen hessischer Heimatstadt Hadamar mit.

Trotz seines umstrittenen Lebenswandels würdigt Wien diesen ersten Naturapostel mit der Karl-Wilhelm-Diefenbach-Gasse in Hietzing.

Allerdings ist eine weitere Diefenbachgasse im 15. Wiener Gemeindebezirk nicht nach Karl Wilhelm Diefenbach benannt, sondern nach dem Gemeinderat und Kanzleidirektor der Sechshauser Sparkasse, Heinrich Diefenbach.

Die Ehre des Hutschenschleuderers
1900

1. Jänner: *Der Gulden ist endgültig Geschichte. Ab sofort wird mit Kronen bezahlt.*

2. Jänner: *Die erste Nummer der Tageszeitung »Österreichische Kronen-Zeitung« erscheint. Gründer Gustav Davis ist zugleich Chefredakteur der »Reichswehr«.*

23. Jänner: *Bruno Marek, der spätere Wiener Bürgermeister, wird in Wien geboren.*

3. Februar: *Der »Hagenbund«, die dritte bedeutende Wiener Künstlervereinigung, wird gegründet.*

23. Februar: *Der Schauspieler, Dirigent, Theaterleiter und Direktor des Carltheaters (1871), der Hofoper (1878 – 1880) und des Ringtheaters (1881) Franz Ritter von Jauners begeht Selbstmord. Nach der verheerenden Brandkatastrophe im Ringtheater mit Hunderten Toten wurde er wegen Fahrlässigkeit angeklagt und zu drei Jahren Gefängnis verurteilt, jedoch per kaiserlichen Erlass begnadigt. 1884 übernahm er mit Partnern das Theater an der Wien. Nach einer Tournee in Russland folgt das finanzielle Debakel. Eine Kassaprüfung an diesem Februartag bringt die Misswirtschaft ans Tageslicht, worauf sich Jauners erschießt.*

24. März: *Die Brigittenau wird vom 2. getrennt und zum selbstständigen 20. Bezirk.*

12. Mai: *Helene Weigel, die spätere Schauspielerin und Theaterdirektorin, wird in Wien geboren.*

14. Mai bis 28. Oktober: *II. Olympische Spiele in Paris. Österreich kehrt mit drei Silber- und zwei Bronzemedaillen in Schwimmen und Säbelfechten nach Hause zurück.*

31. Mai: *Durch das geänderte Wahlrecht ziehen die Sozialdemokra-*

ten erstmals in den Wiener Gemeinderat ein.

28. Juni: *Thronfolger Franz Ferdinand wird in die Geheime Ratsstube in der Hofburg zitiert. Wegen seiner Absicht, eine morganatische, eine nicht standesgemäße Ehe mit Sophie Gräfin Chotek einzugehen, muss er eine Erklärung unterschreiben, mit der er auf gewisse Ehren und Rechte verzichtet.*

erstes Halbjahr: *Arthur Schnitzler verteilt an seine Freunde 200, auf eigene Kosten gedruckte Exemplare des als »unverkäufliches Manuskript« bezeichneten Textes von »Der Reigen«.*

1. Juli: *Franz Ferdinand heiratet Sophie Chotek in der Schlosskapelle von Reichstadt in Böhmen. Per Depesche erhebt der Kaiser die Gräfin zur »Fürstin von Hohenberg« mit dem Prädikat »Fürstliche Gnaden«.*

11. August: *Grundsteinlegung für die Zweite Wiener Hochquellwasserleitung.*

25. Dezember: *Die Veröffentlichung von Arthur Schnitzlers Erzählung »Leutnant Gustl« in der »Neuen Freien Presse« löst einen Skandal in der Armee aus. 1901 verliert Schnitzler seinen Offiziersrang.*

Der 1867 gegründete Wiener Eislaufverein wandelt den Platz am Heumarkt im 3. Bezirk zu einem Sportplatz um. Im Winter für den Eislauf, im Sommer für das Tennisspiel.

Der Otto-Wagner-Schüler Otto Schönthal beginnt dem Bau der Villa Vojcsik im 14. Bezirk, in der Linzer Straße 375, ein beispielhaftes Jugendstiljuwel.

Jetzt geht es gleich los an diesem wunderbaren, herrlich warmen Juli-Sonntag. Der Wurstelprater ist eine eigene Welt und gehört den kleinen Leuten vom Grund. Die Preise für die Fahrgeschäfte, für die zahlreichen Schaubuden und andere Vergnügungen sind moderat. In den vielen Wirtshäusern erhält der Gast gute Qualität an Speisen und Getränken, ohne befürchten zu müssen, über den Tisch gezogen zu werden.

Für das betuchte Bürgertum und den Adel ist der Prater viel zu ordinär und zu gewöhnlich, zu proletarisch. Der Vergnügungspark ist dem Bodensatz vorbehalten, und daran soll sich auch nichts ändern.

Ausgenommen das Lusthaus am anderen Ende der Hauptallee, dort ist man wieder unter sich, wie es sich gehört. Natürlich verirrt sich auch dorthin der Pöbel, allerdings nur zum Gaffen und Staunen.

In den Sommermonaten ist der Großteil der besseren Gesellschaft ohnehin nicht in der Stadt, weilt zur Sommerfrische am Semmering, Bad Ischl, am Attersee und anderen Orten in ihren Zweitwohnsitzen. Wien ist im Sommer zu heiß, zu stickig, zu laut, zu dreckig. Sommerfrische – etwas, wovon die überwiegende Mehrheit nicht einmal zu träumen wagt. Der Prater ist des Volkes Sommerfrische.

Der »Deutschmeister-Schani«, ein Prater-Original, schiebt sein *Werkl*, seinen Leierkasten, vor sich her, bezieht seinen üblichen Standplatz unweit des Riesenrades, das majestätisch über dem Prater thront und bereits eine erste Runde dreht.

Der »Deutschmeister-Schani« ist eigentlich immer da gewesen, wenn man alteingesessene Praterunternehmer und Schausteller fragt. Seinen großen Auftritt hat der Werklmann alljährlich am 18. August, Kaisers Geburtstag. Noch sind bis dahin einige Tage Zeit, dann wird er wieder den Festzug anführen. Undenkbar, dieses Spektakel ohne ihn!

Eigentlich ist der Schani ein Mysterium. Niemand weiß etwas Genaueres über diesen Mann. Wahrscheinlich nicht einmal Franziska Klinger, in deren Diensten er steht und deren Mann Ludwig 1874 den *Velocipedezirkus* gründete, in dem Radfahrer ihre Künste präsentieren.

Es sind die Schaustellerfamilien Schaaf, Kobelkoff und Lang, die den Prater friedlich dominieren und die Geschäfte untereinander aufteilen. Niemand braucht sich zu beklagen, alle kommen auf ihren Profit.

Ederl ist auf dem Weg zu seiner Arbeitsstätte, grüßt »Deutschmeister-Schani« freundlich, der mit einer Handbewegung antwortet, um sich anschließend seinem Werkl zu widmen. Eine Kontrolle, ob es funktionstüchtig ist, bevor er es mit der Kurbel in Betrieb nimmt. Die Walzerklänge von »Wiener Blut« begleiten Eduard »Ederl« Tirz zu dem Schaustellergeschäft, wo er angestellt ist.

Zuvor war der junge ledige Mann wie jeden Sonntag im »Blumenstock« frühstücken. Kaffee, Kipferl und zwei Eier im Glas. Das gönnt er sich. Ansonsten wohnt er in einer kleinen angeschlossenen Hütte neben der Schaustellerbude. Seit zwei Jahren lebt Tirz bereits im Prater und ist eigentlich recht zufrieden.

Sein Dienstherr ist ein anständiger Mann, nach dem Motto leben und leben lassen. Weder schikaniert er seine Leute, noch beutet er sie aus. Dafür verlangt er Ehrlichkeit, Loyalität, Pünktlichkeit und Arbeitseinsatz. Im Gegenzug gibt es freie Kost, Logis und einen angemessenen Wochenlohn. Langweilig wird es im Prater nie.

Man hilft und unterstützt sich gegenseitig, wenn Not am Mann ist. Dort muss etwas gestrichen, hier etwas zusammengebaut und genagelt, etwas abgeholt oder geliefert werden. Es gibt immer genug zu tun.

Das Praterleben gefällt Ederl. Inzwischen ist er längst in der Hierarchie aufgestiegen und zu einem bekannten Hutschenschleuderer geworden, berühmt für seine Überschläge mit der Schiffsschaukel. Das gefällt und imponiert vor allem den jungen Mädeln, wenn er in seinem quergestreiften Ruderleiberl und dem roten Halstuch in der Schaukel steht, Schwung holt, die muskelbepackten Oberarme so richtig zu Geltung kommen. Dabei immer wieder in die Knie geht, um noch mehr an Fahrt herauszuschinden, immer höher steigt, die Schaukel waagerecht in der Luft steht. Noch einen letzten kraftvollen Anlauf, der Scheitelpunkt ist erreicht, die Schaukel überdreht sich. Begleitet von bewundernden Ahs und Ohs der Zuseher. Erster, zweiter, dritter Überschlag. Letzte Woche gelangen ihm erstmals vier Überschläge. Das erfordert große Kraft. Mitten in der Bewegung nachzulassen, endet fatal und kann mitunter tödlich ausgehen, zumindest aber sind schwere Verletzungen sicher.

Seine Schaukelkünste animieren und beleben das Geschäft. An die Schiffsschaukel ist eine Schießbude angeschlossen. Inzwischen ist Tirz ein exzellenter Schütze. So mancher errötenden Mademoiselle schießt er die eine oder andere Papierrose, lässt dabei ihren Begleiter und Galan ziemlich alt aussehen. Natürlich sind die Gewehrläufe minimal verzogen, Ederl kennt sämtliche Tricks. Schließlich sollen die Leute schießen, dafür ausreichend bezahlen und nach Möglichkeit sehr wenig bis gar nichts treffen.

Jetzt sitzt Ederl lässig auf dem Zaun und versucht, mit lockeren Sprüchen, zum Glück ist er nicht mundfaul und sehr schlagfertig, Kundschaft anzulocken. Plötzlich fällt ihm das kleine, vielleicht vierjährige Mädchen in seinem dunkelblauen Sonntagssamtkleidchen mit dem blütenweißen Spitzenkragen und den herzigen blonden Stoppellocken auf, das an der Hand der Mutter bitterlich weint. Sofort kommt ihm seine jüngere Schwester in den Sinn, und Wehmut überfällt ihn. Wo mag sie jetzt wohl sein? Was ist aus ihr geworden?

Mit seinen knapp dreißig Jahren hat Ederl bisher mehr Schatten als Licht gesehen. Das ließ ihn zu einem harten Mann werden, aber mit einem butterweichen Kern. Allerdings sind Gefühle im harten Gewerbe der Schaustellerbranche eher fehl am Platz. Doch weinende Kinder rühren ihn zutiefst. Wahrscheinlich, weil er selbst als Junge zu viel Tränen vergießen musste. Er springt vom Zaun, geht auf das Mädchen zu, grüßt die Frau, lüftet dabei seine Schiebermütze und beugt sich zu dem Kind hinunter.

»Hast du dir wehgetan, Kleine?«, fragt er.

Das Mäderl schüttelt sein Köpfchen.

»Nein, aber sie war unachtsam, und da ist ihr der Luftballon ausg'kommen.«

Ederl blickt hinauf in den Himmel, und tatsächlich, hoch oben schwebt die rote Kugel auf ihrer Reise ins Ungewisse davon.

»Wie heißt du denn?«, fragt Ederl.

»Therese«, antwortet die Mutter anstelle ihrer Tochter. »Jetzt fällt leider ein gewaltiger Wermutstropfen auf unseren Praterausflug.«

»Na ja, s' zwar ein Malheur«, meint Ederl spitzbübisch und schiebt seine Mütze in den Nacken, »aber das lässt sich leicht wieder ins Lot bringen. Bin gleich wieder zurück. Nicht weggehen, Therese.«

Sprach's und kehrt ein paar Minuten später mit einem neuen, diesmal blauen Luftballon und einem riesigen rosa Zuckerwattebausch wieder.

Therese kann wieder strahlen, blickt unsicher zu ihrer Mama hoch, ob sie die Geschenke annehmen darf. Ein zustimmendes Nicken, die Kleine ist selig.

»Danke«, sagt sie artig mit ihrer süßen Piepsstimme zu dem fremden Mann und knickst.

Während sie die Zuckerwatte in sich hineinstopft, knüpft Ederl in die Schnur des Ballons eine Schlinge.

»Schau, Therese«, erklärt er, »da steckst du deine Hand durch, und so kann dir der Ballon nicht mehr entwischen. Und dein roter von vorhin, davon bin ich überzeugt, wird irgendwo sicher landen und einem anderen Kind große Freud' bereiten. Und später, wenn du magst, kommst du mit deiner Mama hinüber zu meiner Schaukel, und wir schaukeln zusammen.«

Therese nickt begeistert.

»Warum tun Sie das, gnä' Herr …?«

»I bin do ka gnä' Herr«, wehrt Ederl verlegen ab. »Oh, Entschuldigung vielmals, i hab' mich noch gar nicht vorg'stellt. Tirz, mein Name, Eduard Tirz. Aber sagen S' ruhig Ederl zu mir. So nennen mich alle im Prater. I bin der Hutschenschleuderer da drüben. Und mit wem habe ich die Ehre?«

»Margarete Hausner. Aber sagen S' Gretel zu mir.«

Die junge Frau ist ein paar Jahre jünger als Ederl.

»Und Sie sind die Mama von der Therese? Oder ihre Gouvernante?«

»Na, na, i bin schon die Mutter von meinem Sonnenschein.«

»Und der Herr Gemahl? Sind S' mir net bös', wenn i so indiskret bin.«

»Schon recht«, Margarete Hausner ist keineswegs ungehalten und gibt freimütig zu, »den gibt's net. Is' mir eben passiert. Aber wir zwei kommen schon durch. Und Sie? Haben Sie Kinder? Oder eine Frau?«

»Weder noch. I muss nur jetzt wieder hinüber zu meiner Schaukel. Kommt's vorbei. Therese, wir beide schaukeln noch heute, einverstanden?«

Margarete Hausner blickt dem feschen, sympathischen Mann nach. Der hat sein Herz am richtigen Fleck. Aber ihre Frage hat er nicht beantwortet. Warum er ihrer Tochter einen neuen Ballon und Zuckerwatte schenkte? Einfach nur so?

Eduard »Ederl« Tirz hat seine Gründe, aber die behält er lieber für sich. Zu sehr erinnert die kleine Therese ihn an seine verschwundene, untergetauchte, verschollene jüngere Schwester Annerl. Eine eigene Familie und für den Lebensunterhalt ein Ringelspiel oder ein anderes Fahrgeschäft im Prater. Vielleicht ein Wirtshaus, nicht sehr groß, aber es muss genug abwerfen, damit die Familie und das Personal anständig leben können.

Ein Traum, den er seit Jahren mit sich herumträgt, aber längst nicht mehr daran glaubt, dass es noch eines Tages Wirklichkeit werden könnte. Seine Herkunft und sein bisheriges Vorleben schieben ihm dafür einen Riegel vor.

Natürlich gefällt ihm Margarete Hausner mit ihrer Kleinen. Es würde ihn auch nicht stören, nicht Thereses Vater zu sein. Ebenso selbstverständlich ist ihm aufgefallen, dass auch er dieser Frau ins Auge gestochen ist. Nicht nur deshalb, weil er ihre Tochter wieder zum Lachen brachte. Ederl hegt nicht die Absicht, sich diese Gretel aufzuzwicken. Wenn es darum geht, laufen im Prater und sonst in Wien genügend willige Frauenzimmer herum, die den rauen Charme und Schmäh eines Hutschenschleuders mögen. Wenn er will, kann der blendend aussehende Mann jederzeit auch Damen der feinen Gesellschaft haben, wenn sie im Prater herumdefilieren, um ein bisschen Proletarierluft mit den fein gepuderten Näschen einzuatmen.

Es gibt genug, die das Animalische und Erdige kennenlernen wollen, weil es zu Hause in den Salons und hinter den verhängten Schlafzimmerfenstern langweilig, lusttötend und eintönig ist. Wenn die Gelegenheit sich bietet, spielt Tirz ihnen gerne den verruchten *Praterpülcher* vor, der er im Grunde gar nicht ist. Beide kommen auf ihre Kosten, haben Spaß aneinander, und Ederl geht danach oft genug reichlich beschenkt wieder seiner Wege. Auf diese Art konnte er sich im Laufe der Zeit ein wenig auf die Seite legen. Schließlich weiß man nie. Außerdem erzählen die Leute einiges, dass es bald ordentlich krachen wird.

Diese Margarete Hausner ist anders, das spürt Ederl. Eine anständige Frau, keinesfalls vermögend, die eben einem Windhund, wie er doch selbst einer ist, auf den Leim ging, und danach hat der *Flohbeidl*[112] sie sitzen gelassen. Aber das kommt auch in den besten Familien vor.

Gretel hat dieses gewisse Etwas, stellt den Inbegriff des »süßen Wiener Mädels« dar, das die Männerwelt im In- und Ausland so schätzt und davon in den höchsten Tönen der Bewunderung schwärmt. Wahrscheinlich ist sie sich gar nicht ihrer Ausstrahlung bewusst. Dafür wirkt sie viel zu bescheiden.

Genau auf solche Mädel und Frauen sind diese herumflanierenden *Gigerln*[113], meist aus sehr guten Hause stammend, fixiert. Oder es sind Hochstapler und Betrüger, mehr Schein als Sein. Ederl verfügt trotz seines jungen Alters bereits über eine exzellente Menschenkenntnis. Wahrscheinlich stand oder steht Margarete Hausner im Dienst eines herrschaftlichen Haushalts. Vielleicht wurde sie vom Hausherrn selbst oder vom Sohn des Hauses verführt, und als sie in guter Hoffnung war, unter einem fadenscheinigen Vorwand entlassen. Vielleicht noch mit ein bisschen Geld abgespeist. Sich dagegen aufzulehnen, zu wehren oder Anzeige zu erstatten, sinnlos. Wer glaubt denn schon so einer?

… und wieder ist eine Illusion von der großen Liebe wie eine Seifenblase zerplatzt. Solche Herrschaften dürfen sich alles erlauben und alles herausnehmen, wie es ihnen beliebt. Für sic sind diese Frauen nichts weiter als Freiwild, Spielzeug und ein angenehmer Zeitvertreib. Ist erreicht, was beabsichtigt war, sind diese Frauen wertlos geworden, und es wird bereits wieder nach dem nächsten naiven Opfer Ausschau gehalten.

Natürlich sind die Herren Armeeoffiziere um keinen Deut besser als Bürgerliche oder Adelige. Der Zauber der Montur kann so einem Mädel leicht den Kopf verdrehen. Ein Husar, ein Ulane, ein Dragoner, ein Deutschmeister macht schon etwas her. Wenn die Heldenbrust auch noch ein paar Orden zieren, schmelzen Frauenherzen wie Butter in der Sonne. So, wie die beiden eitlen Gockel an Ederls Schiffsschaukel in Kaisers Rock vorbeistolzieren mit den roten Lampassen, den breiten Streifen an den Hosen, in spiegelblank geputzten Stiefeln und den blinkenden Säbeln an den Seiten. Immer wieder salutieren sie und deuten eine leichte Verbeugung an, wenn eine Frau ihren Weg kreuzt. Ederl merkt, wie sie Margarete Hausner nachblicken, sich grinsend etwas zuraunen, was er aufgrund der Entfernung nicht verstehen kann, sich aber sicher ist, es kann sich nur um eine anzügliche Bemerkung handeln.

Eine Frau mit einem unehelichen Kind hat einen schweren Stand. Der Ruf, ein *Flitscherl*, ein für jedes Mannsbild leicht zu habendes Mädchen, *ein Schlamp'n* zu sein, ist ihr gewiss. Natürlich färbt der vorauseilende üble Ruf auch auf das Kind ab. An dem Pamperletsch kühlt sich eine moralinsaure Gesellschaft ihr Mütchen ab. Der *Bastard* wird es sein Leben lang bei jeder sich bietenden Gelegenheit zu spüren bekommen.

Es ist die Crux dieser Zeit, in der Umbruch und Aufbruchsstimmung dominieren, dass einerseits auf den Theaterbühnen Dinge ausgesprochen und Tabus gebrochen werden, die noch vor ein paar Jahren völlig undenkbar waren, und auf den Leinwänden der Secession-Maler Intimstes in Öl zu sehen ist. Andererseits unzählige verzweifelte schwangere Mädchen und Frauen in ihrer Not oft keinen anderen Ausweg mehr sehen, als ins Wasser zu gehen. Oder eine der zahlreichen illegalen Engelmacherinnen aufsuchen, die ihnen das letzte Geld abnehmen, in einem Drecksloch mit mangelnder Hygiene, unzureichenden Medizinkenntnissen und unzulässigen Instrumenten Abtreibungen durchführen. Ungezählte Male brechen geschundene Frauen auf dem Heimweg plötzlich unter Schmerzen zusammen und verbluten hilflos auf dem Trottoir. Darüber wird allerdings der Mantel des Schweigens gebreitet. Darüber will man in den vornehmen Bürgerhäusern und Adelspalais und schon gar nicht in der Hofburg nichts hören. Sollte dennoch ein Malheur passiert sein, weiß man sich in diesen Kreisen zu helfen und schafft diskret den Lapsus aus der Welt.

Im Gegensatz zum Mann wird der Frau die natürliche sexuelle Lust abgesprochen. Selbstverständlich muss eine Frau ihre ehelichen Pflichten erfüllen und über sich ergehen lassen. Ein anständiges Frauenzimmer spricht nicht über ihre Libido. Weder in der Familie und schon gar nicht in der Öffentlichkeit. Dafür darf der

Mann nahezu ungestraft seine Triebe und Neigungen ausleben, wird meist insgeheim sogar für seine *Pantscherln* und *Gspusis*[114] bewundert.

In Wien bleibt kein Mannsbild im Saft, egal, ob verheiratet, mit oder ohne Techtelmechtel. In der Stadt tummeln sich an die vierzigtausend Liebesdienerinnen. Viele darunter, weil es für sie keine andere Möglichkeit gibt, Geld zu verdienen. Andere aus purer Lust an der Freud' und etliche, die sich einen Nebenverdienst schaffen.

Mit einem fetteren Portemonnaie im feinen Gehrock spaziert der liebestolle *Gogl*[115] über den Michaelerplatz, den Graben und der Nagler- zur Irisgasse. Bestimmt wird die oder andere *Grabennymphe*, die allerdings nur scheinbar herumflanieren, seinem Geschmack entsprechen. Wer sparen muss, findet sicherlich seine Befriedigung in den zahlreichen Freudenhäusern am Spittelberg oder in einschlägig bekannten Kaffee- und Wirtshäusern in den Bezirken. Für die Schäferstündchen bieten etliche Stundenhotels ihre Zimmer an.

Wein, Weib und Gesang – besser lässt Wien sich nicht charakterisieren. Wiener, ob nun Männlein oder Weiblein, sind niemals einer Gaudi abgeneigt. So schlecht kann es ihnen gar nicht gehen. Das war schon immer so. Davon wusste auch die prüde Kaiserin Maria Theresia ein Lied zu singen. Dennoch scheiterte sie kläglich mit ihrer *Keuschheitskommission*, um dem liederlichen, gottlosen Treiben in dieser Stadt ein Ende zu setzen. Ihr Sohn und Nachfolger auf dem Thron, Joseph II., und selbst kein Kostverächter, sah die lüsterne Residenzstadt etwas anders. Das Lotterleben ging unverändert und unvermindert weiter. Darauf hingewiesen, der ausufernden Prostitution endlich Einhalt zu gebieten, meinte Se. Majestät nur, da müsste er ganz Wien überdachen.

Hier, im Prater, ist es nicht viel anders. Eduard »Ederl« Tirz kennt sie alle, kennt die gar nicht geheimen Treffpunkte in den Praterauen. Oft genug ist er selbst dort zu finden. Ein Hutschenschleuderer hat eben den gewissen Schlag bei Frauen, die genau solche Typen mögen. Für Liebesdienste musste Ederl noch nie bezahlen. Darauf ist er ein wenig stolz. Viel gibt es bisher nicht in seinem Leben, worauf er sich etwas einbilden kann.

Aufgewachsen in einer Zinskaserne in Gaudenzdorf. Außen hui, innen pfui. Die Hausfassade ist passabel anzusehen, erinnert ein wenig an ein Ringstraßenpalais. Jedoch der Schein trügt wie in allen diesen Zinskasernen, wer sie nur von außen sieht.

Hinter den Mauern herrschen Not und Elend. Die Zimmer sind klein, die Gangküche düster, die Wohnungen mit Menschen vollgepfercht. Den Hausherrn interessieren die katastrophalen, gesundheitsschädigenden Zustände nicht. Für ihn zählen bloß Soll und Haben am Monatsersten.

Die hygienischen Zustände sind unerträglich. Es stinkt erbärmlich, besonders im Sommer ist es nahezu unerträglich. Unliebsame Mitbewohner erschweren zusätzlich das Alltagsleben. Mäuse flitzen herum, fette Ratten stöbern im Abfall. Schmeißfliegen schwirren durch Wohnungen und Gänge. Die Leute kommen kaum mit dem Erschlagen und Zertreten von Wanzen, Läusen und Kakerlaken nach.

Der Hausherr, also der Hausbesitzer, ist gefürchtet und verhasst. Der Großteil von ihnen sind erbarmungslose, geldgierige Blutsauger. Wer den Zins nicht pünktlich bezahlt oder im Rückstand ist, fliegt raus. Ein Hausherr kann es sich leisten. Schließlich lauern auf die frei gewordene Wohnung genügend Anwärter. Daher werden leer stehende Betten oder ein freier Platz in den Räumen von den Bewohnern an Bettgeher vermietet, um den Zins Monat für Monat zusammenkratzen zu können. Für viele dieser wildfremden Menschen müssen Strohsäcke reichen, um für ein paar Stunden Ruhe zu finden, bevor sie wieder verschwinden, um am Abend wiederzukommen.

In vielen Häusern wütet aufgrund der unhaltbaren Zustände die

»Wiener Krankheit«, die Lungentuberkulose, die besonders unter den Kindern wütet. Täglich holt die Bestattung kleine Leichen ab.

Diese Zinskasernen sind ebenso ein Hort des Lasters und der Lust. Abgesehen vom Alkoholismus, grassiert die Geheimprostitution in den Wohnungen, was wiederum die zweite Volkskrankheit, die Syphilis, extrem fördert.

Kein Fließwasser, für die Wasserversorgung gibt es die *Bassena* am Gang, die öffentliche Wasserentnahmestelle in fast allen Stockwerken. Zugleich der Treffpunkt für wild wuchernden Haustratsch, Gerüchte und Verleumdungen. Der engste Vertraute für das Eigentum des Besitzers ist der Hausmeister, in manchen Objekten übt diese Vertrauensfunktion auch eine Frau aus. Zuständig für die Hausordnung und die Sauberkeit, die mitunter mehr als zu wünschen übrig lässt. Tatsache bleibt, dass das Wort dieses langen Arms des Hausherrn unbestrittenes Gesetz ist.

Ebenso befindet sich das Klo am Gang, und irgendwer besetzt es immer, wenn man es selbst dringend braucht. An einem Nagel, an einer Schnur ein Packen Zeitungspapier, in handliche Rechtecke zugeschnitten. Der eigene, große und massive Häuselschlüssel hängt griffbereit in der Wohnung, ebenfalls an einem Nagel im Türstock der Eingangstüre, versehen mit einem Holzbrettchen, damit er nicht versehentlich eingesteckt wird.

Kann man endlich rein und hat sich auf den Vorbesitzer verlassen, ist meistens nur mehr ein Blatt oder gar keines mehr vorhanden. Für entsprechenden Nachschub zu sorgen, dafür ist der Vorgänger wohl zu faul. Hauptsache, man ist selbst so blöd und versorgt das gesamte Stockwerk mit Papier! Jedenfalls ein willkommener Anlass, diesem unsympathischen, neu eingezogenen Mieter kräftig die Leviten zu lesen. Außerdem ein wunderbares Thema während des nächsten fälligen Bassenatratsches und ihn gleich anschwärzen, weil er eine Riesendrecksau ist, wenn man nach dem muss …

Zwar gibt es bereits seit 1857 ordentliches Toilettenpapier zu kaufen, allerdings in Amerika, und das ist weit. Ein gewisser Joseph Gayetty hat es gleichsam erfunden; einzelne Blätter in Schachteln verpackt. Perforiertes Häuselpapier auf Rollen gewickelt, produziert seit 1880 die *British Perforated Paper Company* und seit 1890 die *Scott Paper Company*. Bis Klopapier den Weg in Wiener Haushalte findet, dauert es noch einige Zeit.

Für die Körperpflege und Hygiene muss ein Waschtisch mit einem, wenn es etwas vornehmer ist, emaillierten Lavoir reichen. Ansonsten ist es eine Blechschlüssel. Das Wasser wird aus einem bereitstehenden Krug eingefüllt. Meist wird es ohnehin nur Katzenwäsche. Wer warmes Wasser will, wärmt es auf dem Herd oder dem Ofen. Am Samstag ist Badezeit. Dann wird in der Küche oder im einzigen Zimmer ein Bottich oder eine Blechbadewanne hingestellt. Es dauert ewig, bis das warme Wasser endlich dort ist, wo es hingehört. Mutter muss Vater den Rücken schrubben. Einer nach dem anderen steigt ins Wasser, natürlich wird es nicht gewechselt. Pech für den, der als Letzter an die Reihe kommt, das Wasser ist bereits kalt.

Wer es sich leisten kann, besucht das öffentliche *Tröpferlbad*. Zwar kostet es nur ein paar Heller, doch für viele ist das bereits unerschwinglich. Diesen Luxus gibt es nur vor besonderen Festtagen wie Weihnachten oder Ostern.

Für Familien, die ins Tröpferlbad gehen können, ist es ein Riesenspaß und gleicht nahezu einer rituellen Reinigungszeremonie. Im Bad selbst sind die unterschiedlichen Bereiche streng nach Geschlechtern getrennt. Für Ordnung, Sitte und Anstand wacht darüber mit Argusaugen ein strenger *Badewaschel*, ein Bademeister.

Nicht nur für Kinder ist es wie ein Wunder, wenn aus diesen kleinen Metallteil mit den vielen Löchern über ihren Köpfen plötzlich angenehm temperiertes Wasser über die Körper rinnt. Kein Vergleich mit kaltem Regen draußen oder dem Waschtisch zu Hause. Oder mit dem Zuber, in den man sich hineinzwängen muss und in dem entweder Wasser zu heiß oder bereits kalt ist. So eine Brause will jeder haben, zumindest eine passable, verzinkte Badewanne.

Doch die Dusche ist längst ein alter Hut. Bereits in der Antike, im alten Griechenland kannten die Menschen diese Annehmlichkeit, orientierten sich an der Natur und bauten kurzerhand Wasserfälle nach. Später schrieb der römische Schriftsteller Plinius von *pensiles balineae*, den »hängenden Bädern«.

Viele Jahrhunderte lang wurde kein Gedanke mehr an die Brause verschwendet. Erst Jean Pidoux, Leibarzt am französischen Königshof, erkannte die Heilkraft von Mineralwasserquellen, die er in Pogues entdeckt hatte. 1597 schrieb er über seine Forschungen, stieß jedoch damit im Collegium der Medici auf taube Ohren, da Wasser an sich als Krankheitserreger angesehen wurde.

Erst am Ende des achtzehnten Jahrhunderts erkannte ein weiterer Franzose, der Arzt François Merry Delabost, wie wichtig Wasser für die Körperpflege ist. 1872 wurden die ersten Brausebäder im Gefängnis von Bonne-Nouvelle in Betrieb genommen.

Drei Jahre später, 1875, führte die französische Armee die Dusche ein und erkannte den Vorteil, in kurzer Zeit eine große Zahl an Soldaten sauber zu halten. 1879 folgten die Preußen den Franzosen.

Das erste Wiener Volksbad eröffnete am 22. Dezember 1887 in der Mondscheingasse im 7. Bezirk, ein europäische Novität. Brause- und Umkleidekabinen für zweiundvierzig Männer und vierundzwanzig Frauen. Bereits im ersten Betriebsjahr genossen 78.000 Menschen diese neuen Annehmlichkeiten. Bis zum Ausbruch des Ersten Weltkriegs, 1914, wird die Wiener Stadtverwaltung noch weitere achtzehn Bäder bauen.

In den meist feuchten, verschimmelten Wohnungen der Zinskasernen, oft mit Überbelegung, ist an diesen Luxus nicht zu denken. Am Abend sorgen Petroleumlampen für spärliches Licht. Die engen Lichthöfe, die eigentlich die Behausungen mit Tageslicht versorgen sollen, reichen nicht. Zusätzlich ist mindestens quer in einem Raum eine Leine gespannt, auf der Wäsche zum Trocknen hängt, sofern es am Dachboden nicht möglich ist.

Zwar ist das Gaslicht längst im Gebrauch, doch den reichen Bürgerhäusern und der Aristokratie vorbehalten. Die Stadt selbst ist heller geworden. Immerhin sorgen 1900 37.800 Laternen für Licht. Allerdings nicht überall. An wenig frequentierten und abgelegenen Orten haben die Petroleumleuchten noch lange nicht ausgedient.[116]

Im gesamten Haus riecht es tagein, tagaus nach Kohl. Nur an besonderen Festtagen zieht manchmal Gulaschgeruch durch die Stockwerke, oder der Duft eines gebratenen *Hendls* verwöhnt die Nase. Zumindest haben wir ein Dach über den Kopf, meint die Mutter, es hätte uns schlechter treffen können in diesen unsicheren Zeiten.

Gleich hinter dem Schloss Schönbrunn, am Ende der Schlossallee und nördlich der Westbahn-Gleisanlagen, wird es trostlos und trist. Hier sind im Eilzugtempo diese Zinskasernen mit ihren drei bis vier Stockwerken aus dem Boden geschossen wie auch in den Bezirken Simmering, Meidling, Favoriten, in der Brigittenau und in Erdberg. Ganz Wien weiß von den berüchtigten »Halbritterhäusern« in der Meidlinger Hauptstraße 42-44 und vom »Erbsienhaus« in der Schimmelgasse 97 im 3. Bezirk. Wem das Schicksal diese elenden Gegenden zugeteilt hat, erhält selten die Chance, dieser Lebensapokalypse zu entkommen.

So sah die bisherige Welt des Eduard »Ederl« Tirz aus. Zumindest Gaudenzdorf ist inzwischen Vergangenheit. Früh verlor er den Vater. Der gelernte Maurer stürzte besoffen kopfüber von einem Baugerüst in einen vollen Mörteltrog und erstickte qualvoll. Nun stand die Mutter allein mit zwei Kindern da, mit ihm und seiner jüngeren Schwester Annerl. Das dritte Kind, ebenfalls ein Bub, starb bereits wenige Tage nach der Geburt.

Ederl hatte gerade die Volksschule hinter sich gebracht, als er Halbwaise wurde. Plötzlich war er unfreiwillig der Mann im Haus geworden und musste seinen Beitrag für den Unterhalt leisten. Annerl war dafür noch viel zu klein.

Ederl ist klug, intelligent, und er hätte viel mehr aus sich machen können, wären die Umstände anders gewesen. Vor allem ist Gaudenzdorf nicht das Pflaster, wo die Leute mit dem goldenen Löffel im Mund geboren werden. Die Gründerzeit ist vorbei. Damals konnte ein Armer noch aufsteigen und reich werden. Jetzt bleiben die Armen arm.

Noch ein Kind, das schnell erwachsen werden musste. Keine Ausbildung, keine Erfahrungen, über Nacht ein Sprung ins eiskalte Wasser. Zwar nähte die Mutter sich in Heimarbeit ihre Finger für irgendeinen Textilbaron wund, trotzdem reichte es vorne und hinten nicht. Für Ederl blieben nur Aushilfs- und Gelegenheitsarbeiten als Taglöhner. Zwar war Kinderarbeit schon lange verboten, doch wo kein Kläger, auch kein Richter.

Ederl ist auf der Straße aufgewachsen, eine besonders harte Lebensschule, die kein Lehrer hinterm Katheder mit dem Rohrstock vermitteln kann. Man hört und sieht viel, bekommt so einiges mit, was nicht unbedingt für die Augen und Ohren eines kleinen Jungen bestimmt ist.

Im Nachbarhaus wohnte der *Dürre*, zumindest war er in Gaudenzdorf mit diesem Spitznamen bestens bekannt und ebenso gefürchtet. Ein paar Jahre älter als Ederl und im Gegensatz zu ihm ein richtiges *Krispindl*, ein zaundürrer Junge. Ebenso wie Ederl mit allen Wassern gewaschen, allerdings um einiges skrupelloser. Der Dürre ging keiner Auseinandersetzung aus dem Weg, stellte sich und schlug zu. Niemand traute diesem Klappergestell einen derartig harten Schlag zu. Wenn es nicht reichte, war er blitzschnell mit dem Messer zur Hand.

Insgeheim bewunderte Ederl den Dürren. Es imponierte ihm,

dass der bereits seine eigene *Platt'n*, seine Bande, führte. Vier weitere Jungen hörten auf das Kommando des Dürren, waren ihm loyal ergeben. Trotz ihres jugendlichen Alters hatten die fünf bereits einiges auf dem Kerbholz. Kleinere Diebstähle, den einen oder anderen *Bruch*[117]und Überfälle auf ältere Leute. Die Bande war abgebrüht und gerissen, verübte ihre Straftaten nie im eigenen *Gretzl*, im Viertel. Zwar war sie längst der Polizei aufgefallen, aber nachweisen konnte man ihnen nie etwas. Ederl wurde ebenfalls ein paarmal befragt, aber er stellte sich stets dumm und unwissend, wusste von nichts.

Der große Lebenstraum des Dürren war, so wie im fernen Amerika, ein gefürchteter Gangsterboss zu werden. Zwar dringt über den großen Teich sehr wenig herüber, aber was er darüber bisher gelesen hatte, war ganz nach seinem Geschmack. Auswandern in das Land der unbegrenzten Möglichkeiten, in New York oder Chicago kräftig im Machtkampf mit seiner Bande zwischen Katzelmachern, Irländern und den jüdischen Gangs mitmischen. In seiner Blauäugigkeit und Naivität meinte er gegenüber seinen Vertrauten, warum soll es Wienern drüben nicht gelingen, die Vorherrschaft in der Unterwelt an sich zu reißen und das wirklich große Geld zu machen?

Oft überlegte Ederl, das Angebot des Dürren anzunehmen und in die Platt'n einzusteigen. Der Dürre vergaß nicht, dass er immer gegenüber der *Heh'*[118] verschwiegen wie ein Grab war. Die Verlockung war riesengroß gewesen.

Schließlich sah Ederl, dass der Dürre mit seinen Plattenbrüdern keine Geldsorgen mehr kannte, immer genug zu essen auf dem Tisch stand und sie stets gut gekleidet waren. Schließlich siegten doch Vernunft und Gewissen. Es war ihm ein zu unstetes, unsicheres Leben. Außerdem wollte Ederl seiner Mutter zusätzliche Probleme ersparen, und er hatte Verantwortung für seine Schwester Annerl.

Das ist lange her, und inzwischen ist, wie man in Wien zu sagen pflegt, viel Wasser die Donau hinuntergeronnen. Ederl und der Dürre haben sich aus den Augen verloren. Vielleicht auch besser so …

Umso mehr würde Ederl dafür geben, endlich Annerl wiederzusehen. Zumindest in Erfahrung bringen, was aus ihr geworden ist. Damals hat es die Mutter innerlich zerfressen, und letztlich ist sie daran zerbrochen, an gebrochenem Herzen gestorben, als sich das *Mentsch*[119] unerwartet und ohne ein Wort zu sagen oder eine Nachricht zu hinterlassen in der Nacht aus dem Staub gemacht hatte.

Nachdem der Vater tödlich verunglückt war, musste Ederl in seine Fußstapfen treten. Sein Verantwortungsgefühl und sein Instinkt sagten ihm, dass er gebraucht wurde, und entsprechend legte er sich ins Zeug.

Wahrscheinlich oft zu übertrieben, zumindest empfand Annerl es so. Schließlich wusste Ederl am besten, was sich draußen in den Straßen abspielt und es gefährlich war. Besonders für ein hübsches, junges Ding wie Annerl. Aber seine Schwester besaß ihren eigenen Sturkopf, und mit zunehmendem Alter ließ sie sich vom Bruder nichts mehr sagen, hörte auch nicht mehr auf die Mutter, lehnte sich gegen jegliche Bevormundung auf.

Im zarten Backfischalter wusste Annerl längst Bescheid, wie das Unausgesprochene zwischen Mann und Frau funktioniert. In der Zinskaserne und im Gretzl bekam sie genug mit. Rasch erkannte sie, dass ihr einziges Kapital ihr jugendlich kindlicher Körper und ihr Aussehen waren, wenn sie diesem Mief entrinnen wollte.

Eines Tages passierte es. Ederl wollte aus dem Keller Kohlen holen, als er eindeutige Laute vernahm. Annerl war über den Hackstock gebeugt und auf ihr der keuchende, ständig nach Schweiß stinkende, *blade*[120] Hausmeistersohn mit dem hässlichen Mondgesicht voller *Wimmerln*[121]. Ederl brauchte nicht lange nachzudenken. Er sah genug. Mit voller Wucht drosch er dem völlig überraschten

Jungen den leeren blechernen Kohlenkübel ins Kreuz, beschimpfte ihn wüst und verabreichte ihm als Draufgabe ein paar kräftige Watschen. Die grenzenlose Wut des Bruders bekam auch die Schwester zu spüren. Riesenwirbel im gesamten Haus, Zeter und Mordio.

Zum ersten Mal in seinem Leben geriet Ederl mit der Polizei in Konflikt. Der Fettwanst hatte ihn wegen schwerer Körperverletzung angezeigt. Dabei trug er nur ein paar blaue Flecken davon.

Bis heute weiß Ederl nicht, was bloß in seine Schwester gefahren war. Schließlich ist sie der Auslöser für die Auseinandersetzung gewesen, doch sie schwieg eisern. Und der Hausmeistersohn hütete sich, den wahren Grund zu nennen. Immerhin hatte er sich mit einer Minderjährigen eingelassen.

Als Ederl seine Schwester zur Rede stellte, meinte sie nur frech, er solle sie gefälligst *in Kraut lassen*[122]. Ab diesem Zeitpunkt sprach sie kaum noch mit ihm. Er konnte sich ihr Verhalten nur mit Rache für seine übertriebene Fürsorge erklären. Dabei wollte er doch nur, dass Annerl nicht unter die Räder kam. Zu viele Mädel aus der näheren Umgebung landeten bereits am Strich.

Ederl erhielt achtundvierzig Stunden Arrest und eine saftige Geldstrafe. Da er sie nicht bezahlen konnte, musste er knapp drei Wochen in Haft bleiben.

Selbst die Mutter wollte ihm nicht glauben, sagte nur total verbittert, dass sie einen Verbrecher großgezogen hätte, nahm ihm übel, dass er seine kleine Schwester verleumdete. Jedenfalls glaubte sie ihrer Tochter mehr als dem Sohn. Entweder wollte sie die Wahrheit nicht akzeptieren, oder sie war einfach zu dumm, um zu erkennen, welche fiesen Absichten Annerl anscheinend hegte.

Doch es sollte noch heftiger kommen. Allerdings wusste Ederl davon nichts, weil er in seiner Zelle saß. Eines Abends klopfte der Hausmeister an die Wohnungstüre und übergab mit einem süffisanten Grinsen einen Brief des Hausherrn an die Mutter. Jetzt bestätigten sich die lang gehegten Befürchtungen. Und alles wegen ihres gewalttätigen Sohnes! Bis zum nächsten Monatsersten hatten sie die Wohnung zu räumen.

Natürlich hatte Annerl gelauscht und alles mitgehört. Was mit dem Sohn klappte, warum sollte sie nicht auch den Vater verführen können? Doppelt hält besser. Ihr Plan war ebenso einfach wie perfide.

Zwar könnte sie bereits jetzt den Hausmeister erpressen, weil sein Sohn sie herumgekriegt hatte und sie den Lümmel nicht verraten hatte. Zumindest dachte er das, dabei wickelte sie den *Plutzer* um den Finger, und sie war erst dreizehn!

Längst merkte sie, was sie mit ihren Reizen bewirken konnte. Wenn sie auch noch dem Vater schöne Augen machte, dann würde die Wohnung ihnen nicht weggenommen werden. Danach hätte sie beide fest in ihrer Hand, und sie tanzten nach ihrer Pfeife, weil sie zu viel Angst hatten, dass sie angezeigt werden könnten oder sie beim Hausherrn angeschwärzt würden. Danach stünde die Hausmeisterfamilie auf der Straße, und der Vater wäre arbeitslos.

Als der Hausmeister am nächsten Tag das Stiegenhaus putzte, wartete Annerl auf eine günstige Gelegenheit und huschte aus der Wohnung. Die Mutter saß in dem winzigen Kabinett, haderte mit dem Schicksal wegen ihres angeblich missratenen Buben und nähte dabei Vorhänge.

Artig grüßte Annerl den Hausmeister und stieg hinauf in den Dachboden. Natürlich hatte sie vorbei ausspioniert, ob er alleine war. Seine Frau arbeitete in der Fabrik, der Sohn war in der Lehre bei einem Schuster.

Ideale Voraussetzungen für Annerls Vorhaben. Instinktiv fühlte sie die Blicke des Hausmeisters in ihrem Rücken, als sie die Stufen hochstieg. Man sagt, der Apfel fällt nicht weit vom Stamm. Ebenso wie sein Ableger war auch der Vater ein *Ungustl*[123].

»Was machst du ob'n?«, fragte er und stand am Treppenabsatz, klaubte scheinbar etwas am Boden zusammen, was gar nicht vorhanden war, nur, um der Kleinen besser unter ihr Kleidchen sehen zu können. »Da hast du nix zu suchen.«

»I hab' gestern meine Pupp'n vergessen«, log Annerl und stellte sich unauffällig so hin, dass er genau das alles zu Gesicht bekam, was er wünschte. »Und für d' Mama kann ich gleich d'Wäsch' mitnehmen.«

Bei dem Anblick geriet der Hausmeister ins Schwitzen, wischte sich mit einem Taschentuch über die Stirn und hielt sich am Besenstiel fest. »Soll i dir helfen?«

»Ja, bitt' schön.«

Annerls Plan nahm Gestalt an. Da der Dicke ebenso intelligent wie sein Ausreibfetzen war, keine allzu große Kunst, ihn zu betören und zu verführen.

Danach schlüpfte sie in ihr Kleidchen und strich es glatt.

»Das kostet aber jetzt zehn Kronen«, meinte sie und lächelte verschmitzt, »und der Herr Hausmeister red't mit'n Herrn Hausherrn, dass wir in der Wohnung bleiben dürfen. Oder i erzähl' im ganzen Haus und im Gretzl herum, was der Herr Hausmeister und der Herr Sohn mit mir g'macht' ham.«

»Bist du deppert!«, keuchte er schwer atmend und musste sich auf einen Balken setzen. »I hau dir deinen Arsch voll, du Rotzmentsch! Du kommst in eine Erziehungsanstalt!«

Langsam dämmerte es ihm, dass die Kleine ihn überrumpelt hatte.

»Zwanzig Kronen«, gab Annerl sich unerbittlich und unbeeindruckt, hielt ihr Händchen auf. »Und wir bleiben in unserer Wohnung.«

Ihre Rechnung ging auf. Eigentlich erwartete sie nichts anderes. Zu groß war des Hausmeisters Angst. Weniger vor Polizei, Gericht und Strafe, vielmehr vor seiner Frau, wenn sie von den dunklen Umtrieben ihres Mannes und des Sohnes erfahren würde. Und erst das Gerede im Haus und in der Gegend!

Annerl verstand sehr schnell, wie sie Männer um den Verstand bringen konnte, und nützte es weidlich aus. Dabei stets auf ihren Vorteil bedacht. Der Nächste auf ihrer Liste war der Hausherr selbst. Dem Hausmeister in seiner Einfältigkeit traute sie nicht über den Weg. Lieber die Dinge selbst in die Hand nehmen, im wahrsten Sinne des Wortes.

Inzwischen konnte sie in Erfahrung bringen, dass der Hausherr mehrere Zinshäuser besaß, also reich war, mit dem Ruf eines Schürzenjägers. Konnte einer seiner Mieter den Zins nicht pünktlich bezahlen, bestand durchaus die Möglichkeit, mit dem Körper zu bezahlen. Allerdings galt dieses Angebot nur für Mieterinnen. Je jünger, umso besser. Ob verheiratet, verlobt oder liiert, interessierte diesen Mann nicht im Geringsten. Skrupellos nützte er Notlagen aus, vergab auch Kredite zu Wucherzinsen. Geriet wer mit den Rückzahlungen in Verzug, drohte er mit fürchterlichen Schlägen durch seine Leute. Es sei denn … Mancher Schuldner wusste sich nicht mehr anders zu helfen, als die eigene Frau, Schwester oder Tochter diesem Verbrecher zuzuführen.

Die naive Annerl dachte allen Ernstes, dass dieser notorische Weiberheld sich in sie verlieben wird. Sie zuerst seine heimliche Geliebte sein wird und sie später, wenn sie alt genug ist, heiratet. Doch er verfolgte mit diesem jungen Ding ganz andere Pläne.

Davon hatte ihr Bruder Ederl nicht die geringste Ahnung, als er aus der Haft entlassen wurde. In Gaudenzdorf war er als ehemaliger Häfenbruder[124] nicht mehr willkommen. Die Leute schnitten ihn, wichen ihm aus, wollten nichts mehr mit ihm zu tun haben, obwohl etliche von ihnen selbst genug Dreck am Stecken hatten. Niemand mehr gab ihm Arbeit.

Die Mutter sprach nur mehr das Nötigste mit ihm, Annerl überhaupt nichts mehr. Außerdem kam sie nur mehr sporadisch nach Hause. Sie war der Mutter endgültig entglitten.

Jetzt wäre der richtige Zeitpunkt gewesen, sich mit dem Dürren zusammenzusetzen und ihn zu fragen, ob er noch an Ederl interessiert wäre. Alle Bemühungen Ederls, den Dürren aufzuspüren, scheiterten. Auch wollte niemand ihm Auskunft geben, und der Dürre samt seiner Bande schien wie vom Erdboden verschluckt. Sie waren auch nicht geschnappt worden und saßen daher auch nicht im Gefängnis. Das wäre sicherlich in den Zeitungen zu lesen gewesen.

Schweren Herzens verließ Eduard »Ederl« Tirz Gaudenzdorf. Hier wollte ihn niemand, somit hielt ihn auch nichts mehr. Mutter und Schwester distanzierten sich von ihm, hatten mit ihm gebrochen, obwohl er sich nicht das Geringste vorzuwerfen brauchte. Er wollte bloß Annerl vor diesem Fettsack von Hausmeistersohn retten. Das war nun der Dank dafür.

Verwandte gab es nicht in Wien. Einige lagen schon auf dem Friedhof, ein paar lebten im fernen Galizien, aber es bestand zu ihnen keinerlei Kontakt. Ederl verließ die Stadt, die ihm so viel Kummer bereitet hatte. Einige Zeit trieb er sich in verschiedenen Kronländern der Monarchie herum, lebte von der Hand in den Mund, konnte nirgendwo Fuß fassen, rutschte aus der Not heraus ins kriminelle Milieu ab. Nichts Großes, vorwiegend Diebstähle. Zwar scheute er nicht vor Gewalt zurück, wenn es denn sein musste, aber im Grunde seines Herzens verabscheute er jegliche Gewalttätigkeit. Natürlich blieb es nicht aus, dass er mehrmals erwischt, verhaftet, verurteilt wurde und im Laufe der letzten Jahre einige Kerker der Monarchie von innen kennenlernte.

Irgendwann konnte Ederl sich selbst nicht mehr im Spiegel anschauen. Völlig auf sich allein gestellt, keinen Beruf, kein Geld, wohin sollte das noch führen? Das Herumzigeunern von einem Ort in den nächsten, dann wieder in Haft, wieder draußen. Die teuflische Spirale begann, immer schneller zu rotieren. Er musste dagegen ankämpfen, wenn er nicht vom Sog endgültig mitgerissen werden wollte.

So hatte er sich sein Leben wahrlich nicht vorgestellt. Und dieses verdammte Heimweh nach Wien! Eine Hassliebe, aber dort kannte er sich aus, wusste, dass sich in dieser Stadt immer eine Möglichkeit finden ließ, irgendwie weiterzukommen, wenn man auf der Stelle trat. Als er wieder zurückkehrte, war die Mutter tot, und Annerl blieb verschollen. Sämtliche Nachforschungen blieben erfolglos. Ederl klapperte alle einschlägigen Hurenviertel und Lokale ab. Nirgendwo die geringste Spur von Annerl.

Endlich war auch ihm einmal in seinem Leben Fortuna hold.

Das Glück präsentiert sich in der Person des Schaustellers im Prater, dem Ederls Vorleben und sämtliche Vorstrafen egal sind. Er gibt ihm eine Chance.

Jetzt steht der Hutschenschleuderer vor seiner Schiffsschaukel, versucht, die vorbeiflanierenden Leute zu animieren, zieht alle Register, lässt den Schmäh rennen; steigt selbst in die Schaukel. Eins, zwei, drei Überschläge gelingen ihm. Dabei blickt er immer zwischendurch hinüber zu Margarete Hausner, die sich auf eine Bank gesetzt hat und ihn ebenfalls auf seiner Schaukel nicht aus den Augen lässt. Zumindest bildet er es sich ein. Die kleine Therese ist noch immer intensiv mit der Zuckerwatte beschäftigt, und den blauen Ballon hält sie mit ihrem Fäustchen fest.

Warum werden die Lebenskarten so ungerecht verteilt? Warum konnte diese Frau ihm nicht früher begegnen? Wer weiß, was sich daraus entwickeln hätte können? Ohne diese vielen dunklen Flecke auf seinem Gilet. Jetzt ist es zu spät.

Sie ist eine anständige Frau. Nie und nimmer würde sie sich auf einen ehemaligen Häfenbruder einlassen. Diese Frau kann, wenn sie will, an jedem Finger zehn Männer haben, ist auf so einen Habenichts wie Ederl bestimmt nicht angewiesen.

Er beobachtet, wie zwei Armeeangehörige sich vor ihr aufpflanzen, kann aber nicht hören, was gesprochen wird. Zuerst albern sie mit Therese herum, dann hofieren sie die Mutter. Nach den Uniformen sind die beiden Deutschmeister. Margarete Hauser ist aber die Zudringlichkeit gar nicht recht. Auch ihre Tochter schmiegt sich nun an die Mutter. Ederl hat genug gesehen, springt von seiner Schaukel und geht hinüber zu ihnen.

»Na, Therese«, lächelt er das kleine Mädchen an und benutzt sie als Vorwand, sich einzumischen. Sein Gefühl verrät ihm, dass die Herren Deutschmeister alles andere als noble Offiziere sind. Das sieht er an ihren Uniformaufschlägen. »Hast jetzt Lust, ein bisschen zu schaukeln?«

»Hat sie nicht«, fährt einer der beiden ihn überrascht an. »Er sieht doch, dass wir uns mit der Frau Mama glänzend unterhalten.«

»Do bin i aber etwas anderer Meinung«, widerspricht Ederl. »I hab Aug'n im Kopf und seh', dass es der Dame überhaupt nicht passt, von Ihnen angesprochen zu werden.«

»Sag, Loisl[125], hat der Hutschenschleuderer einen Sonnenstich?«

»Kann sein, kann sein, Dolferl[126].« Dann wendet der zweite Deutschmeister sich Ederl zu und provoziert weiter: »Ich glaub' aber eher, dass der Hutschenschleuderer etwas blöd im Kopf ist. Kein Wunder, wenn du den ganzen Tag nur herumschaukelst. Das muss ja aufs Hirn gehen. Weiß Er nicht, wie Er sich gegenüber zwei Offizieren Seiner Majestät zu benehmen hat? Hat Er überhaupt gedient?«

Die Atmosphäre ist angespannt, Streit liegt in der Luft. Bedächtig zündet Ederl sich eine Zigarette an, blickt die beiden Deutschmeister geringschätzig an, mustert sie von oben bis unten.

»So, Offiziere«, meint er, »*Pfeifendeckel*[127] trifft wohl eher zu. Das seh' i doch an euren Uniformen, dass ihr nichts zu melden habt. Nützt ihr heut' euren Ausgang, um euch eine anständige Dame aufzuzwicken?«

»Was erlaubt Er sich! Das wird Konsequenzen haben!«

Inzwischen hat ein Grüppchen Neugieriger sich hinzugesellt und wartet gespannt ab, was demnächst passieren wird.

»Ederl, bitte, lassen S' nur«, mischt Margarete Hausner sich nun auch ein, »es ist sehr lieb von Ihnen, mir beizustehen, aber es steht sich net dafür. Ich komm' schon zurecht.«

»Ah, da schau her«, gibt Loisl weiterhin keine Ruhe, »gnä' Frau kennt diesen Hutschenschleuderer. Hätt' uns auch gleich auffallen können, Dolferl. A Frau, alleine zu so einer Zeit im Prater mit einem Kind ... Na ja, da kann man sich leicht denken, was für eine das nur sein kann.«

Jetzt hat er eindeutig eine Grenze überschritten, das war zu viel. Kaum ist die Beleidigung ausgesprochen, trifft Ederls Ohrfeige ihn völlig unvorbereitet mit voller Wucht. Im letzten Augenblick kann der Deutschmeister seinen Tschako festhalten, bevor die Kopfbedeckung in den Dreck fliegt.

»Ui!«, schreit einer der umstehenden Gaffer auf. »A Deitschmasta is' g'schlog'n wur'n! Des geht net! I hol' an *Wachta*[128]!«

»Du holst niemanden«, eine Hand hat sich schwer auf die Schulter des Übereifrigen gelegt, »hast du mi verstand'n? Und jetzt schleichst di und kusch.«

Angesichts der unmissverständlich drohenden Miene fügt das Männchen sich und zieht es vor, bei günstigem Wind das Weite zu suchen. »Er wird mir dafür Satisfaktion geben«, schnauzt der gedemütigte Deutschmeister Ederl an, »ich bestehe darauf!«

Es bleibt dem Soldaten gar nichts anderes übrig. Schließlich ist er Angehöriger eines hoch angesehenen Armeekorps, wenn auch eine niedrige Charge, muss aber dennoch sein Gesicht und das seiner Truppe wahren. Zu viele Zeugen haben gesehen, was sich zugetragen hat. Beide Deutschmeister hoffen nur, dass nicht ein Schmierfink irgendeiner Zeitung unter den Zuschauern steht und morgen der Vorfall überall zu lesen ist. Dann haben beide ein massives Problem mit ihren Vorgesetzten.

»Gern«, grinst Ederl breit, »hier und jetzt sofort? Ein Faustkampf?«

Losil tritt nahe an ihn heran, zischt leise, nur für seinen Kontrahenten hörbar.

»Morgen, fünf Uhr früh, am Cobenzl. Revolver oder Säbel?«

»*Krach'n*«[129], legt Ederl sich fest.

»Mein Freund wird auch mein Sekundant sein. Hat Er ebenfalls einen?«

»Brauch' i net.«

»Doch, hat er.«

Unbemerkt hat der Fremde, der vorhin verhinderte, dass ein Polizist sich in das Geschehen einmengt, sich hinter Ederl gestellt. Als der sich umdreht, traut er seinen Augen nicht. Es ist der Dürre aus Gaudenzdorf!

»Dann sind wir uns einig«, sagt Loisl, »aber Er wird ohnehin nicht kommen. Dafür ist Er doch viel zu feig.«

»I kumm, darauf kannst Gift nehmen, du Würschtel.«

Die Deutschmeister schauen, dass sie schleunigst wegkommen. Sie haben genug Aufsehen erregt.

Ederl und der Dürre schütteln sich die Hände, umarmen sich. Ehrliche Freude auf beiden Seiten.

»Wo kommst du denn auf amoi daher?«, fragt Ederl.

»Ah«, winkt der Dürre ab, »des is' a lange G'schicht'. Hast du heute Abend Zeit, Ederl? Kannst weg vom Prater? Um zehn auf d' Nacht im Café ›Dobner‹? Und morgen bin i dabei, Ehrensache. I muss nur jetzt weiter, hab' noch etwas G'schäftliches zu erledigen.«

»I hob aber gar ka Krach'n«, muss Ederl eingestehen.

»Das geringste Problem, kriegst von mir.«

Und schon ist der Dürre wieder weg. Margarete Hausner zupft Ederl am Gilet.

»Jetzt ham S' wegen mir Schwierigkeiten«, sagt sie traurig. »Das will i net.«

»Machen S' Ihnen keine Sorgen, Gretel. Das geht schon in Ordnung. Wenn's eine Uniform anhaben, glauben diese Leut', sie können sich alles erlauben. So geht das net.«

»Ja, aber jetzt duellieren Sie sich wegen mir. Das will i net. Außerdem is' es verboten. Und wenn Ihnen etwas passiert?«

»I kann schon auf mi aufpassen«, lächelt Ederl.

»Warum tun Sie das für mich?«

»Weil ich Sie und die Therese leiden mag«, sagt Ederl verlegen. »Es tut mir nur leid, dass die Kleine das alles mitansehen musste. Das ist net gut für a kleines Mäderl.«

Ein scharfer Pfiff ertönt. Ederl sieht in die Richtung. Es ist sein Chef, der ihn energisch zu sich winkt.

»Net bös' sein, Gretel, i muss wieder zu meiner Schaukel. Sehen S' wir uns wieder?«

»I glaub' schon«, sie ist leicht errötet, »wenn S' wieder da sind.«

»I bin imma da. Und«, er beugt sich zu Therese hinunter, »dann holen wir das versprochene Schaukeln nach.«

Mit einem angedeuteten Diener und Handkuss verabschiedet Ederl sich und läuft hinüber ins Bureau des Schaustellers.

»Hock di her do«, sagt der Schausteller Edmund Doblinger, zeigt auf einen Stuhl vor seinem kleinen Schreibtisch, »i hab g'seh'n, was da vorhin los war. Jetzt hast du di in Schwierigkeiten gebracht und mi glei dazua. I hob di für g'scheiter g'halt'n. Du kannst do net einen Deutschmeister, einen Armeeangehörigen ohwatschna!«

»Er hat diese Frau mit ihrem Kind beleidigt.«

»I versteh' des schon, und es spricht ja nur für dich, aber trotzdem … Der Deutschmeister wird dich anzeigen …«

»Wir regeln das unter uns, morgen glei in der Früh«, unterbricht Ederl ihn.

»Noch schlimmer!« Doblinger hat sofort verstanden. »Bist du von allen guten Geistern verlassen? Ein Duell! Du weißt aber schon, Ederl, das so etwas verboten ist.«

Sicher ist es ihm bekannt. Offiziell sind Duelle untersagt, doch es kommt immer wieder vor, wird von der Armeeführung stillschweigend geduldet. Erst am 4. November 1917 wird Kaiser Karl »allen Angehörigen Seiner bewaffneten Macht den Zweikampf und jede Teilnahme am Zweikampf« höchst offiziell verbieten.[130]

»Es geht um mei' Ehr'«, bleibt Ederl trotzig, »und i bin ka Feigling.«

»Das weiß ich«, antwortet Doblinger, »aber mi kann es mei' Konzession kosten. Zu Haus' brauchen mich fünf Kinder, und mei' Frau is' krank. I kann mir das net leisten. Die Leut' werden es herumerzählen, haben ja genug g'seh'n, was da vorhin los war. Und irgendeine Zeitung wird es spitzkriegen und darüber schreiben.« Doblinger malt mit den Fingern die Schlagzeile in die Luft. »Eduard Tirz, der Hutschenschleuderer im Dienste des Schaustellers Eduard Doblinger ohrfeigt einen ehrenwerten Deutschmeister. Danach ist der Teufel los, und i kann zusperren. Wos is' das eigentlich für eine Frau? Kennst du sie?«

»Na, i hab nur kurz mit ihr g'sproch'n, weil ihr Töchterl g'weint hat. Da hab' i g'fragt, was los ist. Der Luftballon is' dem Mäderl auskommen. Und da hab' i ihr einen neuen und Zuckerwatte gekauft.« Dass Therese ihn an seine Schwester Annerl erinnerte, darüber verliert Ederl kein Wort. Doblinger kennt auch nur Bruchteile von seiner bisherigen Lebensgeschichte. »Dann bin i eh wieda z'ruck und hab' mi ums G'schäft kümmert. Aber wie i g'seh'n hab', dass die beiden Deutschmeister *anlassig*[131] werden und es der Frau überhaupt net recht is', hob i mi eing'mischt.«

»Und jetzt hamma den Pallawatsch. Du bist so ein Depp. I kann ja diesen ganzen Armeeschmarren a net leiden. Mein' Vater haben sie in Königgrätz an Hax'n ohg'schossen. Und wofür? Leider müssen wir mit den Soldaten leben, der Kaiser braucht sie. Oba Seine Majestät ist eben Seine Majestät. I bin nur a klana Schausteller, der sich durchwurschtelt. Wos soll i nur mit dir moch'n, Ederl? I mog di jo, und du bist no selten auf die Butterseit'n g'fallen. Aber mir sitzt des *Hemmat*[132] näher als der Rock.«

»I versteh Sie schon, Herr Doblinger. Und i mach' Ihnen auch keine Probleme. Sie waren immer guat zu mir. Das vergess' i net. Danke für alles, i geh.«

Edmund Doblinger weiß, dass er seinen Hutschenschleuderer nicht zurückhalten kann.

»Ederl, scheiß auf dieses Duell. Du kannst dabei draufgehen. Was ist wichtiger? Dein Leben oder die Ehr'?«

»Beides. Und i kann schon auf mi aufpassen.«

»Und wenn er draufgeht? Dann bist du ein Mörder, und sie werden dich hinrichten.«

Ederl zuckt nur mit den Achseln.

»Es liegt in der Hand vom Herrgott.«

Es ist überhaupt das erste Mal, dass Doblinger Ederl von Gott sprechen hört. Der junge Mann steht auf, reicht seinem ehemaligen Chef die Hand und verlässt das Bureau. Im Vorbeigehen in Richtung seines Quartiers streicht er noch einmal liebevoll über die Planken der Schiffsschaukel. Darum ist ihm wirklich leid und um den Prater. Hier hatte er zum ersten Mal so richtig Spaß und Freude in seinem Leben, bekam Anerkennung und war allseits beliebt.

Es wird schon wieder aufwärts gehen. Woanders gibt es auch Kirtage, Vergnügungen mit Schiffsschaukeln. Da fällt ihm ein Spruch von seiner Mutter ein. Wenn du glaubst, es geht nicht mehr, kommt von irgendwo ein Lichtlein her.

Was ihn wirklich freut, dass er den Dürren wieder getroffen hat. Zwar waren sie nie in dem Sinne enge Freunde, aber sich doch sehr sympathisch. Wer weiß, was diese überraschende Begegnung zu bedeuten hat?

Über das bevorstehende Duell macht er sich keine allzu großen Gedanken. Fest steht, er wird nicht kneifen. Er wird morgen früh am Cobenzl sein. Es wird sich herausstellen, ob dieser Deutschmeister-Pfeifendeckel nur eine große Gosch'n hat oder auch Manns genug ist. Zwar hat Ederl schon lange keinen Revolver mehr in der Hand gehabt, aber Schießen verlernt man nicht. Entweder man besitzt ein sicheres Auge und eine ruhige Hand oder eben nicht. In den Kreisen, in denen Ederl früher verkehrte, kam man auch unweigerlich mit Waffen in Berührung. Auch Herrn Doblinger trägt er nichts nach. Ederl versteht, dass er so handeln muss, obwohl es ihm schwerfällt. Doch bevor Doblinger ihm offiziell kündigen muss, geht er lieber gleich selbst.

Ederls wenige Sachen passen in einen kleinen Koffer. Danach macht er sich auf den Weg ins Café »Dobner«. Inzwischen hat es sich im Prater wie ein Lauffeuer herumgesprochen, dass der Hutschenschleuderer vom Doblinger einem Deutschmeister *ane aung'reiben*[133] hat, weil der Kerl eine Dame belästigte. Hier halten die Schausteller und ihre Gehilfen nicht sehr viel vom Militär, vergönnen es dem Soldaten, dass er an den Falschen geraten war. Etliche seiner ehemaligen Kollegen kommen auf Ederl zu, beglückwünschen ihn, sind sichtlich stolz auf ihn. Dass er sich morgen mit dem Deutschmeister duellieren wird, behält er lieber für sich. Als er auf seinen Koffer angesprochen wird, flunkert er, er habe in der Leopoldstadt, unweit vom Prater, ein günstiges Untermietzimmer bekommen.

Mit der elektrischen Straßenbahn, die inzwischen die Dampftramway abgelöst hat, fährt Ederl Richtung Mariahilf. Die letzten Meter in die Linke Wienzeile Nummero 2 zum »Dobner« legt er zu Fuß zurück.

Ein sehr vornehmes, altes Kaffeehaus in der Nähe des Theaters an der Wien, das bereits seit 1795 existiert. Zwar kennt Ederl es dem Namen nach, doch drinnen war er noch nie. Wirklich nobel, denkt er, als er eintritt. Dementsprechend sind auch die Gäste. Ederl erntet wegen seiner Kleidung, die nicht so recht zum Interieur passen will, manchen scheelen, abfälligen Blick, als er mit seinem abgewetzten, verschrammten Koffer nach dem Dürren Ausschau hält.

Ein riesiges Kaffeehaus, in dem man sich glatt verlaufen kann, mit zwei Billardzimmern, einem Leseraum und einem weiteren Spielzimmer. Ederl hätte sich denken können, dass er den Dürren beim Billardspielen findet. Der Spezi aus vergangenen Tagen liebte immer schon das Spiel. Ederl platzt mitten in eine Partie Carambole, und der Dürre trägt gerade die Pomeranze, die Kreide, auf die Queuespitze auf, als er Ederl erblickt. Er legt die Kreide beiseite, drückt den Queue seinem Spielpartner in die Hand. Natürlich! Das ist Dschingis Khan aus der alten Gaudenzdorfer Partie des Dürren. Der Spitzname rührt daher, dass der Mann ein extrem asiatisches Aussehen hat. Ein uneheliches Kind und damals in Gaudenzdorf munkelten die Leute, der Vater wäre ein durchreisender Chinese gewesen. Es käme aber auch ein Japaner infrage. Wer wusste das schon so genau?

Der Dürre ist im »Dobner« sehr bekannt, die Ober scharwenzeln um ihn herum. In einer Ecke nehmen die beiden Platz, Dschingis Khan spielt allein weiter.

»Geht alles auf mich, Ederl. Was willst du trinken? Der Kaffee ist hier à la bonne heure. Schön, dass wir uns endlich wiedersehen.«

»Ja«, meint Ederl und nimmt die angebotene Zigarette, »find' ich auch. War das Zufall heut'?«

»Wie man's nimmt«, grinst der Dürre. »Schau, Ederl, i hab' nie vergessen, dass du immer verschwiegen warst. Du hast einiges von mir, von meiner Platt'n gewusst, aber immer die Papp'n halten können. Plötzlich warst weg. Schad', hab' ich mir damals g'dacht. I hab' dir a paarmal das Angebot g'macht, bei mir einzusteigen, aber du hast nie ang'nommen. Jetzt, im Nachhinein, hast du recht g'habt. Irgendwann haben's uns doch erwischt, und wir sind alle längere Zeit eing'sess'n. Aber das ist Vergangenheit.«

»Bist du jetzt solid geworden?«, fragt Ederl.

»Auf meine Art schon«, der Dürre dämpft seine Zigarette im Aschenbecher ab, bestellt sich ein Glas Punsch, »einiges haben sie uns nachweisen können, aber den Großteil nicht. Das gestohlene und zusammengeraubte Geld war sehr gut und vor allem sicher versteckt. Nachdem wir wieder draußen waren, haben wir einstimmig beschlossen, alles gerecht untereinander aufzuteilen, und jeder geht seinen eigenen Weg. Der Krug geht so lange zum Brunnen, bis er bricht. Bevor er endgültig in Scherben fällt, haben wir rechtzeitig aufgehört.«

»Scheint ja erstklassig geklappt zu haben«, meint Ederl und deutet auf die Kleidung des Dürren. »Edler, feiner Zwirn.«

»Jedenfalls mache ich in dem Sinne keine linken Geschäfte mehr«, lässt der Dürre sich nicht näher über seinen Lebensunterhalt aus, »ich bin genauso legal und illegal zugleich unterwegs wie alle anderen, die sich in dieser Stadt herumtreiben und ihren Schnitt machen. Und jetzt ist es endlich so weit, jetzt realisier' i meinen alten Traum.«

»Amerika ...«

»Genau«, lächelt der Dürre, »daran erinnerst du dich noch?«

»Noch immer drüben zum Gangsterboss aufsteigen?«

»Weiß i jetzt noch nicht, kommt auf die Umstände an. Wenn es möglich ist, dann auf die legale Tour. Ich mach' alles zu Geld, verkaufe alles, was ich besitz'. Das reicht für den Anfang. Und dann mach' ich in Amerika ein Wiener Kaffeehaus auf, so wie das ›Dobner‹. So etwas kennen die Amerikaner nicht. Das wird ein Bombengeschäft. Mit Walzermusik und Schrammeln. Mit unsere Mehlspeisen, an g'scheiten Kaffee, a Fiakergulasch, Schweinsbratl ... *The Golden Heart of Vienna* soll's heißen.«

»Wieso haben wir uns heute wiedergesehen? Das war doch kein Zufall.«

Ederl ist skeptisch, obwohl er der Vision des Dürren einiges abgewinnen kann.

»Das stimmt schon. Du warst schon immer ein G'scheiterl. Es hat einen bestimmten Grund, aber das wirst du später erfahren.

Lass dich überraschen. Jedenfalls habe ich einen *Zund*[134] gekriegt, dass du im Prater zu finden bist. Für mich kein ung'fährliches Pflaster, weil dort a paar Leut' no einige Rechnungen mit mir offen haben. Aber es ist ja gut gegangen. Zufällig war es allerdings, dass ich rechtzeitig zu der Streiterei zwischen dir und den depperten Deutschmeistern dazugekommen bin. Was ist? Duellierst dich wirklich mit ihm?«

Ederl zündet sich eine weitere Zigarette an, inhaliert tief, lässt die Rauchwolken aus seinem Mund strömen, bevor er antwortet.

»Sicher. Er will es so, also kriegt er's auch.«

»Gut, ich bin an deiner Seite. Hab' mir von dir auch nichts anderes erwartet. Aber eines ist dir klar, wenn er draufgeht, dann bist du dran. Dann suchen sie dich in der gesamten Monarchie. Aber die kommen nicht. Heute haben sie frei g'habt. Morgen sind sie wieder im Dienst. Das sind doch nur zwei *Pfeifendeckel*, die kuschen und ihren Offizieren die Stiefel putzen müssen.«

»Wie auch immer. I werd' am Cobenzl sein«, bleibt Ederl stur. »Du hast mir g'sagt, du leihst mir a Krach'n. Keine Sorg', i darschieß' ihn schon net. Nur eine in den Arm, dass er's sich merkt. So blöd bin i a net. Das trau i mir zu.«

»Sturschädel«, meint der Dürre und deutet auf Ederls Koffer. »Aus dem Prater bist du ja anscheinend schon draußen.«

Ederl nickt bedächtig.

»Mei' Chef hat eben Angst, dass ihm die G'schicht' schaden könnt'. Er ist a guter Kerl. Warum soll i ihm Schwierigkeiten machen?« Dann wechselt er das Thema. »Dann bist du mutterseelenallein da drüben auf diesem riesigen Kontinent. Und Englisch sprichst du auch nicht.«

»Du aber auch nicht, oder?«

»Zu zweit lernt sich's leichter. Oder geht Dschingis Khan mit dir mit?«

»Nein, der bleibt da. Ist ihm zu riskant, sagt er. Er hat sich zu einem exzellenten und äußerst gefragten Fälscher gemausert. Er ist gut im Geschäft. Er hat mir auch meine falschen Papiere für Amerika angefertigt. Und wenn du es dir nicht wieder anders überlegst, wird er es auch für dich machen. Mit unserer Vergangenheit ist es wohl besser, wir legen uns neue Identitäten zu, damit wir bei der Einwanderungsbehörde keine Probleme haben. I nehm' an, ganz *frank*[135] bist du nicht immer geblieben. Uns aus der Vorstadt ist doch eigentlich gar nichts anderes übrig geblieben, oder? Nur mit Arbeit alleine und sich dabei einen Buckel holen, kommst auf keinen grünen Zweig. A bisserl a Geld wirst doch haben. Billig ist der Dschingis Khan nicht, aber er liefert perfekte Arbeit.«

»Es wird schon reichen. Zumindest eine Zeit lang für den Anfang. Vielleicht ist es wirklich das Beste, Wien Adieu zu sagen.«

»Hör zu, Ederl«, der Dürre rückt näher heran, spricht leise, flüstert beinahe, »schau dich doch um. Geh mit offenen Augen durch die Stadt. Die alle hier und draußen, die tanzen nur mehr um das Goldene Kalb. Vielleicht wissen sie es, vielleicht auch nicht? Die Monarchie liegt in der Agonie. Es ist nur mehr eine Frage der Zeit, bis alles explodiert. Der alte Herr in der Hofburg kriegt doch das meiste gar nicht mehr mit, oder seine Schranzen erzählen ihm nicht, was wirklich los ist. Österreich-Ungarn ist zu einem einzigen Pulverfass geworden, und glaube mir, die Lunte wird am Balkan gezündet werden. Dort sind die Pyromanen daheim, und sie zündeln bereits die ganze Zeit über. Die Habsburger wird es nicht mehr lang geben. Ich persönlich wein' denen keine Träne nach. Schau uns beide an. Was ist denn aus uns geworden? Zwei kleine Strizzis, die nicht unbedingt die Arbeit erfunden haben, aber trotzdem gut leben wollen. Geht nicht, weil wir zum einfachen Volk gehören, das unsere Blaublüter finanzieren muss, damit die hochgestellten Herrschaften in ihren Schlössern und Palästen den Herrgott einen guten Mann sein lassen können. Dein Vater ist in einem Mörteltrog elendig verreckt, weil er für irgendeinen Großkopferten *barabern*[136] musste. Für einen Wildfremden is' er g'storb'n. Mei' Vater hat sich im Keller aufg'hängt, weil er arbeitslos wurde und ihn danach keiner mehr einstellen wollte. Wart's ab, Ederl, es wird bald ein ganz großer Krieg kommen. Irgendetwas wird passieren, und danach, wenn alles hin ist, gibt es Österreich-Ungarn nicht mehr. Das wird aus der Landkarte ausradiert sein. Da werden sich einige ganz Große zusammensetzen und ein völlig neues Europa schaffen. Und dafür werden genug draufgehen, aber das ist denen wieder völlig wurscht. Doch da will ich nicht mehr hier sein oder gar in den Krieg ziehen müssen. I halt' net mein' Schädel für Kaiser und Vaterland hin. Und wenn du überlebst, bist vielleicht zu einem Krüppel z'sammg'schoss'n worden und kriegst a Medaille an die Brust geheftet, von der du net abbeißen kannst. Ich lass mir von niemandem etwas befehlen, und schon gar net von so einem Scheißoffizier oder einem General. Die können mich alle kreuzweise. Ich habe keine Lust, auf Leute schießen zu müssen, die mir nichts getan haben und gegen die ich nichts habe. Drüben in Amerika haben sie eine Demokratie. Da können die Leute alles sagen, was sie sich denken, und gehen danach nicht in den Häfen wie bei uns. Dort kann jeder so sein, wie er will, und alles erreichen, wenn er tüchtig ist. Egal, ob auf legale Art oder illegal. Stell dir vor, Ederl, in New York bauen sie Häuser, die sind höher als der Stephansdom! Kannst du dir das vorstellen? I net. I muss des mit eigenen Augen sehen.«

Nach dem Monolog des Dürren schweigen beide minutenlang, starren vor sich hin in ihre Tassen. Dann ergreift Ederl das Wort.

»Wenn du …«, wieder legt er eine längere Nachdenkpause ein, »… für dein *The Golden Heart of Vienna* einen fleißigen, zuverlässigen Kellner oder Ober brauchen kannst?«

Der Dürre sieht ihn an, bevor er zu strahlen beginnt.

»Hand drauf«, er streckt ihm seine Rechte entgegen, »aber nur unter einer Bedingung.«

»Und die wäre?«

»Net ois mein Ang'stellter, nur als mein gleichwertiger Partner.«

Die Mutter hatte doch recht mit ihrem Lichtlein, das irgendwann irgendwoher leuchtet …

»I hab's mir überlegt«, sagt Ederl, »der Cobenzl is' mir zu weit. Die zwei Trottel sollen mich am Arsch lecken. Was sind zwei Pfeifendeckel gegen Amerika?«

»Eine weise Entscheidung«, meint der Dürre sichtlich erleichtert. »Niemand hätte etwas von diesem Duell gehabt. Scheiß auf den Ehrenkodex. Du brauchst dir nix vorzuwerfen, Ederl. Du hast dich wie ein Ehrenmann verhalten. Und was ist mit dieser Frau mit ihrem Kind? Wenn du sie mitnehmen willst, i hab' nix dagegen. Drüben können wir sicherlich jede helfende Hand gebrauchen.«

Ederl winkt ab, erzählt, dass es eine reine Zufallsbekanntschaft war, er nicht einmal weiß, wo er sie finden könnte.

»… und außerdem glaub' i, sie hat sich was Besseres als mich verdient. Vielleicht würd' sie sogar mit der Kleinen mitkommen? I bild' mir ein, dass sie auch ein wenig *ein Flugerl auf mi hat*[137]. Auf Dauer tät' es bestimmt net gut gehen. I lass' sie in Ruh'. Vielleicht läuft mir drüben eine fesche Amerikanerin über den Weg?« Ederl lächelt. »I nehm auch eine Indianerin, wenn sie hübsch ist. Nur in einen Wigwam zieh' ich sicher nicht.«

»Das ist der alte Ederl, wie ich ihn gekannt habe«, der Dürre klopft ihm auf die Schulter. »Hast du jemals etwas von deiner Schwester gehört? Annerl hat sie g'heiß'n, soweit i mi erinner'.«

Ederls Miene verdüstert sich, und sein Blick wird immens traurig. »Keine Ahnung. I weiß net einmal, ob sie überhaupt noch lebt. Lass' ma das …«

»Hast du eine Unterkunft, Ederl?«

»Nein, aber ich such' mir a billiges Hotelzimmer.«

»Nix da«, bestimmt der Dürre, »du wirst bei mir wohnen, bis wir endgültig nach Amerika aufbrechen. Da gibt es noch einiges zu tun.«

Wie ausgemacht, übernimmt der Dürre die Zeche und lässt einen Fiaker kommen. Die Männer verabschieden sich von Dschingis Khan, der gerade eine Glückssträhne hat und Partie um Partie gewinnt, da er ein *Weh*[138] gefunden hat, der vom Billardspielen keine Ahnung hat und dementsprechend *ausg'sackelt*[139] wird.

Der Dürre hat in der herrschaftlichen, riesigen Wohnung einer alten alleinstehenden Gräfin in der Reichsratstraße im 1. Bezirk Unterschlupf gefunden. Die gebrechliche Frau geht kaum noch außer Haus. Der Dürre mimt den Gesellschafter, erledigt Einkäufe und spitzt dabei darauf, als Alleinerbe eingesetzt zu werden.

Ederl kommt aus dem Staunen nicht mehr heraus. Solche Räume hat er noch nie gesehen! Mit Fließwasser, einem Badezimmer und einer eigenen Toilette! Der Dürre darf zwei Räume bewohnen. Als die Männer nach Hause kommen, liegt die Alte längst im Bett. Er schenkt seinem neuen Partner einen Cognac ein, prostet ihm zu.

»Nicht schlecht!« Ederl ist tatsächlich schwer beeindruckt. Mit allem hatte er gerechnet, aber niemals an diesen Luxus gedacht.

»Tja, Ederl«, meint der Dürre, »das ist erst der Beginn. Drüben in Amerika legen wir richtig los und zeigen denen, was alles so in zwei Gaudenzdorfern steckt. Ach ja, das hätt' ich beinahe vergessen. Darf ich dir meine Frau vorstellen? Mauserl, kommst du, bitte!«

Ederl fällt beinahe das Glas aus der Hand.

»Du bist verheiratet?«

Einen solchen Tag voller Überraschungen hat er noch nie erlebt. Eine Flügeltüre öffnet sich, eine Frau in einem wunderschönen, lindgrünen samtenen Hauskleid tritt ein. Jetzt zerschellt das Glas endgültig, und der Rest vom Cognac rinnt über den Parkettboden.

»Servus, Ederl«, haucht sie mit tränenerstickter Stimme. »Ich hoff' nur inständig, dass du mir verzeihen kannst.«

Dann fällt Annerl ihrem Bruder um den Hals, der kein Wort mehr herausbringt. Ist das alles nur ein schöner Traum? Ederl drückt seine Schwester an sich und will sie gar nicht mehr loslassen. In einer Ecke sitzt der Dürre in einem Fauteuil, gönnt sich eine Zigarre und freut sich diebisch, dass ihm diese Überraschung gelungen ist.

»Du Dummerl«, sagt Ederl und wischt sich über die Augen. »Warum hast du nie ein Lebenszeichen von dir gegeben? I hab' geglaubt, du bist längst unter der Erd'n.«

»I bin a schon mit einem Fuß im Grab g'stand'n«, antwortet Annerl. »Im letzten Moment hat mich der Franzl aus dem Dreck herausgezogen.«

Es wird noch eine lange Nacht. Franz, der »Dürre«, hatte immer schon ein Auge auf Annerl, wie er nun zugibt. Aber sie war ihm noch zu jung, ein Mädchen, viel zu gefährlich, sich mit ihr etwas anzufangen. Ein paarmal traf er sich mit ihr, versuchte, ihr ins Gewissen zu reden, nicht auf dem Strich ihr Geld zu verdienen. Sie soll sich doch nur die Huren ansehen, was aus denen geworden ist. Ein paar Jahre mag es gut gehen, aber danach. Entweder dreht einer ihr ein Kind an, und dann steht sie da. Oder einer steckt sie an, keiner will mehr mit ihr ins Bett, und irgendwann endet sie als Bettlerin, wird vielleicht von einem Irren umgebracht oder verreckt irgendwo in einer Hauseinfahrt.

Doch Annerl wollte davon nichts hören. Franzl kam zu Ohren, dass der Pingitzer, der Hausherr, dem in Gaudenzdorf nahezu sämtliche Zinskasernen gehörten, sich das kleine Annerl als seine persönliche Lustsklavin hielt. Anfänglich gefiel es ihr. Doch Pingitzer veranstaltete geheime Orgien für seine Freunde, und Annerl war die absolute Attraktion für die lüsternen Mannsbilder. Mit der Zeit wurde es ihr schließlich zu viel. Fliehen konnte sie nicht. Pingitzer hielt sie gefangen und verdiente sich mit ihr ein fettes Zubrot.

Eines Tages stand Franzl mit seiner Platt'n in Pingitzers Bureau. Die Burschen verprügelten den perversen Hausherrn fürchterlich, zwangen ihn, Annerl gehen zu lassen, und räumten ihm auch den Tresor aus. Sie wussten, Pingitzer wird niemals zur Polizei gehen.

Sie würden ihn beobachten, und wenn noch einmal das Geringste vorfällt, drohten sie, ertränken sie ihn in der Donau.

Zwar wunderten sich Pingitzers Mieter, dass der gefürchtete Hausherr plötzlich wie verwandelt war, freundlich sein konnte und niemanden mehr unter Druck setzte, der mit dem Zins im Rückstand war.

Annerl blieb beim Dürren und seiner Platt'n, aber keiner von ihnen rührte sie an. Inzwischen hatte sie verstanden, was sie eigentlich angerichtet hatte, und sehnte sich ebenso nach ihrem Bruder. Irgendwann verliebten sich Annerl und der Dürre ineinander. Auf ihr Betreiben hin setzte Franzl Himmel und Hölle in Bewegung, um Ederl aufzuspüren.

»Tja«, sagt der Dürre, »so ist es gewesen. Wenn du mich als Schwager akzeptieren kannst, Ederl?«

»Und in Amerika machen wir dich dann zum Onkel«, meint Annerl und schmiegt sich an ihren Bruder.

In den kommenden Wochen und Monaten laufen die Vorbereitungen für die bevorstehende Auswanderung auf Hochtouren. Noch sind die drei sich nicht einig, ob sie von Hamburg oder von Bremerhaven aus das Wagnis über den großen Teich starten sollen.

Inzwischen ist die Gräfin an Altersschwäche verstorben. Leider schaut der Dürre durch die Finger. In ihrem Testament vermachte sie ihr nicht unbeträchtliches Vermögen zur Gänze der Kirche.

Im November ist endlich so weit. Ederl, der Dürre und Annerl haben sich für Hamburg entschieden. Mit einem Passagierdampfer wollen sie ins Land der unbegrenzten Möglichkeiten übersetzen. In der dritten Klasse, der Holzklasse, möchten sie die Reise antreten. Sparen ist die oberste Devise. Ihnen ist klar, drüben wird keiner auf sie warten. Sie werden hart arbeiten müssen wie nie zuvor in ihrem bisherigen Leben.

Im Westbahnhof steigen sie in die Eisenbahn, die sie nach Hamburg bringen soll. Es wird eine abenteuerliche Fahrt. Mehrmals müssen sie den Zug wechseln. Mal ist es ein Schaden an der Lokomotive, der sie an der Weiterfahrt hindert, dann ein Gebrechen an den Gleisen oder überhaupt Zugsausfälle.

Nach einer Odyssee sitzen sie endlich in einem Schnellzug, der sie endgültig nach Hamburg bringen soll. Die drei dösen in ihrem Abteil vor sich hin, als es plötzlich in der Nacht des 8. Novembers zwischen Mühlheim am Main und Offenbach am Main fürchterlich kracht. Ederl, der Dürre und Annerl sitzen in dem Waggon, den es zuerst trifft. Ein Personenzug war auf den Schnellzug aufgefahren. Durch das Gas der Zugbeleuchtung fangen die Trümmer sofort Feuer. Zwölf Menschen sterben, darunter die drei. Ederl, seine Schwester und ihr Mann verbrennen hilflos.

Im Prater erfährt nie wer etwas über Ederls tragisches Schicksal. Das Leben geht seinen gewohnten Gang weiter. Mehrmals kommt Margarete Hausner mit ihrer Tochter, besucht jedes Mal vergeblich die Schiffsschaukel.

Irgendwann lernt sie einen Mann kennen, der auch Therese akzeptiert. Ausgerechnet einen Deutschmeister, aber dieses Mal ist es ein anständiger Offizier mit lauteren Absichten. Nachdem er aus dem Militärdienst ausgeschieden ist, wird geheiratet. Zwei weitere Kinder folgen. Doch zeit ihres Lebens beschäftigt Margarete Hausner die geheime Frage, was wohl aus Ederl, dem Hutschenschleuderer, geworden sein mag?

»Es stinkt, und man sieht nichts.« 1907

4. Jänner:	*Die spätere Filmschauspielerin Marte Harell (eig. Martha Schömig) wird in Wien geboren.*
5. Jänner:	*Josef Holaubek, der spätere legendäre Wiener Polizeipräsident, wird in Wien geboren.*
20. Jänner:	*Die spätere Schauspiellegende Paula Wessely erblickt in Wien das Licht der Welt.*
26. Jänner:	*Kaiser Franz Joseph I. sanktioniert das neue allgemeine, gleiche, geheime und direkte Wahlrecht für Männer.*
2. Februar:	*Eröffnung des ersten Schalters der »Zentralsparkasse der Gemeinde Wien« im Alten Rathaus in der Wipplingerstraße im 1. Bezirk.*
3. Februar:	*Das beliebte und berühmte Vergnügungsetablissement »Dommayers Kasino« schließt nach siebzig Jahren seine Pforten.*
11. Februar:	*In Wien wird Käthe Gold, später eine berühmte Schauspielerin, geboren.*
4. Juni:	*Enthüllung des von Hans Bitterlich geschaffenen Kaiserin-Elisabeth-Denkmals im Volksgarten.*
5. August:	*Eröffnung des »Gänsehäufls«, des ersten großstädtischen Strandbades in Kaisermühlen im 22. Bezirk.*
September:	*Adolf Hitler bemüht sich vergeblich um die Aufnahme in die Akademie der bildenden Künste.*
8. Oktober:	*Eröffnung der Heil- und Pflegeanstalt für Geistes- und Nervenkranke »Am Steinhof« mit sechzig Pavillons und drei Abteilungen. Ein weiteres Werk von Otto Wagner.*
19. Oktober:	*In der Kärntnerstraße im 1. Bezirk eröffnet das Kabarett »Fledermaus«.*
31. Dezember:	*Gustav Mahler legt sein Amt als Hofoperndirektor nieder.*

In diesem Jahr werden die von Max Hegele erbaute Lueger-Gedächtniskirche (eig. Karl-Borromäus-Kirche) am Zentralfriedhof und die Kirche »Am Steinhof« von Otto Wagner fertiggestellt.
Zwei der berühmtesten Gemälde Gustav Klimts erobern die Kunstwelt. Das Bildnis der Adele Bloch-Bauer und »Der Kuss«. Beim Letztgenannten meinen viele, in dieser Frau Klimts Langzeitmuse Emilie Flöge wiederzuerkennen.
Auf dem Bödele bei Dornbirn in Vorarlberg errichten Hugo Rhomberg und Alfred Rüsch den ersten Schlepplift für Schifahrer.

»Geh, Herr Anton!«, ruft der Gast den altgedienten Ober herbei. »Bringen S' mir a Nussbeugerl und noch an *Kapuziner*[140].«

»Sehr wohl, Herr Baron.«

Missmutig und kopfschüttelnd blättert Baron von Schönfeldt in den Zeitungen und Journalen. Kaum eine Minute später steht das Gewünschte auf dem Marmortisch im stets gut besuchten Kaffeehaus »Casa piccola« in der Mariahilfer Straße Nummero 1b. Das Café zählt zu den nobelsten Treffpunkten in der Stadt.

»Bitte schön, Herr Baron von Schönfeldt«, macht Herr Anton seinen Diener, »schön, dass Sie uns wieder beehren. Herr Baron waren schon längere Zeit nicht mehr bei uns.«

»Ich weiß, Herr Anton, ich weiß.« Der Baron, der seinen Titel nur verliehen bekam und deshalb kein Adeliger ist, rührt in seiner Kaffeeschale. »Ich muss mich ja ums Geschäft kümmern, damit meine werte Frau Gemahlin mein sauer verdientes Geld wieder ausgeben kann. Heute wird es sicherlich noch ein Weilchen dauern, ich kenn' das. Wenn meine Frau die Flöge-Schwestern aufsucht, dann muss ich mir die Zeit nehmen. Sie bildet sich ein paar von diesen neumodischen *Reformkleidern* ein, die jetzt so modern geworden sind. Und ich darf's zahlen. Ein Glück, dass der Modesalon gleich über dem Café ist, sonst wär's doch todlangweilig. Die

Zeiten sind komisch geworden. Finden S' nicht auch, Herr Anton?«

»Das ist eben der Fortschritt, der sich nicht aufhalten lässt«, verhält der Ober sich neutral. »Ein neues Zeitalter ist angebrochen.«

»Mir kann beides g'stohl'n bleiben«, wehrt von Schönfeldt ab, »der Fortschritt und das neue Zeitalter. Jetzt haben wir auch so ein Telefon. Aber wenn man anrufen will, ist entweder besetzt, man hört den anderen Teilnehmer schlecht, oder das Gespräch wird mittendrin unterbrochen und reißt ab. Und so ein Grammophon steht jetzt bei uns im Salon herum, mit diesem Riesentrichter. Natürlich war der Wunsch meiner allerliebsten Gemahlin mir Befehl. Gut, diesem Wunderkasten kann ich sogar noch einiges abgewinnen. Man kann sich Opernarien in den eigenen vier Wänden anhören, muss sich nicht in den Frack schmeißen und in die Hofoper gehen. Selbst Seine Majestät hat bereits seine Stimme für die Nachwelt auf so einer schwarzen Scheib'n verewigen lassen, obwohl Seine Majestät ansonsten kein großer Freund sämtlicher technischer Neuerungen ist. Da haben Seine Majestät und ich etwa gemeinsam.« Baron von Schönfeldt kaut an einem Stückchen seines Nussbeugels herum. »Is' das frisch?«

»Selbstverständlich, Herr Baron, sind erst vor einer Stund' g'liefert worden.«

»Dann ist wohl der Bäcker ein Schlaucherl«, meint von Schönfeldt, »solange die Kaffeehäuser mir nicht umg'modelt werden, nehm' ich auch a altbackenes Nussbeugel in Kauf.«

Ja, das »Casa piccola« gehört noch zu den Cafés, die sich nicht dem Zug der neuen Zeit anpassen. Einst stand das Haus am äußeren Rand des Glacis. 1809, während der französischen Besetzung und der Beschießung der Stadt, war in diesem Haus Napoleons Generalstab untergebracht.

Dann kam 1830 ein gewisser Dominik Casapiccola und eröffnete hier sein elegantes Kaffeehaus, das rasch äußerst beliebt war. Wegen seiner wunderschönen Aussicht, die an klaren Tagen bis zum

Kahlenberg reichte, wurde es oft mit dem Pariser »Café des Mille Colonnes« verglichen.

Im »Casa piccola« verkehrten gerne Offiziere, die sich hier auch in Zivilkleidung an die Tische setzten. 1895 hatte das alte Kaffeehaus ausgedient, erlebt jedoch im Neubau des repräsentativen Wohn- und Geschäftshauses durch die Architekten Theodor Karl Bach und Carl Schumann eine Renaissance.

Eine hervorragende Lage in unmittelbarer Nähe zur Ringstraße und einen Steinwurf von den beiden Hofmuseen von Gottfried von Semper und Carl von Hasenauer entfernt. Weithin sichtbar die reich verzierte und mehrfach durchbrochene Turmhaube.

Jetzt führt das »Casa piccola« Karl Obertimpfler. Seine Tochter Lina gilt allgemein in der Wiener Gesellschaft als schönste Frau in der Stadt und sorgte für einen beispiellosen Skandal.

Sie selbst ist eine dieser »neuen« Frauen, die auch Baron von Schönfeldt zutiefst zuwider sind, weil diese neumodischen Weiber partout nicht mehr ausschließlich nach den Pfeifen ihrer Männer zu tanzen bereit sind, ihren eigenen Willen haben und den auch durchzusetzen verstehen.

Lina, eine vielseitig begabte Frau, die als Schauspielerin, Kabarettistin, Diseuse, Schriftstellerin und Feuilletonistin arbeitet, im Kaffeehaus ihres Vaters einen eigenen Künstlerinnen-Zirkel unterhält. Die Wiener Künstlerwelt liegt ihr zu Füßen. Die Literaten Peter Altenberg, Egon Friedell und Franz Theodor Csokor verehren sie wie eine Göttin.

Altenberg verdankt Lina Obertimpfler auch ihre erste Ehe. An Altenbergs Künstlerstammtisch im »Löwenbräu« in der Teinfaltstraße hinter dem Burgtheater lernte sie 1902 den zwölf Jahre älteren Adolf Loos kennen, einen kompromisslosen und radikalen Architekten, der mit seinen Bauten für gewaltiges Pro und Contra in der Stadt sorgt. Man heiratete, aber 1905 war das Eheglück bereits wieder zu Ende.

Anlass war der achtzehnjährige Gymnasiast Heinz Lang, der sich unsterblich in Lina Loos verliebte, und sie seinen Avancen nachgab. Ihr misstrauischer und eifersüchtiger Mann entdeckte Langs Liebesbriefe, die daraufhin die Affäre beendete. Die Ehe wurde geschieden, Lina Loos tauchte in Amerika unter.

Wien hatte endlich wieder einen handfesten Skandal und konnte ausgiebig darüber schwadronieren. Allerdings endete das Techtelmechtel tragisch. Der verlassene Liebhaber Heinz Lang wandte sich in seiner Verzweiflung an Peter Altenberg, was er denn nun tun solle? Der Bonvivant und notorische »Kaffeehausbewohner« ließ sich zu einer fatalen Äußerung hinreißen: »*Was Sie tun sollten? Sich erschießen. Was Sie tun werden? Weiterleben. Weil Sie so feig sind wie ich, so feig wie die ganze Generation, innerlich ausgehöhlt, ein Lügner wie ich.*«[141]

Lang zog sich nach England zurück, wartete dort vergeblich auf seine große Liebe und erschoss sich am 27. August 1904.

Inzwischen ist längst Gras über die Angelegenheit gewachsen und Lina Loos wieder nach Wien zurückgekehrt.

Baron von Schönfeldt schluckt widerwillig die letzten Krümel seines Nussbeugels hinunter, winkt abermals Herrn Anton herbei, bestellt eine Limonade, weil die Brösel ihn so scheußlich im Hals kratzen.

»Hoffentlich bleibt das ›Casa piccola‹ weiterhin so, wie es ist«, lamentiert der Baron gegenüber dem geduldigen Ober. »Wenn ich mir das Café ›Museum‹ anschau', ein Graus. Wie da dieser Adolf Loos mit der Innenarchitektur herumgefuhrwerkt hat! Alles so kalt, so nüchtern. Neuerdings muss alles funktional, geometrisch sein. Nix darf mehr verziert sein. Und die Leut' finden es auch noch *superb*, was dieser Kolo Moser, der Josef Hofmann, überhaupt diese gesamte neue *Wiener Werkstätte* entwerfen! Selbst die Kaffeehäferln bleiben nicht verschont! Alles muss neu gestaltet werden. Wenn der Kaffee ein *Gschlader*[142] is', schmeckt er in einer durchkonstruierten Tasse nicht besser. Überhaupt dieser Jugendstil, die

Secessionisten, ich kann damit überhaupt nichts anfangen. Von denen häng' ich mir sicherlich nie ein Bild an die Wand. Da lob' ich mir einen Waldmüller, einen Rudolf von Alt. Das sind Gemälde, bis ins kleineste Detail alles wunderbar und lebensecht zu sehen. Na ja, über einen Klimt lass' ich mit mir noch reden, aber die anderen? Und wieder so ein Neuer, dieser Egon Schiele. Der Rotzlöffel«, von Schönfeldt beugt sich leicht vor, spricht nun sehr leise, »mit diesen gynäkologischen Kritzeleien. So einer gehört eingesperrt. Das ist reinste Pornografie. Intimste Details zeichnet der Falott. Das hab' ich nicht einmal noch in meinem eigenen Schlafzimmer g'seh'n ... Sie wissen schon, Herr Anton, was ich mein'. Und der andere Neue, wie heißt der?«

»Oskar Kokoschka«, hilft der Ober aus.

»Genau. Der is' um nix besser. Bei dem hat man den Eindruck, dass er die Farben auf die Leinwand prackt. So schauen auch seine Bilder aus. Die Leut' drauf, alle so grobschlächtig. Aber er wirkt ja selbst wie ein Klotz. Wahrscheinlich komm' ich mit dem neuen Zeug nicht mehr mit, bin ein altes Fossil, aus der Zeit gefallen.« Baron von Schönfeldts Gesicht erhellt sich. Er blickt auf seine Taschenuhr. »Jetzt bin ich aber wirklich baff. Heute nur eineinhalb Stunden. Das letzte Mal hat's über zwei Stunden gedauert.«

Seine Frau schreitet soeben über die Treppe von der Beletage, wo der Modesalon der Flöge-Schwestern beheimatet ist, herunter ins Kaffeehaus. Ihr Mann erhebt sich, küsst ihr galant die Hand, rückt ihren Sessel zurecht.

»Nun, meine Liebe, muss ich Insolvenz anmelden«, scherzt er, »oder hält sich die Bestellung in Grenzen? Zwei neue Kleider?«

»Hasiputzi ...«, haucht sie etwas verlegen.

»Dann wird's teuer«, seufzt er resignierend. Immer wenn sie ihn so nennt, wird es eine saftige Rechnung.

»Es sind ganz neue Stoffe aus Paris bei Emilie eingetroffen. Wunderbarer Brokat, der absolut letzte Schick. Emilie wird daraus etwas Traumhaftes für mich zaubern. Wir müssen doch in nächster Zeit ein paar Gesellschaften geben, da kann ich doch nicht in den alten Fetzen repräsentieren. Und diese neuen Reformkleider sind wirklich erstklassig. Endlich sind wir Frauen von diesen Korsetts befreit, die uns die Luft abschnürten und kaum Bewegungsfreiheit erlaubten. Das haben wir Emilie und ihren Schwestern zu verdanken.«

Baron von Schönfeldt ist da völlig anderer Ansicht, aber er wird sich hüten, vor seiner Gemahlin seine tatsächlichen Gedanken auszusprechen. Insgeheim vergleicht er diese Damenmode mit Mehlsäcken, die an den Körpern herunterhängen ohne jegliche Taille.

Aber insgeheim, und auch das wird er niemals offiziell zugeben, bewundert er Emilie Flöge mit ihren Schwestern Hermine und Pauline für ihren Geschäftssinn und ihre Tüchtigkeit. Von Kindesbeinen eng mit der Familie Gustav Klimts verbunden, konnte es gar nicht anders sein, dass die Schwestern von den neuen Kunstströmungen beeinflusst werden.

Über Klimt kursieren die unterschiedlichsten Meinungen. Dass er ein angesehener, berühmter und begnadeter Maler ist, bestreitet kaum jemand. Gleichzeitig ist der Katzenfreund ein ebenso umtriebiger Weiberheld. Man munkelt, dass in seinem Atelier ziemlich lockere Sitten herrschen. Zweifelsohne gilt Emilie Flöge als seine Hauptmuse. Aber ob da noch mehr dahinter ist, als nur Modell für ihn zu stehen, weiß niemand so genau, und die beiden geben sich sehr zurückhaltend, zumindest in der Öffentlichkeit.

Jedenfalls war es ein genialer Schachzug, den Modesalon genau über dem bekannten und renommierten »Casa piccola« einzurichten. Zwar hat Baron von Schönfeldt noch nie das Geschäft betreten, und er hat es auch nicht vor, wie er aber von Erzählungen seiner Frau weiß, stammt die sehr geschmackvolle und wohldurchkomponierte Einrichtung von Josef Hoffmann und Kolo Moser.

Jedenfalls hat Baron von Schönfeldt sich fix vorgenommen, demnächst ein ernstes Wort mit seiner Frau zu reden und an ihre Sparsamkeit zu appellieren. Die Zeiten sind alles andere als rosig. Auf Dauer kann es nicht gut gehen, das Geld mit vollen Händen zum Fenster hinauszuwerfen. Eigentlich ist er in der falschen Branche. Zwar werden Töpfe, Pfannen und anderes Küchengeschirr immer gebraucht, sichert auch einen gewissen Wohlstand.

Allerdings schafft er es nicht, den Titel eines *k.u.k. Hoflieferanten* zu erhalten. Diese Auszeichnung würde sicherlich einen wirtschaftlichen Aufschwung bringen und die gesellschaftliche Reputation enorm erhöhen.

Trotz mehrerer Eingaben in der Hofburg ist er bisher immer abgelehnt worden. Selbst einige Beziehungen seiner Freunde zu gewissen einflussreichen Würdenträgern bei Hofe haben nichts genützt.

Rüstung oder überhaupt alles, was mit dem Militär zu tun hat, bringt das große Geld. Ungeheure Summen werden in die Aufrüstung gesteckt. Vielfach wird hinter vorgehaltener Hand von einem bevorstehenden Krieg getuschelt.

Automobile sind ebenfalls die Zukunft, obwohl von Schönfeldt diese Gefährte zutiefst verabscheut. Sie sind laut, stinken, verpesten die Luft. Aber es werden immer mehr. Schiffe und deren Ausrüstung wären ebenfalls eine Option. Nicht nur zu Lande wird aufgerüstet, auch die Marine zieht mit. Zwar steckt die Aviatik noch in ihren Anfängen, aber viele seiner Freunde meinen, diese Flugapparate werden eines Tages den Himmel bevölkern. Illner, Etrich und in Frankreich ein gewisser Blériot sind auf diesem Gebiet äußerst umtriebig.

Was für eine verrückte Zeit! Automobile knattern durch die Straßen, Flugzeuge ziehen am Firmament ihre Bahnen, Eisenbahnschienen zerschneiden die Landschaften. Niemals wird das Klappern von Pferdehufeisen diese dröhnenden Motoren ersetzen. Baron von Schönfeldt weiß, dass er in der Vergangenheit lebt, sich nichts sehnlicher, aber vergeblich wünscht, alles möge doch wieder so sein, wie es immer war.

Doch jetzt noch umzusatteln, gleichsam neu beginnen, dafür fühlt er sich zu alt. Das sind die Sorgen, die ihn quälen. Noch sind seine Auftragsbücher gut gefüllt, doch es wird von Jahr zu Jahr schwieriger, nicht in die roten Zahlen zu schlittern. Doch davon hat seine Frau keine Ahnung, es würde sie auch nicht sonderlich interessieren.

Sie ist eben ein Schöngeist, während er der Praktiker bleibt. Leider sind die Kinder nach ihr geraten. Der Sohn hat sich der Literatur verschrieben, treibt sich in den Literatencafés herum und hofft, durch seine Bekanntschaft mit diesem Karl Kraus einen Verleger zu finden. Von Schönfeldts heiß geliebte Tochter will unbedingt zur Bühne, Schauspielerin werden. Oder eine Rolle in einem Film ergattern. Auch so eine Verrücktheit, diese neue Kinematographie! Für den Vater ist sowohl eins wie das andere eine brotlose Kunst. Was hat man denn davon, wenn man zwar stadtbekannt ist, aber dennoch zum Darben verurteilt ist? Man muss sich doch nur diesen Peter Altenberg ansehen, der täglich von Kaffeehaus zu Kaffeehaus pilgert, um sich bei seinen Gönnern den Lebensunterhalt zusammenzuschnorren.

Seine Firma wird wohl dem Untergang geweiht sein, wenn Baron von Schönfeldt eines Tages die Augen schließt. Seiner Frau fehlt jeglicher Geschäftssinn, und die Kinder wollen vom Geschäft nichts wissen.

Er hätte auf seinen alten Schulfreund Heinrich Kraus hören sollen, als er ihm vor ein paar Jahren anbot, zusammen einen Automobilhandel zu eröffnen. Doch dafür hätte Baron von Schönfeldt über seinen Schatten springen müssen, was er einfach nicht schaffte. Also riskierte Kraus allein den Einstieg in eine neue Branche, und der Erfolg gibt ihm recht, was von Schönfeldt neidlos anerkennen muss.

»Magst noch einen Kaffee, Liebes?«, fragt von Schönfeldt seine Gattin.

»Ja, eine Schale Gold. Aber danach fahren wir nach Haus', i muss noch einiges an Korrespondenz erledigen.«

Auch das ist ihrem Gemahl bestens bekannt. Nun werden alle Freundinnen per Postkarten informiert, was die neuesten Errungenschaften von den Flöge-Schwestern sind.

»Da, schau mal da hinüber, Egon«, stupst Sophie von Schönfeldt ihren Mann an und deutet zu einem der hinteren Tische.

»Was gibt's denn?«

»Dort sitzen die Adele Bloch-Bauer und die Alma Mahler.«

»Ja und?«

Natürlich weiß Egon von Schönfeldt nur zu genau, dass Sophie versucht, diesen *Grande Dames* der Wiener Gesellschaft nachzueifern, möchte auch in diesen erlauchten Kreis aufgenommen werden und nicht nur Zaungast sein. Die Unternehmergattin Bloch-Bauer und Alma, die Frau des Hofoperndirektors, unterhalten ihre eigenen Salons, wo *tout Vienne* aus und ein geht. Oder bei Bertha Zuckerkandl, wo die intellektuelle und künstlerische Elite sich ebenfalls die Türklinke in die Hand gibt.

»Angeblich, so hört man, soll die Bloch-Bauer sich vom Klimt malen lassen«, sagt sie leise und lässt dabei die beiden Damen nicht aus den Augen.

»Wenn's ihr hilft«, brummt Egon von Schönfeldt missmutig, der für Klatsch und Tratsch so gar nichts übrig hat. »Hoffentlich schröpft der Klimt sie ordentlich für das Bild, wenn's wahr sein sollte.«

»Und diese Mahler traut sich was«, ereifert seine Frau sich, »erst vor einem Monat ist das Töchterl an Diphtherie und Scharlach verstorben, und sie sitzt im Kaffeehaus herum. Nur fünf Jahr durfte das *Potscherl*[143] alt werden. Außerdem soll es in der Ehe heftig kriseln. Der Mahler wird von den Zeitungen als Hofoperndirektor heftig durch den Kakao gezogen, und sie …«, Sophie versteckt ihr Gesicht hinter dem Fächer, »… sie soll sich ein Techtelmechtel mit dem Hans Pfitzner angefangen haben, wie man so hört.«

»Na, wenn er im Bett auch so is', wie er komponiert …«

»Egon!«, entrüstet sie sich empört. »Etwas mehr Contenance, wenn ich bitten darf. Komm, zahl, wir fahren heim.«

Kaum auf der Mariahilfer Straße auf dem Weg zu ihrem Landauer, ertönt eine laute heisere Hupe. Das Ehepaar von Schönfeldt erschrickt zu Tode. Ein Automobil knattert in einem Höllentempo knapp an ihnen vorbei.

»Ungehobelter Flegel!«, ereifert Egon von Schönfeldt sich maßlos erzürnt. »Diese rücksichtslosen Herrenfahrer gehören hinter Schloss und Riegel und ihre stinkenden Vehikel verboten! Das wird ja immer schlimmer!«

Auch von Schönfeldts Kutscher, der von seinem Bock aus den Beinahe-Unfall beobachtete, nickt zustimmend. Er und seine Kollegen hassen diese »Benzinkutscher«, wie sie die Herrenfahrer abfällig nennen, wie die Pest, weil sie um ihre Arbeit fürchten. Die Fiaker haben ärgste Bedenken, dass diese grauslichen Automobile ihnen eines Tages die Arbeit wegnehmen werden.

Unbeirrt setzt der *Austro-Daimler* seine Fahrt fort. Egon von Schönfeldt verflucht in seiner grenzenlosen Wut Werkdirektor Ferdinand Porsche, der die Teufelsfahrzeuge seit einem Jahr in Wiener Neustadt produzieren lässt.

Der erste stolze Automobilbesitzer war der Millionär Siegfried Graf Wimpffen. 1892 ließ er sich aus Paris einen *Serpollet*-Dampfwagen kommen. Als er zusammen mit Graf Wilczek durch Wiens Straßen fuhr, sorgten die beiden für gehörigen Auflauf.

Gab es 1897 im Großraum Wien lediglich fünfzehn Automobile und in gesamt Österreich-Ungarn nur fünfunddreißig, ist die beständig wachsende Furcht der Kutscher und Fiaker keineswegs unbegründet vor der zunehmenden motorisierten Konkurrenz. Jetzt, zehn Jahre später, kurven bereits in Wien und Niederösterreich 1.458 Herrenfahrer über die Straßen, in der Monarchie sind insgesamt 2.314 Fahrzeuge registriert.[144]

Es begann 1892 mit Siegfried Marcus, der in seiner Werkstätte in der Mariahilfer Straße 107 zwei Automobil-Prototypen baute. Nach einer aufsehenerregenden Fahrt durch die Innenstadt überlegten einige Kutschen- und Wagenbauer, begannen ebenfalls zu tüfteln.

Der erste war Ludwig Lohner, der die Zeichen der Zeit richtig deuten konnte. Nach und nach ließen sich weitere auf das Wagnis dieses neuen Marktes ein.[145]

Während des gesamten Heimwegs nach Alsergrund alteriert Baron Egon von Schönfeldt sich über die Rücksichtslosigkeit dieser Herrenfahrer, die anscheinend glauben, dass sämtliche Straßen ihnen allein gehören. Es war auch sehr knapp, und seiner Frau sitzt noch immer der Schreck in den Gliedern. Hätte ihr Gemahl nicht so geistesgegenwärtig reagiert, nicht auszudenken!

Kaum zu Hause, wird das Ehepaar bereits vom aufgeregten Dienstmädchen empfangen.

»Es muss etwas Schreckliches passiert sein«, sagt sie, »die Gemahlin von Herrn Kraus hat angerufen, dass dem Herrn Gemahl etwas Fürchterliches zugestoßen ist. Und ob Sie, gnä' Herr, einen Doktor Schneider kennen?«

»Jetzt beruhig' dich erst einmal, Madl«, sagt Egon von Schönfeldt und denkt nach. »Doktor Schneider … Doktor Schneider, nicht, dass ich wüsste. Ich werd' sofort anrufen, sofern dieser Teufelsapparat funktioniert.«

Nach und nach stellt sich heraus, was in den Nachmittagsstunden dieses 6. August geschehen ist und Egon von Schönfeldts altem Schulfreund Entsetzliches widerfahren ist.

Ein Unbekannter, der sich als »Doktor Schneider« ausgibt, betritt das Geschäft von Heinrich Kraus in der Josefstadt, einer der wenigen Automobilhändler in der Stadt. In Schneiders Begleitung ist ein weiterer Mann, der als Chauffeur vorgestellt wird. Die Männer interessieren sich für ein bestimmtes Automobilmodell.

Rasch wird man handelseinig, doch der Käufer besteht auf einer Probefahrt. Kraus' Garagenmeister Ignaz Mahringer steuert den Wagen, der Automobilhändler fährt ebenfalls mit. Es wird eine ausgedehnte Fahrt, und inzwischen ist Kraus misstrauisch geworden. In Mariabrunn bei Weidlingau fordert er die Rückkehr nach Wien.

Plötzlich zieht dieser Doktor Schneider einen Hammer aus seiner Jacke und schlägt auf Kraus' Schädel ein. Es kommt zu einer Rauferei, Schneider schießt mit einem Revolver auf den Händler, trifft ihn in den Kopf und in die Schulter. Kraus wird lebensgefährlich verletzt. Der Komplize schießt ebenfalls auf den Garagenmeister, erweist sich allerdings als lausiger Schütze und trifft nicht. Der erste versuchte Automobilraub in Österreich-Ungarn geht gründlich schief. Weder Schneider noch sein Mittäter schaffen es, das Automobil in Gang zu setzen. Unverrichteter Dinge sind sie gezwungen, zu Fuß die Flucht anzutreten.

Der Fall löst ungeheuren Wirbel aus, die Polizei ermittelt auf Hochtouren. Tatkräftig hilft die Bevölkerung mit, gibt zahlreiche Hinweise. Bald ist die wahre Identität dieses Doktor Schneiders bekannt. Es handelt sich um den Ex-Studenten Hermann Hertzka, der 1878 in Parndorf in Westungarn[146] geboren wurde. Nach Realschule und einigen verbummelten Semestern an der Technischen Hochschule wechselte er als außerordentlicher Hörer an die Universität Wien, trat dort ebenfalls nur auf der Stelle.

Bevor er mit seinem Komplizen den versuchten Automobilraub beging, stahl er seinen Eltern zwei Uhren und versetzt sie im *Pfandl*.

Die Kriminalpolizei leistet schnelle Arbeit. Rasch stellt sich heraus, wer noch an der Tat beteiligt war. Der Übeltäter heißt Theodor Prosch. Seine Wohnung wird durchsucht und dabei seine Freundin angetroffen. Sie gesteht sofort, dass nach dem missglückten Raub Hertzka und Prosch hier waren, um ihre Kleidung zu verbrennen. Danach sind sie nach Wiener Neustadt, um im Postamt einen postlagernden Brief, lautend auf den Namen Ignaz Lösch, abzuholen. Mehr wisse sie nicht.

Die Wiener Polizisten verständigen die Kollegen in Wiener Neustadt, die sich auf die Lauer legen. Die Täter erweisen sich als keine großen Leuchten. Tatsächlich kreuzt ein junger Mann auf, auf den exakt eine der Beschreibungen passt. Es ist Hermann Hertzka. Augenblicklich wird er festgenommen. Als noch ein Revolver bei ihm gefunden wird, rastet der Mann aus, droht mit einer Beschwerde beim Kaiser. Er verweigert jegliche Aussage. Bei der Überstellung ins Kreisgericht muss er vor der Lynchjustiz geschützt werden. Auch gegenüber dem Untersuchungsrichter schweigt Hertzka. Doch es wird ihm nichts nützen.

Sein Komplize Theodor Prosch ist etwas klüger. Er beobachtete die Verhaftung in Wiener Neustadt aus sicherer Entfernung, fuhr daraufhin nach Wien zurück. Allerdings hielt er sich in der Stadt nur kurz auf. Hier war der Boden zu heiß für ihn, da er einige Leute um größere Geldbeträge betrogen hatte.

Er versuchte, in Italien unterzutauchen, wird aber letztlich in Genua ausgeforscht, am 30. August verhaftet und nach Wien überstellt.

Die Ermittlungen ergeben, dass Hertzka und Prosch sich seit Jahren kennen. 1904 war Prosch aus dem Infanterieregiment Nr. 4 desertiert und in den Untergrund gegangen. 1905 flüchtete er mit finanzieller Unterstützung seines Vaters nach Mailand. Erst im April dieses Jahres traute er sich wieder nach Wien zurück.

Ein Zeitungsinserat des Automobilhändlers Heinrich Kraus brachte die beiden Männer auf die Idee zu dem Raub.

Am 18. Jänner 1908 berichten sämtliche Blätter groß über den Prozess. Hermann Hertzka wird von einem Geschworenengericht wegen *Raubes mit tödlichen Waffen und Anwendung von Gewalt* zu acht Jahren schwerem Kerker verurteilt.

Zwei Tage später, am 20. Jänner, urteilt das Militärgericht über den Deserteur Theodor Prosch. Verbüßung von zehn Jahren schweren Kerkers im berüchtigten Militärgefängnis Möllersdorf in Niederösterreich und eine zusätzliche saftige Geldstrafe in Höhe von sechstausend Kronen.[147]

Das weitere Schicksal der beiden Verbrecher ist unbekannt.

... und Baron Egon von Schönfeldt ist eigentlich ganz froh, dass er sein Geld mit Töpfen und Pfannen verdient, nachdem er das Schicksal seines Schulfreundes genau verfolgte. Schließlich müssen die Leute etwas essen.

Ebenso geht von Schönfeldt völlig mit Sr. Majestät konform, der vor einiger Zeit über das Automobil sagte: »Es stinkt, und man sieht nichts.«

Als Franz Joseph I. erfährt, dass seine Freundin Katharina Schratt nun auch mit diesen Automobilen kokettiert, schreibt er ihr in diesem Jahr: »Dass Sie ein Automobil gemietet haben, freut mich weniger, da man sich beständig ängstigen muss.«

Es wird noch ein Jahr dauern, bis der Kaiser sich breitschlagen lässt, so ein Gefährt zu besteigen. Angeblich überredet ihn dazu 1908 in Bad Ischl der englische König Eduard VII.[148]

Alexander Markgraf Pallavicini, Präsident des Österreichischen Automobilclubs, übergibt 1909 anlässlich des sechzigjährigen Regierungsjubiläums Franz Joseph I. drei Automobile, und Gräf & Stift baut 1912 für Se. Majestät einen eigenen Leibwagen.[149]

Ob der Kaiser es »sehr schön fand« und er sich »darüber freute«, wissen wir nicht genau.

Zwingburger Verhältnisse
1909

Jänner:	*Die Stadtgemeinde Wiener Neustadt baut das erste Flugfeld in Österreich-Ungarn. Igo Etrich ist der erste Mieter eines Hangars.*
26. Februar:	*Die Monarchie und die Türkei beschließen ein besonderes Abkommen. Es handelt sich um die Verständigung über die Annexion Bosniens und der Herzegowina sowie um die Beseitigung von Meinungsverschiedenheiten. Dafür verzichtet Österreich-Ungarn auf die Rechte im Sandschak (Bezirk) Novi Pazar, bezahlt eine Abfindung von sechsundfünfzig Millionen Goldkronen.*
16. März:	*Fred Adlmüller, der spätere weltberühmte Modeschöpfer mit seinem Salon in der Kärntner Straße, wird in Nürnberg geboren.*
24. März:	*»Elektra« von Richard Strauss gelangt zur Uraufführung in der Hofoper. Das Libretto schrieb Hugo von Hofmannsthal, das Bühnenbild schuf Alfred Roller.*
25. März:	*Das Februar-Abkommen wird von Russland anerkannt.*
31. März:	*Karl Lueger wird zum siebenten Mal zum Wiener Bürgermeister gewählt.*
	Nach längerer Opposition stimmt auch Serbien dem Februar-Abkommen zu.
5. April:	*Mit einer Geheimsitzung des türkischen Parlaments, in der das Februarabkommen akzeptiert wird, ist die sogenannte »Annexionskrise« bewältigt.*
20. Mai:	*Der spätere Opernsänger Erich Kunz wird in Wien geboren.*
28. Mai:	*Franz Stoss, später Schauspieler, Regisseur und Theaterdirektor, erblickt in Wien das Licht der Welt.*
Mai:	*Die »Klimt-Gruppe« veranstaltet die »Internationale*

	Kunstschau 1909«. Erstmals mit dabei Egon Schiele und Albert Paris Gütersloh. Die Ausstellung sorgt für großes Aufsehen und heiße Diskussionen.
17. Juni:	*Der spätere Schauspieler Fred Liewehr wird in Neutitschein in Mähren geboren.*
4. Juli:	*Im Rahmen der Internationalen Kunstschau wird im Gartentheater Oskar Kokoschkas Theaterstück »Mörder, Hoffnung der Frauen« uraufgeführt.*
8. August:	*Karl Illner gelingt erstmals ein Flug mit der Etrich-Taube in Wiener Neustadt in vier Meter Höhe und vierzig Meter weit. Die Etrich-Taube ist das erste Motorflugzeug in der Monarchie.*
18. September:	*Hertha Firnberg, später Ministerin im Kabinett Bruno Kreisky, wird in Wien geboren.*
29. September:	*Eine weitere spätere Schauspielergröße, Albin Skoda, kommt in Wien zur Welt.*
23. Oktober:	*Der Franzose Louis Blériot fliegt mit seinem Eindecker auf der Simmeringer Heide. 300.000 Zuseher, darunter auch der Kaiser, lassen sich dieses einzigartige Spektakel nicht entgehen.*
Dezember:	*Arnold Schönberg komponiert als Vertreter der freien Tonalität in der modernen Musik seine »Fünf Orchesterstücke«, die erst 1913 in London ihre Uraufführung erleben werden.*
	»Tschauners Stegreifbühne« wird im 20. Bezirk eröffnet. Später übersiedelt die Theatertruppe nach Ottakring, in den 16. Bezirk.
	Der Bau des städtischen Gaswerks in der Leopoldau (21. Bezirk) beginnt.
	Die Frauenrechtlerin, Sozialistin und Begründerin der proletarischen Frauenbewegung Adelheid Popp veröffentlicht ihr Buch »Jugenderinnerungen einer Arbeiterin«.

»Gib her! Des hob i g'fund'n! Gib's z'ruck! I stich di oh!«

Der etwa dreißigjährige Mann mit verfilzten Haaren und Vollbart in den stinkenden, dreckigen Lumpen ist außer sich vor Wut. Mordlust glitzert in seinen Augen.

»Des g'hört mir, du Scheißgeburt! Du hast mir des *g'fladdert*[150]!«, brüllt es aus seinem nahezu zahnlosen Mund.

Wild fuchtelt er mit dem *Taschenfeitl* herum. Sein Gegner, ein älterer Mann und der mutmaßliche Dieb, ebenso zerlumpt, übel riechend und zu allem entschlossen, hält das verbogene Stück Messingrohr fest in seinen knochigen Fäusten. Bereit, sofort zuzuschlagen, wenn der Angreifer auch nur einen Schritt näher kommen will. Eine fette Bisamratte zieht es vor, sich in Sicherheit zu bringen.

Hier unten, in der *Zwingburg*, ist rechtsfreier Raum. Hier gilt das Gesetz des Stärkeren. Hier lässt sich kaum ein Wachmann blicken. Hier vegetiert das menschliche Strandgut, die Obdachlosen der Stadt. Hier unten wird gesoffen, gespielt, geprügelt, gestochen, gevögelt und verreckt.

In der vornehmen Oberwelt des Schwarzenbergplatzes herrscht reges Treiben. Prächtige Kutschen, blank polierte Automobile, voll besetzte Straßenbahnen und Omnibusse, bestens gekleidete und wohlgenährte Spaziergänger. Niemand ahnt etwas von den apokalyptischen Zuständen wenige Meter unter den Sohlen ihres sorgfältig geputzten Schuhwerks.

Die Zwingburg, ein Raum in der Kanalisation unterhalb dieses großflächigen Platzes. Vom Wienfluss aus über mehrere, extrem niedrige Röhren, in denen man sich nur bäuchlings fortbewegen kann, erreichbar. Ein Holzbrett dient als Steg von der Hauptröhre in die Zwingburg.

Sollte sich doch einmal ein Polizist in den Untergrund vorwagen, wird das Brett entfernt, und der *Wachter* hat das Nachsehen. Außerdem gibt es noch mehrere Fluchtwege aus der grauslichen

Unterkunft in die Tiefen der Kanalisation, wenn es tatsächlich eng werden könnte.

Jetzt spielt ein nicht einmal ein Meter langes Stück Messingrohr das Zünglein an der Waage und entscheidet über Leben und Tod. Keine der übrigen Jammergestalten beachtet den lebensgefährlichen Streit der beiden *Strotter*[151], die vielfach aus den Kronländern der Monarchie mit großen Hoffnungen in die Weltstadt Wien kamen und fürchterlich abgestürzt sind. Jeder ist zu sehr mit seinem eigenen Überleben beschäftigt, wo er sich etwas zum Beißen und vor allem zum Saufen organisieren kann.

Im Kanalsystem stromern die *Fett-* und *Metallstrotter* herum. Erstere auf der Suche nach Knochenresten und Fettklumpen, die sie einem Seifensieder für ein paar Heller verkaufen können, die anderen streifen Zentimeter für Zentimeter ab, in der Hoffnung, Metallteile zu finden, die sie bei einem Alteisenhändler zu ein bisschen Geld machen können. Oder vielleicht sind jemandem ein paar Münzen aus der Tasche in den Kanal gefallen. Licht spenden in dem ekelhaften Dunkel Fackeln, Kerzenreste und Petroleumlampen, so lange, bis es verbraucht ist.

»Gib' mir endlich mei' Messing z'ruck, du *Scheißkrowot*[152]!« Vergeblich sucht der Bestohlene um Unterstützung, doch niemand beachtet ihn. »I hob grod a bissl *büsselt*[153], do merk' i, wia er mia mei' Röhrl *happt*[154]!«

Gelassen wartet der Kroate auf seine Chance, und er bekommt sie. Blitzschnell schlägt er mit dem Metallrohr auf den Arm des Angreifers, der mit einem Aufschrei das Messer fallen lässt. Ein zweiter Hieb trifft ihn an der Schläfe, und er stürzt mit gebrochenem Schädel zu Boden. Der Sieger geht auf Nummer sicher. Mit gemurmelten Flüchen in seiner Muttersprache presst er den Kopf des bewusstlosen Mannes in einen frischen Kothaufen und erstickt ihn. Nachdem der Kroate sich überzeugt hat, dass sein Gegner tatsächlich mausetot ist, hebt er seelenruhig Messingrohr und Messer auf, verschwindet auf einem der Fluchtwege aus der Zwingburg.

Nachdem er weg ist, kommt Leben in die Augenzeugen. Sie kommen näher, begutachten die Leiche, zucken mit den Achseln. Einer meint, der hat es wenigstens überstanden. Nur einem fällt auf, dass anscheinend etwas dem Ermordeten aus der Tasche gefallen ist. Eine Art kleiner Lederbeutel. Schnell stellt er seinen Fuß darauf. In einem günstigen Moment gelingt es ihm, den Fund aufzuheben und unter seinem Hemd zu verstecken. Niemand schert sich um den Leichnam. Irgendwann werden ein paar Männer ihn wegzerren, bevor die Verwesung einsetzt, und an einer Stelle ablegen, wo sonst niemand hinkommt. Oder es kommt Regen, die Kanäle schwellen an und spülen ihn fort.

Wien ist besonders in den letzten Jahren gefährlich geworden. Nicht unbedingt die Innenstadt, aber in den Bezirken geht es heiß her. Zu viele *Platten*, unterschiedliche Banden, kämpfen um ihre Reviere mit allen Mitteln. Verletzte und Tote sind die Folge. Schutzgelderpressung, Diebstähle, Einbrüche, Falschspiel, Zuhälterei und Prostitution sind erträgliche Einnahmequellen, die die Strizzis sich untereinander nicht streitig machen lassen.

Die Wiener Platten stehen den »Hooligans« in London, den »Apachen« in Paris und den »Mularia« in Triest um nichts nach. Die Wiener Journaille berichtet reißerisch, dass in der französischen und englischen Hauptstadt, in Berlin, Rom, Budapest, Prag und Madrid deren Banden in zwei Monaten weniger Verbrechen begehen als in zwei Nächten in der Kaiser- und Residenzstadt geschehen.

In Simmering, Neulerchenfeld, Favoriten, Ottakring, in der Brigittenau, in der Leopoldstadt, Hernals und Meidling spielen sich die härtesten Kämpfe ab. Die »Scherzer-Platte« ist tonangebend im Hurengeschäft, spezialisiert auf Frischfleisch. Die Zuhälter führen den Bürgern, dem Großbürgertum, Ärzten und Künstlern elf- bis sechzehnjährige Mädchen zu. Wenn das böhmische oder mährische Hausmädchen an Reiz verloren hat, dann befriedigt man sich an Kindern und Mädchen aus der ansonsten verschmähten Vorstadt. Genau jene Freier, die sich am Sonntag mit ihren Familien und den sittsam erzogenen Töchtern im Stephansdom den Segen vom Fürsterzbischof erteilen lassen.

Emmerich Pointinger ist aus der Zwingburg ans Tageslicht zurückgekehrt. Er kann es kaum erwarten, endlich in dem Lederbeutel nachzusehen. Im Untergrund darf man niemandem trauen. Die Augen und Ohren der anderen Schicksalsgefährten sind überall. Selbst beste Freunde werden schlagartig zu Todfeinden, wenn der andere etwas besitzt, was zumindest für eine Zeit lang das eigene Überleben sichern kann.

Der junge Mann verdrückt sich in einen Hauseingang, sieht nochmals nach links und rechts, bevor er mit zittrigen Fingern die Lederschnur auseinanderzieht, und erstarrt. Mit allem hat er gerechnet, nur nicht damit! Vielleicht ein bisschen Geld, aber nicht voll mit *Brasetln*, *Gadern* und *Brüllern*! Der Beutel ist bestens gefüllt mit Arm- und Halsketten, mit brillantenbesetzten Ringen! Das ist kein billiger Tand, das ist echter Schmuck! So viel erkennt auch Emmerich Pointinger.

Entweder stammt das Zeug von einem *Fuchserer*, einem Juwelier, oder aus dem Tresor eines *Moosmaiers*, eines Bankiers. Diebstahl, Einbruch, Überfall? Wen interessiert das? Ob der ermordete *Ganeff*[155] unten in der Zwingburg selbst der Täter war? Er kann keine Auskunft mehr darüber geben. Pointinger ist es egal. Jetzt besitzt er ein Vermögen, muss nie mehr hinunter in diesen stinkenden, unerträglichen Kanal.

Trotzdem tauchen jetzt Probleme auf, von denen er vor einer knappen Stunde noch keinerlei Ahnung hatte. Den Schmuck im *Pfandl* versetzen, unmöglich. Mit Sicherheit ist der Verlust der Schmuckstücke bei der Polizei gemeldet worden. Wie soll er im

Dorotheum erklären, woher er, so, wie er aussieht, in den Besitz dieses Schmucks gekommen ist? Man würde ihn auf der Stelle arretieren lassen. Emmerich Pointinger hat eine andere Idee.

Zuerst muss er etwas für sein Äußeres tun. In seinem erbärmlichen Zustand kann er sich nirgendwo sehen lassen. Daher wird er in den Prater marschieren, sich bis zum Abend in den Praterauen verstecken und dann einen Überfall versuchen. Schließlich braucht er angemessene Kleidung und auch etwas Bares. Ausgeschlossen, mit einem Ring oder einer Kette zu bezahlen. Abgesehen davon, würde er nur übervorteilt werden.

Mit seinem Reichtum in der Tasche fühlt er sich inzwischen pudelwohl, und der nagende Hunger wird plötzlich erträglich. Nur mehr ein paar Stunden, dann ist er seinem Ziel ein großes Stück näher gekommen.

Pointinger hat sich am *Mauthnerwasser* niedergelassen und wartet, bis es dunkel wird. Die Leute nennen den Teich deshalb so, weil hier im Winter die Brauerei *Adolf Ignaz Mauthner & Sohn* Eisblöcke heraushacken lässt, die sie für die Kühlung in ihren Bierkellern braucht.

Es ist ein angenehmer Herbstabend, aber zunehmend wird es kühl. In Pointingers Magen grummelt es immer heftiger, aber noch muss er durchhalten. Er lauert auf irgendeinen *Stutzer*, so einen feinen Binkel, den er ausrauben will. Für sein Vorhaben braucht er eine angemessene Kleidung und etwas Geld. Angestrengt lauscht Pointinger in der Dämmerung. Nichts außer Vogelgezwitscher ist zu hören. Sonst reiten hier immer irgendwelche Leute durch die Gegend. Wenn dieses Vorhaben nicht gelingt, muss er sich schleunigst etwas anderes einfallen lassen.

Endlich werden seine Geduld und seine Ausdauer belohnt. Pointinger hört Hufgetrappel, versteckt sich in einem Gebüsch. Tatsächlich taucht ein Herrenreiter auf. Sehr elegant, dieser junge Mann, ungefähr im gleichen Alter wie Pointinger. Der Reiter wirkt kräftiger als der Strauchdieb. Das stört Pointinger nicht. Dafür ist er im Straßenkampf bestens erprobt, wovon dieses sicherlich reiche Söhnchen aus bestem Hause nicht die geringste Erfahrung besitzt. Wunderbar, besser kann es nicht sein. Der Mann ist allein bei seinem Ausritt unterwegs. Nur noch ein paar Meter. Jetzt kann Pointinger nur hoffen, dass der Reiter sein Pferd auch beherrscht.

Er taumelt aus seinem Versteck, lässt sich beinahe vor die Hufe fallen. Der Rappe bäumt sich auf, stellt sich auf die Hinterbeine, tänzelt im Kreis. Doch sein Herr hat ihn im Griff, erweist sich als geübter Reiter. Rasch beruhigt das Tier sich, der Unbekannte gleitet aus dem Sattel, beugt sich zu der reglosen zerlumpten Gestalt hinunter.

»Um Gottes willen! Ist Ihnen schlecht geworden? Brauchen Sie einen Arzt? Sind Sie verletzt?«

Genau darauf hat Emmerich Pointinger gewartet. Blitzartig packt er sein Opfer an den Aufschlägen seiner Jacke, hält ihm das Messer dicht vors Gesicht.

»An Laut«, zischt er, »und du bist blind. I stich dir die Augen aus!«

»Was wollen Sie von mir?«, stottert der Überfallene und erweist sich als Memme, der den Tränen näher ist, als sich zu wehren. »Wollen Sie Geld? Ich gebe Ihnen alles, was ich bei mir habe.«

»Gut so«, grinst Pointinger und springt blitzschnell auf, »dafür hin ich hier. Zieh dich aus.«

»Was?«

»Raus aus der Wäsch'!«, befiehlt Pointinger.

Dem Reiter bliebt angesichts der funkelnden Messerklinge nichts anderes übrig, und er gehorcht.

»Auch die Unterhose?«, fragt er kleinlaut.

»Na, i will nix von dir. Außer dei' Geld und dei' G'wandl. Stell da an den Baum.« Er treibt ihn vor sich her. »Lehn di an und Händ' nach hinten.«

Pointinger hat bewusst einen Baum mit dünnem Stamm ausgewählt. Er klemmt sich sein Messer zwischen die Zähne, reißt sein Hemd in Streifen und fesselt den Bedauernswerten an den Baum.

»Sie können mich doch nicht …«

»Scheiß di net an, irgendwer find' di schon. Und erfrier'n wirst a net. Und Papp'n hoit'n.«

Kurzerhand stopft Pointinger ihm einen weiteren Fetzen in den Mund und knebelt ihn. Eine zusätzliche Strafverschärfung. Mit Sicherheit verspürte der Gefesselte noch nie so einen furchtbaren Geschmack in seinem Mund, und niemals stieg ihm so penetranter übel riechender Geruch in die feine Nase.

Seelenruhig entledigt Emmerich Pointinger sich seiner Lumpen. Trotzdem ein wachsames Auge auf die Umgebung, dass nicht doch ein promenierender Spaziergänger auftaucht oder ein Liebespärchen ein lauschiges Plätzchen sucht. Er beißt die Zähne zusammen, als er in das kalte Mauthnerwasser steigt und sich säubert. Es ist lange her, dass er sich wirklich ausgiebig waschen konnte. Nach dem erfrischenden Bad steigt er bibbernd aus dem Wasser, trocknet sich notdürftig ab. Dem Schicksal ausgeliefert, sieht sein Opfer ihm mit angsterfüllten Augen zu.

Pointinger ist hocherfreut, dass beide nahezu die gleiche Statur haben. Die Hose ist ihm zwar etwas zu weit, aber zum Glück sind Hosenträger dabei. Auch die Stiefel drücken ein wenig. Wirklich ein Glückstag, im Portemonnaie stecken wahrhaftig knapp fünfhundert Kronen! Also doch, wie vermutet, ein *g'stopfter Kampel*[156]. Niemals zuvor hielt er so viel Geld in Händen und dazu noch der Schmuck. Jetzt ist er ein gemachter Mann.

Das Pferd kümmert es wenig. Ruhig steht der Gaul da und ist vollauf zufrieden. In der Au gibt es reichlich zu fressen.

»Alsdann, Freunderl«, verabschiedet sich Emmerich Pointinger und schwingt sich in den Sattel. »Nix für ungut. Wirst es verschmerzen.«

Tatsächlich kann er reiten, was man einem Strotter wie ihm niemals zutrauen würde. Das Kind einer Köchin in einem deutschen herrschaftlichen Haushalt, die vom Hausherrn verführt worden war. Nachdem klar war, dass seine Liebschaft nicht ohne Folgen geblieben war, setzte der saubere Herr die schwangere Frau unter fadenscheinigen Vorwänden kurzerhand auf die Straße.

Emmerichs Mutter brachte das Kind zu Welt, konnte es aber nicht allein durchbringen. Daher legte sie das Baby kurz nach der Geburt heimlich vor der Pforte eines Waisenhauses ab und verschwand. Was aus seiner Mutter geworden ist, wer überhaupt sein Vater war, ob beide überhaupt noch leben, Emmerich konnte es nie in Erfahrung bringen.

Bis zu seinem vierzehnten Lebensjahr blieb er in dem Waisenhaus, erwies sich als kluger Junge, wenn auch oft sehr renitent. Dann hielt er die strengen Regeln nicht mehr länger aus und rannte davon.

Was er heute beherrscht, brachte er sich alles selbst bei. Leider keine herausragenden guten Eigenschaften. Das Gesetz der Straße bestimmt sein Leben.

Somit kam er früh mit Kriminalität in Berührung. Durchwegs kleinere Straftaten, vorwiegend Diebstähle, Trickbetrügereien, den einen oder anderen Einbruch, verstrickt in Raufhändel, bei denen er auch oft genug draufzahlte. Hand in Hand mit den Gesetzesbrüchen natürlich auch unterschiedlich lange Gefängnisaufenthalte in einigen Städten.

Nach seiner letzten Entlassung schlug er sich nach Wien durch, hoffte, endlich auf die Beine zu kommen, und wurde umso bitterer enttäuscht. So tief ist er bisher noch nie gesunken, Endstation Zwingburg. Doch mit dem heutigen Tag ist dieses düstere Kapitel endgültig abgeschlossen.

Emmerich Pointinger reitet entlang der Prater Hauptallee. Inzwischen hat er sich an die Kleidung gewöhnt. Es ist lange her gewesen, dass er ordentliches, vor allem sauberes Gewand getragen hat. Irgendwie passen seine wild wuchernden Haare und sein Bart nicht zum Gesamtbild. Zum Glück hat sein Opfer keine Reitkleidung getragen. Das wäre noch auffälliger. So kann man Emmerich Pointinger durchaus für einen weltfremden, in sich gekehrten Künstler, vielleicht für einen Maler, Komponisten oder Musiker halten. Künstler kommt sogar hin, wenn auch Überlebenskünstler.

Knapp vor dem Ende der Hauptallee steigt Pointinger ab, bindet das Pferd an einen Baum.

»Dank schön, Alter«, liebevoll tätschelt er seinem kurzfristigen Begleiter und Weggefährten den Hals, »dich wer'n's auch finden. So wie deinen Herrn. Dann seid's wieder zusammen.«

Danach zündet er sich eine Zigarette an. Er kann sich gar nicht mehr erinnern, wann er zuletzt eine richtige geraucht hat. Nicht die *arretierten Tschik*[157] von der Straße, dann den Tabak aus dem Stummel herausgenommen, und wenn genügend zusammen war, sich daraus eine neue Zigarette gedreht. Ein Glück, dass der feine Herr auch Raucher ist. Noch dazu eine *Memphis*, eine edle Sorte. Die silberne Tabatiere bringt sicherlich auch einiges ein, wenn er sie verkauft.

Der Hunger wird jetzt unerträglich, doch das Problem wird rasch gelöst sein. Er verfügt über Geld, kann sich das beste Restaurant gönnen. Macht er aber nicht. Nur nicht auffallen. Außerdem wird sein Raubopfer sicher bald entdeckt werden. Vielleicht konnte es sich selbst befreien oder auf andere Weise auf sich aufmerksam machen. Auf jeden Fall wird es eine exakte Beschreibung der gestohlenen Kleidung bei der Polizei geben. So kurz vor dem Ziel nur nichts mehr riskieren. Daher lieber in einem Wirtshaus ausgiebig essen und trinken, danach ein unauffälliges Hotel- oder Pensionszimmer suchen. Auf jeden Fall weg von der Leopoldstadt. Die Leute schenken Emmerich Pointinger keinerlei Beachtung. Einer unter vielen, der nun auch nicht mehr stinkt.

Nachdem er sich ausgeschlafen hat, wird er in der Mariahilfer Straße eines der großen Kaufhäuser, entweder *Herzmansky* oder *Gerngross*, besuchen, um sich mit neuer Kleidung auszustatten. Mit seiner Barschaft könnte er es sich sogar erlauben, das mondäne Warenhaus *Zwieback* in der Kärntner Straße, Ecke Weihburggasse aufzusuchen. Die Idee lässt er gleich wieder fallen. Zu vornehm für einen wie ihn, der noch vor ein paar Stunden zwischen Dreck, Fäkalien und mit Ratten, sowohl tierischen wie menschlichen, gehaust hatte. Danach zum Friseur für einen anständigen Schnitt und eine Rasur.

Daher macht er sich gleich auf den Weg nach Mariahilf. Nachdem er sich in einem gutbürgerlichen Wirtshaus den Bauch vollgeschlagen, maßvoll einem ausgezeichneten Gumpoldskirchner Wein zugesprochen hat, nimmt er sich ein Zimmer im Hotel »Kummer« in der Mariahilfer Straße. Anstandslos händigt der Rezeptionist ihm den Schlüssel aus. Für den Laien sind Emmerich Pointingers Ausweispapiere in Ordnung, obwohl sie gefälscht sind. In der Zwingburg lebt das eine oder andere verborgene Talent. Für eine Flasche billigen Fusel wurde aus Pointinger Emil Pausweger, wohnhaft in Wels im Oberösterreichischen.

»Wünsche einen angenehmen Aufenthalt, Herr von Pausweger, und eine angenehme Nachtruhe. Kein Gepäck?«

»Nein, das habe ich bereits zum Westbahnhof vorausgeschickt«, lügt Pointinger, »ich muss gleich morgen früh nach dem Frühstück heimwärts. Gute Nacht.«

In seinem Zimmer genießt er ein ausgiebiges Wannenband mit viel Schaum und Seife, kann nicht genug an sich selbst herumriechen. Danach fällt er in ein flauschig weiches Federbett und fühlt sich wie im Paradies. Der Geldsack aus dem Prater, dem er indirekt das alles verdankt, hat das jeden Tag, denkt er. Irgendwie tut er Pointinger sogar ein wenig leid. Zumindest hat er ihn nicht brutal geschlagen, nur ein bisschen bedroht, gefesselt und geknebelt, sagt er sich zu seiner eigenen Rechtfertigung, bevor tiefer Schlaf ihn übermannt.

Nach einem üppigen Frühstück bezahlt Emmerich Pointinger die Hotelrechnung, überquert die Mariahilfer Straße und geht die paar Schritte zu *Herzmansky*. In der Herrenabteilung wird er sofort fündig. Da er normaler Statur ist, passt ihm problemlos Konfektionsware von der Stange. Seine Raubkleidung lässt er sich einpacken. Fast schon ein perfekter Herr vom Scheitel bis zur Sohle. Fehlen nur noch passende Frisur und eine wohltuende Rasur. Das Paket stopft er in den nächstbesten Koloniakübel, der in einer Hauseinfahrt steht. Nun ist er auch den letzten Beweis los, der ihm unter Umständen zum Verhängnis werden könnte. Nach dem Friseurbesuch wird er nicht wiederzuerkennen sein.

Es stimmt, Kleider machen Leute. Aus dem Spiegel im Friseursalon blickt ihm ein völlig neuer Mensch entgegen. Kein Vergleich mit der verwahrlosten Elendsgestalt. Der Vollbart ist weg, dafür ziert nur ein eleganter Schnauzbart sein Gesicht. Kein Mensch wird ihn mehr wiedererkennen und hinter der Fassade einen abgebrühten Gauner vermuten.

Emmerich Pointinger fährt zum Westbahnhof, deponiert den wertvollen Lederbeutel in einem Schließfach. Viel zu gefährlich, mit dem Schmuck in der Tasche herumzulaufen. Überhaupt in der Gegend, wohin er sich anschließend aufmacht. Nur die Tabatiere und das Geld trägt er mit sich.

In der Zwingburg hörte man viel und schnappte einiges auf, was ihm nun nützlich ist. Er will die »Mirzl« suchen, die Anführerin der »G'stutzten Mirzl-Platte«, eine in der Unterwelt bekannte Hehlerin. Eigentlich heißt sie Marie Herold, und ihren Spitznamen hat sie wegen ihrer kurzen Haare, soll absolut keine Schönheit sein, aber hat es mit ihren knapp zwanzig Jahren in der Verbrecherwelt weit gebracht.

Angeblich verkehrt sie öfters in dem übel beleumdeten Wirtshaus »Zur Blauen Flasche« am Lerchenfelder Gürtel Nummero 37 in Ottakring. Sollte sie heute nicht anzutreffen sein, wird sicherlich einer der Typen dort wissen, wo Emmerich Pointinger sie findet. Ihre Bande ist nur eine von vielen, die Wien in den letzten Jahren, zumindest in den Außenbezirken, zu einem heißen Pflaster gemacht haben.

In der Leopoldstadt treibt die »Koreisl-Galerie« ihr Unwesen. Die halbwüchsigen und minderjährigen Mitglieder sind extrem gewalttätig und greifen gerne zum Messer. In der Brigittenau verbreiten die »Holumek«- und die »Capskutscher«-Platten Angst und Schrecken, in Ottakring ist es die »Brosch-Platte«.

Am Währinger Gürtel bekriegen sich die »Pustak-Platte« mit den aus dem Lichtental stammenden »Steinhauer«- und »Wunderdoktor«-Platten. Im 3. Bezirk terrorisieren die »Fasan«- und »Markthelfer«-Platten die Leute, während in Hernals die »Flohberger«-Platte das Sagen hat. In Neulerchenfeld ist die »Richard-Wagner«-Platte dominierend, da ihre Mitglieder ausschließlich von dem gleichnamigen Platz und dessen Umgebung stammen.

Doch von sämtlichen Banden immer stärker gefürchtet wird die »Beer«-Platte des Johann »Schani« Beer und seiner Kumpane, die als besonders gefährlich und skrupellos gelten. Noch bleiben sie vorwiegend in ihrem Revier in der Leopoldstadt.

Davon will Emmerich Pointinger nichts wissen. Er will mit der »Mirzl« ins Geschäft kommen, und die silberne Tabatiere ist das Lockmittel. Wenn sie ihm einen guten Preis macht und ihn nicht übers Ohr zu hauen versucht, dann kann man über die Schmuckstücke verhandeln. Wenn alles gut geht, beabsichtigt Pointinger, mit dem Geld aus Wien abzuhauen. Nach Möglichkeit weit weg, am besten dorthin, wo es warm ist. Vielleicht Italien, Spanien? Oder nach Amerika? Zumindest sich ein wenig die Welt ansehen.

In der »Blauen Flasche« geht es hoch her. Heute ist Freitag, und die *Baraberer*[158] haben ihren Wochenlohn ausbezahlt bekommen, den sie nun versaufen, während zu Hause die Frauen mit hungrigen Kindern warten.

Gegen zwanzig Uhr betritt Emmerich Pointinger das Wirtshaus und zieht sofort sämtliche Aufmerksamkeit auf sich. Ein fremdes Gesicht, noch dazu eine elegante Erscheinung. Das heißt, der Unbekannte muss über *Marie*[159] verfügen. Einer sitzt ziemlich angeheitert auf einer Tischkante, spielt auf einer Harmonika, und ein Großteil der ebenfalls nicht mehr ganz nüchternen Gäste singt G'stanzl'n mit zotigen Texten.

Eine dralle Kellnerin, eine richtige *Duttlfee*, also äußerst vollbusig, muss sich einiges gefallen lassen. Anscheinend ist sie das gewöhnt, scheint ihr auch zu gefallen, wenn derbe Männerhände nach ihr grapschen, und auf den Mund ist sie auch nicht gefallen.

Emmerich Pointinger stellt sich an die Schank, bestellt beim glatzköpfigen Wirt ein Krügel.

»Wo find' i de Mirzl?«, fragt Pointinger.

Misstrauisch mustert der Glatzkopf ihn und zapft das Bier für den unbekannten Gast ab. *Krimineser* ist das keiner, denkt er, die schauen anders aus, denkt er, mehr amtlich. Dafür ist der viel zu geschniegelt. Vielleicht ein wenig unterernährt, aber das sagt nichts aus. Aber irgendetwas stimmt mit dem nicht.

»Wer soll das sein, gnä' Herr?«, stellt er sich dumm. Natürlich weiß er sofort, wer gemeint ist.

»Die, der man bestimmte Sachen verkaufen kann«, antwortet Emmerich Pointinger leise.

Gott sei Dank, kein Kriminaler! Sicher ein *Eindibbler*, ein Einbrecher, oder einer, der ein *Rauberl* verübt hat. Schließlich weiß man nie. Augenblicklich erhellt sich die finstere Miene des Wirts.

»Heut' hat sie sich hier no net blicken lassen«, gibt er bereitwillig Auskunft, »kann sein, dass no kommt. Wos is' es denn? Vielleicht ist es a für mi von Interesse?«

»Dann wart' i eben«, lässt Pointinger ihn abblitzen und trinkt von seinem Bier, beobachtet die Leute, die ihn ebenfalls teils unverhohlen im Visier haben.

Plötzlich kippt von einer Sekunde auf die andere die ausgelassene Stimmung. In einer Ecke fallen ein Tisch und Stühle um, zwei Männer sind sich in die Haare geraten, gehen sich an die Gurgel.

»Scheißdreck!«, flucht der Wirt, stürmt hinter seiner Schank hervor, will die Streithähne trennen, kassiert augenblicklich einen Kinnhaken und fliegt über einen weiteren Tisch. Im Nu ist eine handfeste Rauferei entstanden, jeder gegen jeden. Gläser und Teller gehen zu Bruch. Einige Krügel und Flaschen landen auf Schädeln, verursachen heftig blutende Wunden. Einer schlitzt seinem Kontrahenten mit einem abgebrochenen Flaschenhals das Gesicht auf. Ein wildes Herumbrüllen und Schmerzensschreie. Ein jüngerer Mann will die Gelegenheit nutzen und der Kellnerin an die Wäsche, die ihn jedoch mit einem gezielten Tritt in sein Gemächt augenblicklich außer Gefecht setzt.

Die Einrichtung wird zu Kleinholz. Messerklingen blitzen. Emmerich Pointinger macht sich aus dem Staub, bevor die Polizei auftaucht und dem Treiben ein Ende bereitet. Er verschwindet aufs *Häusel*, klettert durch das Fenster in den Hinterhof.

Er glaubt nicht, dass der Streit einfach wegen einer Nichtigkeit ausgebrochen ist. Die beiden Männer, die den *Wickel*[160] ausgelöst haben, kommen ihm bekannt vor. Er meint, auch ihre Spitznamen zu kennen, »Andrassy« und der »Rauchfangkehrer-Maxl«. Wenn er mit seiner Vermutung richtig liegt, gehören sie zur »Beer«-Platte. Dann war es ein abgekartetes Spiel, ein *Pflanzmurrer*, wie es in Unterweltkreisen heißt.

Eine vorher abgesprochene Auseinandersetzung wird bewusst provoziert, Unbeteiligte hineingezogen, das Lokal zerlegt. Diejenigen, die für den Wirbel verantwortlich sind, setzen sich in dem Tumult ab und geben Fersengeld. Nachdem die Polizei wieder für Ruhe gesorgt hat, die Schäden beseitigt sind, kommen die Typen wieder. Nun setzen sie den Wirt unter Druck, drohen mit neuerlichen Problemen, wenn er nicht bezahlt. Also Schutzgelderpressung, und dafür ist die Beer-Platte bekannt.

Damit will Emmerich Pointinger nichts zu tun haben. Die Mirzl wird er schon finden. Das hat Zeit. Immerhin verfügt er über einen gewissen finanziellen Rückhalt. Außerdem gibt es noch andere Hehler in der Stadt.

Lieber weg von hier, das ist ein unsicheres *Gretzl*. Emmerich Pointinger ärgert sich über sich selbst, weil er für diese Gegend doch etwas zu nobel gekleidet ist. Das war unüberlegt. Aber warum nicht sich auch mal selbst eine Freude machen, wenn endlich dafür die Gelegenheit da ist?

»Geh, gnä' Herr, bitt' schön um a Feuer.«

Wie aus dem Boden gewachsen, steht plötzlich ein Mann vor ihm. Pointinger zuckt zusammen, greift in die Tasche nach den Zündhölzern. Gleichzeitig rast ein Schmerz wie Höllenfeuer durch den Körper. Ein Zweiter ist unbemerkt hinter ihn getreten und hat Pointinger präzise ein Messer in die Leber gerammt. Pointinger bricht zusammen, verblutet hilflos.

Die Beute für die Raubmörder ist für diese Gegend beachtlich. Eine silberne Tabatiere, ein Patzen Geld und ein Schließfachschlüssel.

Emmerich Pointinger hatte sich nicht getäuscht. Es waren tatsächlich »Andrassy« und der »Rauchfangkkehrer-Maxl«, die in der »Blauen Flasche« randalierten und Mitglieder der Beer-Platte waren. Den »Pflanzmurrer« machten sie nicht zu ersten Mal.

Zu der Bande gehörten auch Michael Hübner, Franz »Schatzkerl« Schoteka, Josef Benkova, Rudolf »Vierundachtziger« Wildauer und Moritz Boden, ein Mörder.

Der gelernte Fleischhauer Johann »Schani« Beer wurde am 5. Dezember 1883 in Hernals geboren. 1899 trat er als Schiffsjunge in die Kriegs-

marine ein. 1909 wurde er als »waffenunfähig, aber bürgerlich erwerbsfähig« ausgemustert. Bereits 1904 desertierte er erstmals und wurde während seines Militärdienstes mehrmals inhaftiert.

Als Zivilist schoss er im Streit auf einen Plattenmitglied, das an den Verletzungen verstarb. Beer wurde jedoch von einem Geschworenengericht freigesprochen.

Der eigentliche Boss der Bande war Schanis Bruder Heinrich, geboren am 7. Juli 1880 in Ottakring. Der gelernte Maurer und Stukkateur saß ebenfalls mehrmals wegen verschiedener Delikte in Haft, bevor er 1902 zu den Deutschmeistern einrückte und drei Jahre später, 1905, wieder ausschied.

Heinrich Beer war als Säufer und Raufbold berüchtigt. Nachdem er in einem Lokal einer ihm völlig unbekannten Frau das Nasenbein zertrümmerte, wanderte er für sechs Monate hinter Gitter. Danach wurde er als Soldat für den Krieg eingezogen, kehrte 1918 aus russischer Kriegsgefangenschaft nach Wien zurück. Danach verlor sich seine Spur.

Sein Bruder Johann »Schani« Beer starb am 2. März 1940 als einer letzten Größen der gefürchteten Wiener Platten.[161]

A g'mahte Wies'n
1911

22. Jänner:	*Bruno Kreisky, der spätere Außenminister und Bundeskanzler, wird in Wien geboren.*
19. März:	*Der 1. Internationale Frauentag findet in Wien statt.*
24. April:	*Eröffnung der »Ferdinandsbrücke« als Neubau einer eisernen Bogenbrücke über den Donaukanal. Nach dem Ersten Weltkrieg wird sie in »Schwedenbrücke« umgetauft.*
18. Mai:	*Gustav Mahler, Komponist, Dirigent und Hofoperndirektor, stirbt in Wien.*
27. Mai:	*Teddy Kollek, der spätere Bürgermeister von Jerusalem, erblickt in Wien das Licht der Welt.*
28. Mai:	*Fritz Hochwälder, später Schriftsteller, wird in Wien geboren.*
17. September:	*Massendemonstrationen vor dem Rathaus und in Ottakring wegen vorherrschender Teuerungswellen.*
19. Oktober:	*Die spätere Schriftstellerin und Journalistin Hilde Spiel wird in Wien geboren.*
17. November:	*Geburt der späteren Schauspielerin Vilma Degischer in Wien.*
10. Dezember:	*Friedensaktivist und Schriftsteller Alfred Hermann Fried erhält den Friedensnobelpreis.*
29. Dezember:	*Marcel Prawy, der spätere Sekretär von Opernsänger und Filmschauspieler Jan Kiepura und seiner Frau Martha Eggerth, legendärer Musikkritiker und im Fernsehen der »Opernführer«, wird in Wien geboren.*
	Das »Loos«-Haus am Michaelerplatz ist fertig. Der »augenbrauenlose«, also schmucklose Bau löst heftige Kontroversen aus. Der Kaiser ist dermaßen erzürnt, dass er bis zu seinem Tod von dem Salon, auf den er direkt auf diesen

»architektonischen Schandfleck« blicken muss, anordnet, dass die Vorhänge geschlossen sein müssen.
Hugo von Hofmannsthals »Jedermann. Das Spiel vom Sterben des reichen Mannes« wird veröffentlicht.

Donnernder Applaus, Bravo-Rufe im Parkett und in den Logen der Hofoper für die erfolgreiche Aufführung des »Rosenkavaliers« von Richard Strauss. Vereinzelt mischen sich Buh-Rufe vom berüchtigten Stehplatz darunter, doch dieses Missfallen ist marginal und geht im allgemeinen Jubel unter. Besonderen Beifall zollt das enthusiastische Publikum Paula Windheuser in der Rolle der Feldmarschallin und Lorenz Corvinus als Baron Ochs von Lerchenau.

Nun kommt Dirigent Wilhelm von Wymétal auf die Bühne, und inmitten des gesamten Ensembles nimmt er die Ovationen für seine Stabführung entgegen, deutet den Musikern im Orchestergraben, sich zu erheben und Reverenz zu erweisen.

»Na ja«, meint etwas indigniert die greise, aber noch ziemlich rege wirkende Freiherrin von Wertburg, »a bisserl viel paschen's die Leut'. Die Windheuser und der Corvinus haben ihre Sache ja recht passabel gemacht, aber so viel Euphorie ist doch etwas übertrieben. Mein Gott, die Musik vom Strauss mag man oder mag man nicht. Mir ist der Mozart da um einiges lieber. Auch der Wagner hat etwas. Was meinst du?«

»Ich bin vollkommen deiner Meinung, verehrte Tante«, antwortet ihr Neffe Augustin beflissen und ist erleichtert, dass die Vorstellung endlich vorbei ist.

Im Gegensatz zu der alten Dame hat er mit Opern überhaupt nichts am Hut. Das Einzige, was ihn daran interessiert, sind die Balletteusen, wenn in dem Haus ein Ballett gezeigt wird. Mit einer die Elevinnen ist er heute noch im »Sacher« verabredet. Aber er ist gezwungen, gute Miene zum bösen Spiel zu machen. Schließlich ist die Tante eine wichtige Person für seine Lebensgrundlage.

Jetzt nur noch schnell die alte Dame nach Hause bringen. Glücklicherweise wohnt sie nicht weit von der Hofoper entfernt.

Nachdem seine Eltern letztes Jahr in der Sommerfrische auf der Rax während einer Bergwanderung tödlich abgestürzt sind, lebt er bei ihr, und sie ist sehr froh, dass sie endlich wieder, wie sie es nennt, *a Ansprach'* hat. Zwar wird sie von ihrem alten Diener Horatius umsorgt, den sie jedoch nur *Schlüsserl* ruft, in Anspielung auf Eugen Ketterl, den Kammerdiener Sr. Majestät. Aber mit Schlüsserl ist ihrer Meinung nach nicht mehr viel anzufangen. Senil ist er geworden, nicht einmal mehr das Tarockieren macht mit ihm mehr Spaß. Die dicke Božena, gebürtig aus Teplitz-Schönau, sorgt für das leibliche Wohl und komplementiert den Wertburgischen Haushalt.

In seinem Testament bestimmte der auf tragische Weise verstorbene Florentin Bahlhausen, dass Augustins Bruder Rudolph die Firma übernimmt, die durch die Produktion von Uniformen und Ausrüstungsgegenständen für die k.u.k. Armee für gesicherte wirtschaftliche Verhältnisse sorgt. Mit dieser Lösung ist Augustin Bahlhausen mehr als zufrieden. Nichts verabscheut er mehr, als Verantwortung zu übernehmen. Im Allgemeinen genießt Arbeit absolut keine Priorität auf seiner persönlichen Agenda.

Unabhängig davon ist es mit der gegenseitigen brüderlichen Zuwendung nicht zum Besten bestellt. Das war von Kindheit an der Fall und wird sich auch nicht mehr ändern. Rudolph und Augustin sind Kain und Abel sehr ähnlich. Der ältere Bruder ist ein Arbeitstier, stets korrekt, pünktlich, behandelt seine Untergebenen anständig und bezahlt ordentliche Löhne. Ein Sparmeister, aber nicht geizig, obwohl er gerne den Patriarchen zeigt.

Augustin Bahlhausen ist das genaue Gegenteil. Ein Hallodri, Müßiggänger und Schürzenjäger, der gerne in den Tag hineinlebt; sich in Kaffeehäusern und Restaurants herumtreibt, im Casino spielt; ständig in irgendwelche Liebschaften verstrickt ist und überhaupt kein glückliches Händchen fürs Geld und Geschäft hat. Trotzdem ist er hellwach, stets an neuen Entwicklungen interessiert, wissbegierig und belesen. Ständig auf der Suche nach neuen Einnahmequellen, unter der Voraussetzung, sich nicht dafür besonders anstrengen zu müssen.

Oft fragte der Vater sich, woher der Bub bloß diese Eigenschaften hat. Weder er noch seine Frau zeigten jemals diese Wesenszüge. Rudolph wurde immer bevorzugt, genoss sämtliche Anerkennung des Vaters. Wäre die Mutter nicht gewesen, die Augustin oft genug bei seinen zahlreichen Eskapaden deckte, hätte er sich in dem riesigen Haus noch viel verlorener und einsamer gefühlt.

Selbstverständlich ist der fünfundzwanzigjährige Augustin Bahlhausen noch immer ledig. Rudolph hingegen, ein Enddreißiger, ist seit sechs Jahren verheiratet und bereits Vater von zwei Kindern. Das Dritte ist unterwegs.

Den Bund der Ehe einzugehen ist für Augustin keine Option, solange es so viele süße und vor allem willige Wiener Madln gibt. Nach dem Tode der Eltern fühlte er sich nur mehr geduldet, als Rudolph zum Familienoberhaupt aufgestiegen war.

Daher war es die beste und vor allem eine weise Entscheidung, sich seinen Erbteil auszahlen zu lassen. Rudolph ist seinen ungeliebten Bruder los, und Augustin muss nicht mehr über jeden seiner Schritte Rechenschaft ablegen. Es ist eine gewaltige Summe, die Augustin überwiesen bekam. Ein Teil ist in mehreren Bankhäusern deponiert, mit einem Teil spekuliert er bisher erfolgreich mit Aktien und vermehrt so doch beständig seine Finanzen. Ein Leben in Saus und Braus ohne jegliche besonderen Verpflichtungen.

Tante Dorothee nahm ihren Neffen mit offenen Armen auf. Nicht nur wegen der *Ansprach'*, sie ist Augustin immer mehr als Rudolph zugetan gewesen. In der Familie erzählt man sich, dass sie in ihrer Jugend kein Kind von Traurigkeit gewesen sein soll. Vielen Rittmeistern und Leutnants verdrehte sie die Köpfe. Auch in ihren

Ehen mit einem hohen Ministeriumsbeamten und einem Chirurgen soll sie Treue nicht unbedingt für ein unabdingbares Dogma gehalten haben.

Ersterem Ehemann verdankt sie den Titel, da er für besondere Verdienste von Sr. Majestät geadelt worden war. Nun sind beide Männer seit etlichen Jährchen unter der Erde, und sie haben ihr einiges hinterlassen, das ihr einen aufwändigen Lebensstil ermöglicht. Neben einer prächtigen und vor allem riesengroßen Wohnung in unmittelbarer Nähe der Hofoper, die noch der Chirurg gekauft hatte, steht ihr auch ein idyllisches Landhaus in Bad Ischl zur Verfügung. Erst Anfang September ist Tante Dorothee mit Augustin, Schlüsserl und der Božena wieder aus der Sommerfrische nach Wien zurückgekehrt.

Natürlich empfängt Augustin seine zahlreiche Damenbesuche in dieser Wohnung, glaubt, dass es Tantchen nicht merkt. Doch da täuscht er sich gewaltig. Auf Schlüsserl kann sie sich verlassen. So senil ist er noch lange nicht. Doch sie vergönnt ihrem Neffen seine Techtelmechtel von Herzen, erinnert es sie doch sehr an ihre Sturm- und Drangzeit.

Galant hilft Augustin Bahlhaus seiner Tante in den Zobel, reicht ihr seinen Arm und geleitet sie die Treppe hinab. Die Fiaker sind bereits unter den Arkaden der Hofoper vorgefahren, um die Besucher nach Hause zu bringen.

Ein Zeitungsjunge mit einem Packen der »Neuen Freien Presse« im Arm, schreit lauthals: »Blutsonntag in Ottakring! Ausnahmezustand über Ottakring verhängt!«

»Was war denn da los, gestern in Ottakring?«, fragt Tante Dorothee.

Ihr Neffe winkt den Jungen herbei, kauft ihm eine Zeitung ab, liest laut vor.

»Vier Tote durch Schüsse und Bajonettstiche, 149 Schwerverletzte, darunter dreiundzwanzig Polizisten ... erstmals seit der Revolution von 1848

waren Exekutive und Militär der k.u.k. Monarchie mit Gewalt gegen die Bevölkerung vorgegangen ... Das ist aber sehr heftig.«

»Waren sicherlich die Proletarier da drüben«, meint die Freifrau und stützt sich auf ihren Neffen, »es wird der Tag kommen, da werden sie uns verjagen, wirst schon sehen, Augustin. Ich werd' es sicher nicht mehr erleben, aber du bestimmt. Dann werden sie in Horden in die Stadt einfallen, von den Bezirken hereinstürmen, plündern und alles niederbrennen.«

»So schlimm wird es schon nicht werden, liebe Tante«, versucht Augustin Bahlhaus, ihre Bedenken zu zerstreuen, hilft ihr in den Fiaker und befiehlt dem Kutscher, zum Kohlmarkt zu fahren.

Bahlhaus zieht seine Taschenuhr heraus, klappt den Deckel auf.

»Bist schon spät dran«, lächelt die Alte verschmitzt, »für dein *Tête-à-Tête*. Ich will nicht schuld sein, dass du wegen mir vielleicht die Liebe deines Lebens verpasst.«

»Keine Sorge, so schnell wirst du mich nicht los.«

»Glaub ich dir aufs Wort«, stellt Tante Dorothee sachlich fest. »Fehlt dir auch an nichts bei mir, musst nicht auf der Straße demonstrieren und dich zusammenschießen lassen wie da drüben in Ottakring. Lass mich vorm Haustor aussteigen, der Schüsserl kümmert sich schon um mich und bringt mich rauf in die Wohnung. Und du kannst gleich wieder ins ›Sacher‹ zurückfahren.«

»Das ist sehr lieb von dir, liebe Tante.«

»Is' schon recht, ich war ja auch einmal jung. Also, brav sein, aber auch nicht zu brav.«

Auf der Rückfahrt vom Kohlmarkt zum »Sacher« liest der Neffe genauer in der Zeitung nach, was tatsächlich gestern am vergangenen Sonntag geschehen war.

Bahlhaus ist kein politischer Mensch. Politik und vor allem sämtliches Militärische sind ihm ein Gräuel. Dennoch verkriecht er sich nicht in seinem Wolkenkuckucksheim, weiß er doch genau, dass er zu den Privilegierten in dieser Stadt gehört und dass nur ein paar

Kilometer weiter die Leute nicht wissen, wie sie morgen ihre Familien ernähren sollen.

Schuldgefühle kommen hoch. Irgendwie fühlt er sich unwohl, dass er trotz familiärer Probleme auf der Sonnenseite gelandet ist. Wegschauen, die Augen verschließen und die weitaus verbreitete Meinung der Kreise, in denen er sich bewegt, ebenso vertreten, dass es immer schon die Oberen und die Unteren gegeben hat, wird auf Dauer in ein Fanal führen, weil es Realitätsverleugnung ist. Mit ihrer Sorge liegt Tante Dorothee gar nicht so falsch.

Es brodelt doch seit Jahren, jetzt bricht es auf. Schon vor einem Jahr, 1910, sind 200.000 Menschen auf die Straße gegangen, protestierten friedlich gegen Wucher und Hungersnot. Damals lenkte die Regierung ein.

Jetzt geht sie vor dem Druck der Großagrarier in die Knie, gibt nach und verhängt eine Importsperre gegen billiges Fleisch aus Argentinien. Die Sozialdemokraten schaffen es nicht mehr, den Unmut der unzufriedenen Massen zu bändigen.

Zusätzlich brachten die vergangenen Reichstagswahlen für die Sozis nicht den gewünschten Erfolg, und obendrein spalteten sich die tschechischen Sozialdemokraten ab. Nicht nur die explodierenden Lebensmittelpreise erregen den Zorn der kleinen Leute, ebenso sind die ständigen Zinserhöhungen in den Elendsquartieren ein weiterer Streitpunkt.

Am vergangenen Sonntag, den 17. September, versammelten sich, organisiert von den Sozialdemokraten, 100.000 Menschen aus den Arbeiterbezirken friedlich auf dem Rathausplatz. Transparente mit Sprüchen wie »Nieder mit den Fleischwucherern« wurden geschwenkt. Nach verschiedenen Reden von führenden Sozialdemokraten und Gewerkschaftsfunktionären lösten sich die Massen gegen dreizehn Uhr friedlich auf.

Plötzlich machten Gerüchte die Runde, dass auf Demonstranten geschossen worden sei.

Nun eskalierte die ohnehin angespannte Lage vollends. So soll in einigen Straßen kein Fenster, keine Laterne unbeschädigt geblieben sein. Schulen gingen in Flammen auf, Straßenbahnwaggons wurden umgekippt, Auslagenscheiben zerbarsten, es kam zu Plünderungen. Man spricht von einem Schaden an die 200.000 Kronen.[162]

Vielfach wurden die Unruhen vom »Lumpenproletariat« und der Ottakringer »Elendsjugend« ausgeläst, die für die sinnlosen Zerstörungen verantwortlich waren. Die Polizei griff hart durch. Unter den vier Todesopfern ist auch der Schlossergehilfe Franz Joachimsthaler[163].

Nachdenklich legt Augustin Bahlhaus die Zeitung beiseite. Der Fiaker hält vor dem Hotel »Sacher«, ein Page öffnet den Wagenschlag. Bahlhaus steigt aus, bezahlt den Kutscher. Servil öffnet der Page in seiner schmucken Uniform die Türe, und Bahlhaus betritt eine völlig andere Welt. Ein abgeschotteter Kosmos für sich. Ein nobles, diskretes, verschwiegenes Paralleluniversum für die Aristokratie und die erste Wiener Gesellschaft.

»Begrüße Sie untertänigst, Herr von Wertburg«, der Chefportier erweist mit einer Verbeugung dem Gast seine Reverenz, »Herr von Wertburg haben uns schon längere Zeit nicht die Ehre gegeben. Ihr Separee ist bereits gerichtet.«

Im Sacher nennt Bahlhaus sich Augustin Freiherr von Wertburg, weil es besser klingt und mehr Eindruck als ein gewöhnlicher bürgerlicher Name schindet. Natürlich weiß der Portier, wer er tatsächlich ist, aber Diskretion ist oberstes Gesetz. Außerdem lässt der falsche Freiherr sich nicht lumpen, dankt stets mit fürstlichen Trinkgeldern.

Ein Glück, dass die Wände und Einrichtungsgegenstände nicht sprechen können und die Münder des Personals versiegelt sind. Bücherregale voller Enzyklopädien der Wollust, Begierde und Leidenschaft könnten mit den Geschehnissen in diesem Haus gefüllt werden.

Bahlhaus alias Freiherr von Wertburg bedankt sich, sieht auf seine Uhr.

»In rund fünfzehn Minuten erwarte ich Damenbesuch. Fräulein Mandlinger heißt sie. Sie wird nach mir fragen.«

»Sehr wohl. Ich lasse die Dame sofort zu Ihnen bringen«, nimmt der Portier es zur Kenntnis.

Seiner stets freundlichen, aber ebenso unverbindlichen Dienstmiene ist nicht anzusehen, was er tatsächlich denkt. Schließlich sind diskrete Rendezvous in diesem Haus selbstverständlich. Er steht schon lange hinter dem Tresen seiner Rezeption, weiß alles.

Hier feiern die Erzherzöge. Die Dynastien der Metternichs, Schwarzenbergs, Kinskys, Wilczeks und die Hohenlohes verkehren hier. Der unglückselige Kronprinz Rudolf ließ hier ebenso die Champagnerkorken knallen wie das Großbürgertum der Rothschilds, Ephrussis, Todescos, Liebens, Wittgensteins, Schcys, Epsteins, Gutmanns und der von Koromlas. Schnitzler, Klimt, Mahler – Wiens Künstler aller Genres geben sich im »Sacher« ein Stelldichein.

Manches bleibt für immer in diesem Gemäuer unter Verschluss. Einiges ließ sich jedoch nicht vor der Öffentlichkeit verbergen und drang an die Öffentlichkeit, sorgte für den entsprechenden Skandal, und ganz Wien konnte wieder ausgiebig darüber tratschen.

»Bolla«, wie er in seinen Kreisen genannt wurde, ist als Wüstling und *Weiberer*, als Frauenheld, unvergessen, obwohl er bereits 1906 mit nur einundvierzig Jahren aufgrund seines wilden Lebenswandels an Syphilis verstarb.

Erzherzog Otto, Sohn von Erzherzog Karl Otto, einem Bruder des Kaisers, und dessen zweiter Gemahlin Maria Annunziata von Bourbon-Sizilien, war zwar mit Maria Josepha verheiratet, doch das hinderte ihn nicht daran, sein wildes Liebesleben ungeniert öffentlich auszuleben. Herkunft, Stand, Protokoll und Etikette interessierten ihn nicht.

Der schönste Habsburger, der je zur Welt kam, hieß es in Wien, und Bolla machte seinem Onkel, Sr. Majestät, wenig Freude. Unvergessen einer seiner berüchtigten Auftritte im »Sacher«. Selbstverständlich in Damenbegleitung im Separee, alle mehr oder weniger bekleidet, torkelte Se. Hoheit betrunken und nackt, aber dafür in weißen Handschuhen, mit umgehängtem Säbel und mit dem Orden vom Goldenen Vlies adjustiert, durch die Hotelgänge.

So ein Spektakel ließ sich nicht verheimlichen, zumal der Erzherzog ausgerechnet dem britischen Botschafter in die Arme lief. Seine Exzellenz war alles andere als *amused* und *very shocked*, hatte nichts Besseres zu tun, als umgehend die Hofburg zu informieren.

Der Onkel ließ seinen lasterhaften Neffen umgehend für zwei Monate in einem Kloster internieren. Da es dort natürlich keine Frauen gab, soff er dafür den Weinkeller leer.

Natürlich kennt Augustin Bahlhaus diese Geschichten, und er selbst kann dazu einiges beitragen. Es gibt hier kein Separee, worin er sich noch nicht vergnügt hat. Wie immer ist alles zu seiner Zufriedenheit. Der Champagner gekühlt, frische Blumen sind bereitgestellt. So beeindruckt man Vorstadtmädel und Ballettratten.

Bewundernswert, was die ehemalige Fleischhauerstochter Anna Sacher aus der Leopoldstadt mit ihrem Mann Eduard auf die Beine gestellt hat. Aus einem unbedeutenden Haus eine der ersten Adressen in Europa zu schaffen.

Nach dem Tod ihres Mannes 1892 führt sie nun das Hotel mit strengem Regiment allein, selbst bereits zu Lebzeiten eine Legende und Institution mit ihren kläffenden Zwergbullys. Was für ein Aufruhr unter den feinen Damen, dass Frau Sacher Zigarren raucht! Inzwischen ist es akzeptiert, weil Anna Sacher sich ohnehin an keinerlei Konventionen hält.

Legendär ihr Tischtuch, auf dem sich alle prominenten Gäste unterschreiben und sie dann diese Autografen liebevoll ausstickt. Eine besonders wichtige Unterschrift fehlt ihr bislang, und das wurmt sie gewaltig. Bisher hat der Kaiser ihr noch nie die Ehre gegeben.

Bahlhaus riecht an der duftenden Sachertorte mit der feinen Schokoladeglasur, eine Kreation von Franz Sacher, Annas Schwiegervater. Das Rezept wird wie ein Staatsgeheimnis streng gehütet.

Es klopft.

»Herein!«

»Herr von Wertburg, Ihr Besuch.«

»Ich lasse bitten.«

Eine neunzehnjährige, anmutige Frau mit einem modischen Hut, der reichlich mit Federn geschmückt ist, tritt ein und versteckt ihr Gesicht unter einem Spitzenschleier. Das lindgrüne, bodenlange hochgeschlossene Kleid, reichlich verziert mit Volants und Rüschen, steht ihr ausgezeichnet.

Wie ein grüner Wasserfall fließend, fällt der Stoff. Trotz der Fülle des Materials lässt sich darunter eine zarte, beinahe fragile Frauengestalt erahnen, wie es sich für eine Balletttänzerin gehört. Zwar ist das Kleid nicht nach der neuesten Mode, ein wenig in die Jahre gekommen, aber noch durchaus tragbar.

»Verehrteste, herzlich willkommen in diesem wunderbaren Refugium«, Augustin Bahlhaus hat sich erhoben und begrüßt sie mit einem formvollendeten Handkuss auf die behandschuhte Rechte.

»Wann darf ich das Souper auftragen lassen, Herr von Wertburg?«

»Wir werden läuten«, antwortet Bahlhaus und schickt den Ober mit einer knappen Handbewegung hinaus.

»Endlich darf ich Sie von Angesicht zu Angesicht bewundern!«, antichambriert er. »Nicht nur auf der Bühne und mich nach Ihnen verzehren. Wollen Sie nicht ablegen? Ein Glas Champagner?«

»Gehen S', sagen S' doch nicht so etwas, Durchlaucht.« Sie lüftet ihren Schleier, und danach nimmt sie ihren Hut ab, legt ihn beiseite, streift das Schultertuch ab.

Mit einem lauten Knall fährt der Korken aus der Flasche hoch gegen die Decke, was sie zusammenzucken lässt.

»Bitte, nicht Durchlaucht sagen«, lächelt Bahlhaus und reicht ihr die Glasflöte aus bestem böhmischen Bleikristall. »Auf einen wunderschönen Abend!«

Die Ballettelevin errötet leicht und nippt am Champagner. Ganz Kavalier rückt Bahlhaus ihr den Stuhl zurecht. Sie setzt sich, richtet ihr Kleid. Natürlich ist sie zum ersten Mal in einem Separee des »Sachers«. Das erkennt der abgebrühte Fuchs sofort auf den ersten Blick.

»Wie darf ich Sie denn ansprechen?«, fragt sie und sagt gleichzeitig: »Allzu lang darf ich aber nicht bleiben, sonst schimpft mein Onkel.«

Sieh an, sieh an, denkt Bahlhaus, was für ein Zufall! Sie beim Onkel, ich bei meiner Tante. Für ihn ist dieses Rendezvous bereits *a g'mahte Wies'n*[164].

»Nennen Sie mich doch einfach Gustl wie alle meine Freunde. Ich weiß, es ist unerhört und unverschämt, aber trinken wir doch gleich Bruderschaft. Da redet es sich doch sofort um einiges leichter.«

»Ja, aber …«, kommt der Versuch eines zaghaften Einspruchs ihrerseits, der unvollendet bleibt, weil er ihr den Arm zum Verschränken anbietet.

»Servus, ich bin der Gustl.«

»Und ich die Hanni.«

Beide trinken einen Schluck.

»Und Bussi«, folgt augenblicklich und unvermeidlich von ihm.

Auch das ist erledigt, obwohl er eigentlich sofort gerne mehr hätte, doch Geduld. Nur nicht mit der Tür ins Haus fallen. Nur nichts aus einer Laune heraus verderben, was noch gar nicht richtig angefangen hat.

»Ich bin dir sehr dankbar und fühle mich geehrt, dass du meine Einladung angenommen hast, Hanni. Du machst mich zum glücklichsten Mann in dieser Stadt.«

Der Mann ist ein wahrer Meister der Komplimente und versteht es blendend, Illusionen vorzugaukeln, ein junges Ding nach seinen Vorstellungen zu manipulieren.

»Na ja, du lässt mir doch immer so wunderschöne Blumenarrangements nach den Vorstellungen in die Garderob' schicken, dass die anderen bereits ganz neidig sind. So exotische, wunderbar duftende Blumen, die gar net bei uns wachsen. Und dazu diese geschriebenen Karten mit deiner schönen, gestochenen Handschrift. *Ich bete Sie an, Ihr geheimer Verehrer. Sie sind der neue Stern am Ballettfirmament* und lauter solche schönen Worte. Leider sind die Blumen alle schon verwelkt, aber …«, setzt sie leise fort, »die Karten hab' i mir alle aufgehoben. Du hast mich ja lang dunsten lassen, bis du dein Inkognito gelüftet hast.«

Tatsächlich sieht Johanna Mandlinger ihren Bewunderer heute zum ersten Mal.

»Und, bist du jetzt enttäuscht?«, folgt seine rein rhetorische Frage.

»Na«, wieder errötet sie zart und wird leiser, »ganz im Gegenteil …«

»Und es werden neue Blumen folgen. Dir kann man gar nicht genug Blumen senden. Man muss dich mit Blumen überhäufen! Und ich hoffe doch inständig, dass ich die Worte, die ich bisher schrieb, dir künftig persönlich sagen darf. Dabei in dein wunderschönes Gesicht und in deine zauberhaften Augen sehen …«

A g'mahte Wies'n …

»I bin do nur a kleine Elevin in der zweiten Reihe mit dem Traum, eines Tages Ballerina, Primaballerina zu werden.«

»Aber du bist die Beste, Talentierteste und Schönste im gesamtem *Corps de ballet*. Ich bin mir sicher, bald wirst du das begeisterte Publikum mit deinem ersten *Pas de deux* in Jubelstürme versetzen.«

»Meinst wirklich? Du sagst so liebe Dinge zu mir, das bin i gar net g'wöhnt. So hat noch nie ein Mann mit mir geredet.«

Ausgezeichnet, außer ihm gibt es keinen anderen Verehrer.

»Meine liebe Hanni, daran wirst du dich gewöhnen müssen, sofern du es mir weiterhin gestattest und mir deine Gunst gewährst. Ich hoffe, du hast einen passablen Hunger mitgebracht für unser kleines Souper.«

»A wengerl schon, aber ich muss schon auf mei' Figur achten. Sonst wird's nix mit dem *Pas de deux*.«

Johanna Mandlinger fallen beinahe die Augen aus dem Kopf, als sie sieht, was alles an Köstlichkeiten aufgetischt wird. Von vielem hatte sie zwar schon gehört, aber noch niemals davon gegessen. Augustin Bahlhaus legt sich mächtig ins Zeug, scheut keine Mühen und Kosten. Auch Hanni wird mit jedem Schluck Champagner lockerer, gelöster, und ihre anfängliche Schüchternheit verfliegt wie ein Blatt im Wind.

Dieser Augustin Freiherr von Wertburg ist wirklich ein Kavalier und obendrein noch so fesch. Ein Mann zum Abbusseln. Zwar würde sie das auf der Stelle am liebsten tun, aber sie weiß, was sich schickt. Und ein bisschen zappeln lassen hat noch keinem Mannsbild geschadet. Eigentlich kann sie es noch immer nicht glauben, dass ausgerechnet er sich in sie, ein Mädel aus der Brigittenau, verschaut hat.

Sie ist sehr stolz darauf, was sie bisher erreichte. Ins Ballett der Hofoper aufgenommen zu werden, ist mit ihrer Herkunft nicht unbedingt eine Selbstverständlichkeit. Ihr jüngerer Bruder ist früh an Tuberkulose verstorben. Zwar waren die Eltern anfänglich nicht besonders begeistert, als Hanni ihnen ihren Wunsch mitteilte, ans Theater gehen zu wollen. Für den Vater, einen Schildermaler, nichts als eine brotlose Kunst, seine Tochter solle lieber einen anständigen Beruf erlernen.

Die Mutter, die in Heimarbeit für verschiedene Modeateliers *Madeira*-, *Richelieu*-Stickereien und *Pleureusen*[165] anfertigte, war diesen Plänen eher zugetan und konnte schließlich den Vater umstimmen. Hanni durfte eine Ballettschule besuchen, und ihre Lehrerin erkannte das Talent dieses Mädchens.

Oft ist das Schicksal ein hinterhältiges, grausames Luder und tobt sich an denen aus, die ohnehin nichts haben, und verweigert ihnen auch das letzte bisschen Glück. Sicherlich war es unachtsam vom Vater. Doch das Schild, das er gerade an einen Kunden ausliefern wollte, behinderte sein Sichtfeld. Er übersah schlicht das Automobil, und der Lenker war zu schnell unterwegs. Sein eigenes Schild brach dem Vater das Genick, als es zum Aufprall kam.

Nun musste die Witwe mit ihrer halbwüchsigen Tochter trachten, wie sie über die Runden kommt. Die karge Witwenpension und das Einkommen als Heimarbeiterin reichten gerade für den Zins und das tägliche Essen. Die Kosten für die Ballettschule waren nicht mehr finanzierbar. Natürlich sah die Mutter, wie ihr Kind unter diesem Verzicht litt.

Aus dieser ausweglosen traurigen Situation half der Bruder des verunglückten Vaters. Selbst erst kürzlich Witwer geworden, kinderlos, konnte der pensionierte Gymnasiallehrer für Latein und Griechisch nicht mitansehen, dass der große Traum seiner Nichte jählings platzen sollte.

Der kunstverständige und feinsinnige Mann, natürlich auch nicht mit Reichtümern gesegnet, sprach ausführlich mit seiner Schwägerin. Schließlich stimmte sie zu, dass Hanni bei ihm einzieht. Er erklärte sich bereit, sämtliche Kosten zu übernehmen. Seine Wohnung lag näher bei der Ballettschule und Hofoper, und die Mutter wäre entlastet. Nach ein wenig Bedenkzeit stimmte Hannis Mutter zu, und die Tochter war von Beginn an von dieser Idee begeistert und sehr dankbar dafür. Außerdem mochte sie von klein auf ihren Onkel.

Nun lebt sie schon längerer Zeit bei ihm, besucht in jeder freien Minute ihre Mama. Der Onkel selbst hegt keinerlei unlautere Absichten, er will bloß, dass Hanni glücklich ist und ihr Traum von einer Primaballerina in Erfüllung geht. Auch trifft es sich sehr gut, dass der ehemalige Lehrer einiges für ihre Bildung beitragen kann. Im Gegenzug hilft Hanni ihm im Haushalt. Da er ein weltoffener Mensch ist, sich nicht der neuen Zeit verschließt, versteht er auch die Jugend, dass sie allmählich aus den alten Konventionen ausbrechen will. Daher gestattet er seiner Nichte manche Freiheiten, die der Vater ihr wohl niemals hätte durchgehen lassen.

Inzwischen sind der falsche Freiherr und seine Eroberung im Separee beim Dessert angelangt. Während Bahlhaus ein ziemlich großes Stück der Sachertorte genüsslich schmaust, begnügt Hanni sich ihrer Figur wegen nur mit ein paar kleinen Bissen.

»Nun, Hanni«, fragt Augustin Bahlhaus, während er in seinem Mokka rührt und sich eine Zigarre anzündet, »hast du dir schon einmal Gedanken über ein zweites Standbein gemacht? Neben dem Ballett.«

»Was meinst denn …?«

»Schau, Hanni, Ballett kann man nur bis zu einem gewissen Alter ausüben. Wir leben glücklicherweise in einer Zeit, wo inzwischen viel Neues passiert und nahezu täglich neue Erfindungen auf allen Gebieten stattfinden. Ich finde das kolossal spannend. Natürlich bist du noch Ewigkeiten davon entfernt, dass du wegen des Alters nicht mehr tanzen kannst. Doch der Tag kommt, er lässt sich nicht aufhalten. Was dann? Wenn du auch eine bis dahin international gefeierte Primaballerina, wovon ich felsenfest überzeugt bin, sein wirst, doch irgendwann verblasst jeglicher Ruhm. Andere rücken nach und werden deinen Platz einnehmen. Hast du daran schon gedacht?«

»Eigentlich nicht«, gesteht sie und wirkt mit einem Mal sehr kleinlaut, weil Bahlhaus recht hat.

Augustin Bahlhaus hebt sanft ihren Kopf am Kinn mit zwei Fingern an.

»Kein Grund, traurig zu sein, weil eben noch so viele Jahre vor dir liegen. Und ich will, dass du alle deine Ziele erreichst. Das wirst du auch, weil ich dich dabei unterstützen möchte, dir Engagements verschaffen will.«

»So etwas Ähnliches wie ein Theateragent wie bei Schauspielern? Hast du da Beziehungen?«

»Genau, jetzt ist es in deinem wunderschönen Köpfchen angelangt. Ja, ich kenne eine Menge einflussreicher Leute. Ich weiß, ich spüre das, du kannst nicht nur perfekt tanzen, du hast auch das Zeug zur fabelhaften Schauspielerin.«

Bahlhaus zieht sämtliche Register, um Hanni in seinen Fallstricken zu verheddern.

»Na, Gustl, i bin Tänzerin, ka Schauspielerin. Wenn i nur dran denk', was die an Text lernen müssen und einen anderen Charakter, als sie selbst sind, spielen sollen. Heute die Figur, morgen eine andere. Na, das schaff' ich nicht.«

Bahlhaus zieht an seiner Zigarre, stößt die Rauchwolken aus, öffnet die dritte Flasche Champagner, schenkt ihr nach.

»Ich habe auch nicht an die Bretter, die angeblich die Welt bedeuten sollen, nicht ans Theater gedacht. Die Bühne wird seit Jahrhunderten mit den unterschiedlichsten Stücken bespielt, ist eigentlich für unsere neue Zeit antiquiert. Die Zukunft heißt Zelluloid.«

»Ah, du denkst an diese Kinomate...«

»Kinematographie, richtig«, verbessert er. »Hanni, der Film wird alles in den Schatten stellen in den nächsten Jahren. Theater ist doch an einen Raum gebunden, der Film nicht. Ein Film kann überall gedreht werden. Es gibt keine Grenzen.«

»Ja, und was soll i beim Film?«

Hanni kennt sich momentan überhaupt nicht aus, weiß nicht, worauf dieser fesche Gustl hinauswill. Dafür kommt er mit jedem seiner Worte dem Ziel immer näher.

»Stell dir vor, du tanzt in einer grünen, blühenden Wiese. Das ist doch etwas ganz anderes als auf Holzbrettern in einer Kulisse. Leute, die dann den Film sehen, die sehen dich aus unterschiedlichen Perspektiven, weil du eben von unterschiedlichen Standpunkten aus gefilmt wirst. Die einzelnen Szenen werden dann geschnitten und zum einem Film zusammengefügt. Und wenn dir ein Fehler passiert, ist das auch kein Malheur. Dann wird die Szene eben nochmals wiederholt. So lange, bis es perfekt ist. Nicht so wie am Theater, wo ein jeder Patzer während der Aufführung nicht mehr zu korrigieren ist.«

»Und das interessiert die Leut'? Die wollen das sehen?«, fragt Hanni ungläubig.

Bisher war sie, obwohl sie es sich fest vorgenommen hat, noch nie in einem Kino, weil immer etwas dazwischengekommen ist.

»Und wie! Kinderl, schau doch nur in die Zeitungen. Die Kinos schießen wie die Schwammerl aus dem Boden! Zwar wird der Film das Theater nicht umbringen, aber die Kinos werden in wenigen Jahren zu einer ernsten Konkurrenz werden. Glaub mir, Hanni. Da musst du rechtzeitig vorsorgen, damit du den Zug nicht verpasst. Du bist nicht nur für die Bühne, sondern auch für die Leinwand geschaffen.«

»Du kennst dich aber sehr gut aus, Gustl.« Hanni ist sichtlich beeindruckt. »Aber wenn ich vor so einem Apparat tanze und es gefilmt wird, brauch' i doch Musik. Woher kommt denn die? Man kann doch kein Orchester in die Wies'n stell'n.«

»Nein, sicher nicht«, lacht Bahlhaus. »Die Musik kommt aus dem Trichter, aus dem Grammophon, und das steht in der Wiese. Und im Kino spielt dann ein Pianist genau die Musik dazu, zu der du im Film tanzt. Noch ist der Film stumm, aber es wird sicherlich nicht mehr lang dauern, dann gibt's auch einen Ton dazu.«

»Und du kannst das, Gustl? So einen Film machen?«

»Ja«, lügt er dreist, obwohl er nicht die geringste Ahnung davon hat. »Und ich kenn' auch die richtigen Leut' dafür. Ich wäre dann dein Filmproduzent.«

»Und dafür muss ich das Ballett aufgeben?«

»Aber nein! Im Gegenteil, weitermachen. Der Film ist doch dein zweites Standbein für die Zukunft.«

Jetzt gehört sie mir, denkt Augustin Bahlhaus, nun ist sie entflammt. Für ihn ist es nicht das erste Mal, dass er diese Masche anwendet. Begonnen hat es vor einigen Jahren im Hinterzimmer eines Vorstadtbeisls, drüben in Hernals. Irgendwann kam ihm zu Ohren, dass in dem Lokal geheime Vorstellungen nur für Männer mit »lebenden Bildern« stattfinden. Gegen entsprechenden Eintritt konnte man Pikantes sehen. Also Mädel und junge Frauen, die sich vor grölenden Männern sehr leicht bekleidet zur Schau stellten, manche tanzten sogar völlig nackt.

Eine Zeit lang überlegte Bahlhaus, selbst ein Etablissement dieser Art zu eröffnen, aber dann war es ihm doch viel zu gefährlich, und er ließ die Finger davon. Die Mädchen dafür zu finden, wäre ein Kinderspiel gewesen. Seine Ahnung sollte sich rasch als richtig erweisen. Irgendwer verpfiff das Lokal bei der Polizei, denn dort blieb es nicht nur beim Präsentieren weiblicher Reize und Tanz. Das Beisl wurde ausgehoben, der Wirt und sein Personal wanderten wegen Zuhälterei und Pornografie hinter Gitter. Die Mädchen, die erwischt wurden, machten Bekanntschaft mit dem *Bureau für sittenpolizeiliche Agenden* in der *Liesl*, wie die Wiener das *Sicherheitsbureau* auf der Elisabethpromenade nennen.

Dabei geht es viel einfacher, seit die *Photographie* erfunden worden ist. Vor allem ungefährlicher. Natürlich besitzt Augustin Bahlhaus einen dieser Apparate und die notwendige Ausrüstung, um die Platten zu entwickeln. Viele dieser Aufnahmen entstehen in seinen Räumlichkeiten bei Tante Dorothee. Was er jedoch nicht weiß, dass ihn bei seinen fotografischen Sitzungen heimlich zwei Zaungäste beobachten. Freifrau von Wertburg muss öfters Schlüsserl vom Schlüsselloch nahezu gewaltsam wegdrängen, weil sie doch auch etwas Pikantes sehen will.

Bahlhaus hat für seine Bilder genügend Abnehmer, die gerne bereit sind, dafür ordentlich in die Taschen zu langen. Es gibt dafür eine eigene Preisliste. Je nachdem, was zu sehen gewünscht wird, umso teurer wird es. Am kostspieligsten jene Bilder, die absolut nichts verbergen.

Bahlhaus arbeitet auch im Auftrag. So mancher bestens situierte Herr möchte seine Geliebte auch fotografisch verewigt wissen. Dann wird ein diskreter Ort gesucht, und im Beisein des Liebhabers macht sich Bahlhaus ans Werk. Dass er viele seiner Modelle vorher ausgiebig testen muss, versteht sich von selbst.

Die Steigerung ist natürlich der Film. Bahlhaus wird sich die dafür nötigen Apparaturen kaufen, sich die erforderlichen Kenntnisse aneignen. So schwer kann es schließlich nicht sein. Schließlich hat er sich in gewissen Kreisen längst einen ausgezeichneten Ruf als Fotograf für Pikantes erworben.

Nun laufen eben die Bilder, und sie werden bei seinem Kundenstock reißenden Absatz finden. Mit Hanni hat er Großes vor. Sie wird seine erste *femme fatale* in seinen pornografischen Filmen werden.

»Nun, was hältst du von meinem Vorschlag, Hanni?«

Sie überlegt einen Augenblick lang, druckst ein wenig herum und stimmt zu.

»Na ja, wir können's ja einmal probieren. Und sind das seriöse Leut', die vom Film?«

»Aber natürlich! So wie ich. Was denkst du denn? Sascha ist ein Ehrenmann«, lügt Bahlhaus wie gedruckt.

»Sascha?«

»Verzeih, wie dumm von mir! Wir nennen ihn so. Graf Alexander Joseph Kolowrat-Krakowsky ist sein richtiger Name. Er ist so etwas wie einer der Wegbereiter für den Film bei uns. Für ihn arbeitet auch der Regisseur Michael Kertesz[166].« Natürlich kennt Bahlhaus beide nicht, hat ihre Namen in irgendeinem Journal gelesen. »Darauf stoßen wir an, verehrteste Hanni. Nun bin ich gewissermaßen dein Agent und Filmproduzent.«

Er rückt näher an sie heran, legt seinen Arm um ihre Schultern, und sie lässt ihn gewähren. Ja, sie drückt sich sogar ein wenig an ihn. *A g'mahte Wies'n …*

Bis zum ersten leidenschaftlichen Kuss ist es nur mehr ein Wimpernschlag.

»Weißt du, mein Schatz«, flötet Augustin Bahlhaus ungeniert weiter, »wenn ich noch diese Woche Sascha treffe, würd' ich ihm gerne schon etwas mehr von dir erzählen können. Optisch, wenn du weißt, was ich mein'. Damit er sich bereits ein bisschen auf die Lichtverhältnisse, die er für die Aufnahmen brauchen wird, einstellen kann. Und morgen, wenn du Zeit hast, möchte ich auch ein paar fotografische Probebilder von dir für den Sascha machen.«

»Jetzt kommt ich nicht ganz mit, Gustl.«

Der Champagner hat inzwischen die beabsichtigte Wirkung bei ihr nicht verfehlt.

»Nun«, Bahlhaus ist ein hervorragender Schauspieler, »ohne dass du mir böse bist, aber auf der Bühne sehe ich dich zwar in deinen Ballettkostümen, doch eben nur aus der Entfernung. Und jetzt hat eben dein Kleid sehr viel Stoff, meine ich …«

Der diskrete Ober lauscht kurz an der Separee-Tür, hört lächelnd Eindeutiges und zieht sich zurück. Der falsche Freiherr hat einmal mehr sein Ziel erreicht.

»Kommen S' nur herein, Frau Wewerka. Ich hab' Sie schon erwartet. Wollen S' einen Kaffee?«

»Ja gerne«, sagt die Hausmeisterin und betritt die Wohnung von Julius Hochinger, »jetzt is' es wieder so weit wie jeden Monat.«

»Ich hab's Zinsgeld schon am Küchentisch parat g'legt. Vielleicht zum Kaffee a Stückerl Guglhupf?«

»Das ist lieb, ja bitte.«

Frau Wewerka zählt das Geld nach, trägt den Betrag in ein Büchlein ein und steckt beides in die Tasche ihrer Schürze.

»Morgen, am 1. Oktober, geh' ich auch mit«, sagt sie entschlossen.

»Wohin?«

»Zu der Demonstrationsversammlung der Wiener Hausfrauen um elf am Karlplatz. So geht es nicht weiter. Ois wird teurer, man weiß ja schon gar nicht mehr, was man einkaufen soll. Jeden Tag wird es ärger. Und was macht die Regierung? Nix! Und der Kaiser in seiner Hofburg, a nix. Ja, warum a? Die Großkopferten und er ham ja kan Hunger. Aber einsperren können's reihenweis' die Leut' wie am 17. September in Ottakring. Haben S' das g'les'n? Zweiundachtzig Personen sind zu Kerker und schwerem Kerker verurteilt worden, einundneunzig haben's Arrest und strengen Arrest aufgebrummt. Ist das no a Gerechtigkeit, Herr Hochinger, frage ich Sie? Einen ham's zu sechs Monat' verdonnert, weil er g'sagt hat, was er sich denkt. Zur Polizei und de Soldaten hat er g'meint, wenn ihr g'scheite Leut' seid's, so schießt ihr, wenn ›schießen‹ kommandiert wird, net auf uns, sondern in die Luft. Sechs Monat' wegen *Verleitung zur Verletzung des Gehorsams*. So a Sauerei.«

»Jetzt regen S' Ihna net so auf, Frau Wewerka, wir kleinen Leut' können daran gar nix ändern.«

»Aber g'fall'n derf ma si a nix loss'n. Wie geht's denn der Hanni?«

»Danke, a braves Madl. Bald darf's in der Hofoper in der erste Reihe vom Ballett tanzen.«

»Das is' schön ... Geh, Herr Hochinger, steigen S' do net drauf. Da liegt etwas vor der Kabinetttür.« Neugierig, wie es nun einmal eine Grundvoraussetzung für den Hausmeisterberuf ist, steht die etwas dickliche Frau blitzartig auf, bückt sich, das Stück Guglhupf fällt ihr aus der Hand, sie schnappt nach Luft. »Was is'n das für eine Schweinerei? So, so, die Hanni a braves Madl? Warum is' dann da nackert auf de Büldln drauf?« Sie kombiniert. »Sie san a Kindavazahra! So was Ausg'schamtes! I hab des schon imma g'wusst, dass mit euch zwa etwas nicht stimmt! Der Onkel und seine Nichte, ha! So was wie Sie g'hört ja anzeigt! Sie g'hör'n ja eing'sperrt!«

»Was reden S' denn da, Frau Wewerka?« Er nimmt ihr die Bilder aus der Hand und wird bleich. »Das seh' i jetzt zum ersten Mal.«

»Tuan S' net so scheinheilig, Sie ausg'schamter Lustmolch! Und so was wohnt in einem anständigen Haus wia unserem!«

Inzwischen recken sich aufgrund des Wirbels die ersten Köpfe aus den Wohnungen hinaus auf den Gang. Die echauffierte Hausmeisterin stürmt aus Hochingers Wohnung.

»Ja, olle sollen's hören! Der oide Schneebrunzer treibt mit seiner Nichte Inzest, Blutschande! Die Polizei muaß her! So san's, die G'studierten!«

Plötzlich erschüttert ein lauter Knall das Stiegenhaus.

»Wos wor des?«, fragt Frau Wewerka in die nachfolgende Totenstille. »Ang'hört hat es sich wia a Schuss. Na, i geh' do jetzt nimma rein.«

In seiner Verzweiflung und grenzenlosen Enttäuschung über Hanni sah ihr Onkel keinen anderen Ausweg mehr, als sich mit seinem alten Armeerevolver eine Kugel durch den Kopf zu jagen. Niemand hätte ihm jemals geglaubt.

Wegen einer Unachtsamkeit, da Hanni in Eile war, streifte sie die Fotos vom Nachttisch in ihrem Kabinett herunter. Die Neugierde der Hausmeisterin hat alles zerstört. Vielleicht wäre die Tragödie zu verhindern gewesen, wenn der Onkel rechtzeitig die Bilder entdeckt hätte?

Johanna Mandlinger fliegt aus dem Hofopernballett, traut sich auch nicht mehr zu ihrer Mutter, verfällt dem Alkohol. Jeder kann sie haben, der nur will.

... und Augustin Bahlhaus findet genug Mädchen, die auf seine Filmmasche hereinfallen. Doch die Konkurrenz schläft nicht. Auch andere sind auf diese Idee gekommen. Einer ist gerade auf dem Weg in die »Liesl«, um Bahlhaus anzuzeigen.

Victors Rache
1912

Jänner:	*Baubeginn der zweiten Otto-Wagner-Villa in der Hüttelbergstraße 28 im 14. Bezirk. Es ist eine der ersten Stahlbaukonstruktionen.*
12. Jänner:	*Vier Jahre nach dem ersten Kinofilmdebüt in der Monarchie wird der Spielfilm »Trilby« unter der Regie von Anton Kolm uraufgeführt.*
16. Jänner:	*Der spätere Politiker Heinrich Drimmel wird in Wien geboren.*
16./17. Februar:	*In Manchester wird Fritz Kachler Eiskunstlaufweltmeister.*
13. März:	*Bündnis zwischen Serbien und Bulgarien, der Beginn des von Russland vermittelten »Balkanbundes«, dem auch Griechenland und Montenegro beitreten. Ein Beschluss gemeinsamen Kampfes gegen jede Großmacht, die auf dem Balkan türkisches Gebiet besitzt. Der Balkanbund richtet sich gegen Österreich-Ungarn.*
22. März:	*Der berühmte und umstrittene Schriftsteller Karl May hält im Sophiensaal einen Vortrag mit dem Titel »Empor ins Reich der Edelmenschen«.*
13. April:	*Weil seine Zeichnungen in einem Raum, der auch für Kinder zugänglich ist, ausgestellt sind, wird Egon Schiele verhaftet und zu drei Tagen Arrest verurteilt.*
1. Juni:	*Der spätere Geologe, Reiseschriftsteller und Bergsteiger Herbert Tichy kommt in Wien zur Welt.*
29. Juni bis 22. Juli:	*V. Olympische Spiele in Stockholm; Österreich gewinnt zweimal Silber und zweimal Bronze.*
6. Juli:	*Heinrich Harrer, später Forschungsreisender und Alpinist, wird in Wien geboren.*

8. August: *Leopold Ungar, später Prälat und Caritas-Vorsitzender, kommt in Wiener Neustadt zur Welt.*

3. September: *Nach dem Tod der Mäzenin Franziska von Wertheimstein wird testamentsgemäß in ihrer Villa in der Döblinger Hauptstraße im 19. Bezirk eine Volksbibliothek errichtet.*

9. bis 15. September: XXIII. Eucharistischer Kongress in Wien.

30. September: *Der Balkanbund mobilisiert gegen die Türkei; Ausbruch der Balkankrise. In Russland erfolgt eine Probemobilisierung, in Österreich-Ungarn wird der Mannschaftsstand aufgestockt und die Südgrenze gesichert.*

8. Oktober: *Der spätere Politiker und Gewerkschafter Anton Benya wird in Wien geboren.*

Am gleichen Tag versuchen Österreich-Ungarn und Russland, im Auftrag der Großmächte in Konstantinopel erfolglos in der Balkankrise zu vermitteln. Montenegro erklärt der Türkei den Krieg, Ausbruch des Ersten Balkankrieges.

18. bis 24. Oktober: 1. Internationale Kinoausstellung in Wien.

4. November: *Österreich-Ungarn weigert sich, der von England, Frankreich und Russland vorgeschlagenen Erklärung »Desinteresse der Großmächte an der Balkanfrage« zuzustimmen. Daraufhin einigen Frankreich und Russland sich, jeder Gebietserweiterung einer Großmacht auf dem Balkan energisch entgegenzutreten.*

20. November: *Otto von Habsburg-Lothringen kommt in Reichenau an der Rax in Niederösterreich zur Welt.*

5. Dezember: *Erneuerung des Dreibundvertrages zwischen Österreich-Ungarn, Deutschland und Italien vom 20. Mai 1882. Die italienischen Gebietsveränderungen, entstanden während des italienisch-türkischen Krieges (1911/12) durch die Annexion von Tripolis und der Cyrenaika, werden anerkannt.*

17. Dezember: *Botschafterkonferenz in London (dauert bis 11. August 1913). Serbiens Forderung nach einem eigenen*

Adria-Zugang wird von Österreich-Ungarn und Italien verhindert; Albanien wird ein selbstständiger Staat.

23. Dezember: *Richard Weiskirchner wird Wiener Bürgermeister.*

Uraufführung des ersten Dokumentarfilms der »Sascha-Film« – »Die Gewinnung des Eisens am steirischen Erzberg in Eisenerz«.

Der Vorläufer des »Simpls«, das Kabarett »Simplicissimus«, wird gegründet. Der »Österreichische Werkbund« wird durch Josef Hoffmann ins Leben gerufen.

Rapid Wien wird österreichischer Fußballmeister.

»Sag einmal, wie oft soll i dir no anschaffen, dass du dir endlich den *Pracker*[167] schnappst und die Teppiche ausklopfst! Saumentsch, faules!«, schnauzt die Haushälterin das Stubenmädchen an, das es sich in der Küche des herrschaftlichen Haushalts bequem gemacht hat, Kaffee trinkt und in Journalen blättert.

»I geh eh gleich, Frau Berghof. I trink nur schnell noch das *Nagerl*[168] Kaffee aus.«

Haushälterin Lydia Berghof führt ein strenges Regiment, und besonders auf Mizzi hat sie einen *Pick*[169].

»Wenn'st mit den Teppichen fertig bist, kannst gleich die Fenster putzen. Aber piccobello, sodass es ausschaut, ob gar kein Glas drin ist. Was blätterst da herum?«

Kurzerhand nimmt sie Mizzi die Journale weg. Das Stubenmädchen steht auf, wäscht ihr Häferl in der Abwasch aus, trocknet es ab und stellt es zu den anderen in die Kredenz zurück. Hinterrücks zeigt sie der verhassten Berghof die Zunge, verlässt die Küche. Sie schleppt mithilfe des alten Dieners Leopold die zusammengerollten Teppiche, Rolle für Rolle, in den hinteren Teil des Gartens, hängt die wertvollen Stücke über die Klopfstange. Mit jedem Prackerhieb stellt sie sich vor, dass sie der Berghof den Hintern versohlt.

Nachdem die Haushälterin Klopfgeräusche hört, ist sie zufrieden, gönnt sich nun selbst einen Kaffee, setzt sich an den Tisch, blättert in den alten Zeitschriften, die von der Gnädigen dem Personal gegeben werden, sobald sie nicht mehr aktuell und ausgelesen sind.

Feschoform wirkt enorm. Die fesche Wienerin verdankt ihre üppige Büste nur dem prämiierten Feschoform-Busenbalsam. Rasch und sicher erhalten Frauen und Mädchen mit Feschoform einen herrlichen festen Busen, anmutige Figur und volle schöne Körperformen, auch wenn früher nur geringe Anlagen vorhanden. Feschoform ist keine Arznei, sondern ein reiner Pflanzen-Extrakt.

»Was es nicht alles schon gibt«, führt Berghof verwundert Selbstgespräche und liest weiter.

... Kein Hängebusen mehr. Beeinträchtigt nicht Taille oder Hüften. Garantie: Betrag zurück, wenn erfolglos. Vom kaiserlichen Patentamt geschütztes Warenzeichen. Prämiiert: Goldene Medaille Marseille, Großer Ehrenpreis Rom. Einmalige Anschaffung. Einfache Anwendung. Feschoform ist einzig und unerreicht dastehend, von sachverständigen Chemikern untersucht und geprüft. Diskreter Versand gegen Nachnahme oder Voreinsendung des Betrages von K 4,70. Warnung vor Nachahmung. Feschoform ist nur zu beziehen durch Fr. Kögler, Wien V/26. Margaretenstraße Nr. 82, 1. Stock.[170]

»Und dafür geben die depperten Weiber a Geld aus«, sagt sie kopfschüttelnd, »aber ich brauch' es ohnehin net.«

Es stimmt, Lydia Berghof ist von Mutter Natur mit einem äußerst üppigen Vorbau ausgestattet worden. Gut, inzwischen fordert die Schwerkraft ihren Tribut. Bisher wusste der Hausherr diskret, sobald die Gnädige außer Haus war, diese Attribute sehr zu schätzen. Doch kaum ist diese Mizzi ins Haus geschneit, ist die Haushälterin aufs Abstellgleis geschoben worden.

»Aber die kommt schon noch in mei' Gass'n«, ärgert sie sich und blättert weiter, stößt auf ein anderes Inserat, das sofort ihre Aufmerksamkeit erregt, »genau das brauchen wir«, und liest: *Dieser Hausfreund Victor, der preisgekrönte unerreichte Staubsauger darf im neuen Jahre nicht in Ihrem Hause fehlen! ... Ohne Konkurrenz. In vielen Kulturstaaten patentiert.*[171] Mit so einem Apparat wäre der Osterputz ein Kinderspiel.

Es ist ein herrlicher Frühlingstag mit nahezu fünfundzwanzig Grad Celsius, knapp vor dem nahenden Osterfest. Nach dem harten Winter eine richtige Wohltat. Nun wird allerorten geputzt und alles auf Hochglanz gebracht. Auch hier in der *Cottage* in Döbling sind die Domestiken und das Hauspersonal voll eingespannt. Ein nobles und vornehmes Viertel, das mit dem Elend und Hunger der Proletarier nicht in Berührung kommt.

Eigentlich bedeutet *cottage* im Englischen Land- oder Sommerhaus, in der deutschen Sprache bedeutet es jedoch Villa und Villenviertel.

Inzwischen hat diese Gegend schon einige Jahrzehnte am Buckel und ist 1872 einer Idee des Architekten Heinrich von Ferstel zu verdanken. Er baute die Votivkirche, ein Palais in der Herrengasse und die Zentralanstalt für Meteorologie und Geodynamik auf der Hohen Warte.

Auf von Ferstels Initiative wurde der *Wiener Cottageverein* gegründet. Im damals noch unverbauten Gelände in Währing und Döbling, im Bereich Gymnasiumstraße, Haizingergasse, Sternwartestraße und Cottagegasse war der Bau von Ein- und Zweifamilienhäusern mit umliegenden Gärten nach englischem Vorbild geplant.

Architekt Carl von Borkowski baute die ersten Häuser, die rasch verkauft werden konnten. In kurzer Zeit mauserte dieses Viertel sich zu einer gefragten Wohngegend. Dementsprechend stiegen die Grundstückspreise, die Häuser wurden größer und eleganter errichtet. Andere Architekten wie Franz von Neumann oder das Duo Ferdinand Fellner und Hermann Helmer kamen zum Zug. Im Laufe der Jahrzehnte entstanden so an die dreihundertfünfzig Häuser. Nach dem Vorbild des Cottagevereins entstanden später auch ähnliche Wohnviertel in Hütteldorf, Hetzendorf und Ober-St.-Veit.

Der Schriftsteller Felix Salten lebt hier ebenso wie der Pianist, Komponist und Musikpädagoge Theodor Leschetitzky, der auch Mark Twains Tochter in seiner Villa unterrichtete. Bei ihrer Hochzeit in der Villa war auch der amerikanische Schriftsteller zu Gast.

Mizzi verschwendet darüber keinerlei Gedanken. Außerdem hat sie davon keinerlei Ahnung. Eine lustige Melodie vor sich hin summend, widmet sie sich den Fenstern im Arbeitszimmer des Hausherrn und ist froh, dass sie eine Weile diese Berghof nicht zu Gesicht bekommt.

Außerdem freut sie sich, dass sie am Ostersonntag frei hat. Die Herrschaft wird eine Spritztour mit dem neuen Automobil in die Wachau unternehmen. Die Berghof und der alte Diener Leopold werden das Haus hüten. So hat es die Gnädige angeordnet. Sehr zum Missfallen des Hausdrachens Berghof. Wenn Blicke töten könnten, wäre Mizzi auf der Stelle tot umgefallen. Sie kann dem jungen Ding nicht verzeihen, dass sie, seit diese Mizzi im Haus ist, trotz ihres ausladenden Balkons den Hausherrn nicht mehr becircen kann.

Seit etwas mehr als zehn Jahren steht die knapp vierzigjährige Lydia Berghof im Dienst. Auf eine Annonce hin meldete sie sich bei der Gnädigen und wurde aufgrund ihrer Referenzen nach einer kurzen Probezeit fix angestellt.

Schnell merkte die dralle Tirolerin, wer in dieser Ehe die Hosen anhat. Geld vermählte sich seinerzeit wiederum mit Geld. Von Liebe keinerlei Spur, eine arrangierte Hochzeit, eingefädelt von den Vätern, um deren beide Betriebe zu fusionieren, was letztendlich gelungen ist. Somit sind beide Familien höchst zufrieden. Weniger glücklich sind die betroffenen Eheleute, über deren Köpfe hinweg entschieden wurde.

Ein zusätzlicher Wermutstropfen, die Gnädige ist unfruchtbar. Der ersehnte Stammhalter oder zumindest eine Tochter werden ausbleiben.

Außerdem empfindet die Gnädigste die ehelichen Pflichten vielmehr als extrem lästig. Ihre Interessen gelten der Mode und den gesellschaftlichen Anlässen. Außerdem hat sie einen ausgeprägten Putzfimmel, rührt selbstverständlich niemals selbst Staubwedel oder Ausreibfetzen an. Dafür gibt es Personal, und das schikaniert sie nach Herzenslust.

Ihr liebstes Opfer ist jedoch der eigene Mann. Bei jeder sich bietenden Gelegenheit lässt sie ihn spüren, wer die kräftige Finanzspritze mit in die Ehe brachte. Eine weitere Passion, sie kontrolliert für ihr Leben gern, vorzugsweise ihren Mann. Sie ist nicht unattraktiv, aber auch keine herausragende Schönheit. Ihr Mann ist zwar auch nicht der menschgewordene Adonis, aber er ist ein netter Kerl, der eine solche Xanthippe nicht verdient hat.

Einen einzigen Zeitvertreib gestattet sie gnädig ihrem Mann. Von Kindesbeinen an ist er ein begeisterter Philatelist. Wenn er über seinen Briefmarken aus aller Herren Länder brütet, vergisst er seine unglückliche Ehe. Wenn er so könnte, wie er möchte, nicht so feig wäre und Angst vor den Konsequenzen hätte! Mehrmals am Tag möchte er ihr den Hals umdrehen.

Natürlich bleibt dem Personal diese Ehehölle nicht verborgen. Doch absolute Verschwiegenheit ist oberste Pflicht. Lydia Berghof merkte selbstverständlich, dass der Hausherr ihr bei sich jeder bietenden Gelegenheit heimlich eindeutige Blicke zuwarf, die an Lüsternheit nicht zu überbieten waren.

Selbst bei strengster Überwachung gibt es immer wieder Schlupflöcher, die sich nützen lassen.

Nun, die Tirolerin musste dem eher unbedarften Hausherrn einiges beibringen, und er erwies sich als gelehriger Schüler. Ausgerechnet zu dem Zeitpunkt, wo er sich als Liebhaber zu einem wahren Meister entwickelt hat, muss dieses *Trutscherl* aus St. Pölten auftauchen und ihm den Kopf verdrehen!

Jedes einzelne Haar auf dem Kopf möchte Berghof sich vor Zorn und Enttäuschung ausreißen. Sie war es selbst, die der Herrschaft vorgeschlagen hatte, zusätzlich ein Stubenmädchen einzustellen, weil die Arbeit auf Dauer nicht mehr zu bewerkstelligen war. Und Berghof war es auch, die nach eingehender Beratung mit der Gnädigen ebenfalls ihren Sanctus dazu gab, dass Mizzi die Stelle erhielt.

Keine zwei Wochen später und der Hausherr zeigte seiner Haushälterin und heimlichen Geliebten die kalte Schulter, vermied jede der ohnehin seltenen Gelegenheiten für ein trautes Schäferstündchen mit ihr. Zuerst suchte sie die Schuld bei sich selbst, bis sie dahinterkam, woher der Wind wehte.

Mizzi, selbst auf tristen Verhältnissen stammend, ist fest entschlossen, in dieser großen und reichen Stadt ihren Weg zu machen. Der Hausherr ist nur Mittel zum Zweck. Natürlich kann sie und will sie ihn nicht der Gnädigen ausspannen. Unmöglich bei diesem Standesunterschied.

Mizzi ist ein kluges Mädchen, weiß, wie sie Männer umgarnen muss, bis sie sich in ihrem Netz verfangen haben. Und sie hat rasch gelernt, dass Mannsbilder, sobald sie nacktes Frauenfleisch sehen, berühren und küssen dürfen, ziemlich dumm sein können. Der Hausherr ist in dieser Hinsicht keine Ausnahme. Sobald sämtliche Kleidungsstücke in eine Ecke geflogen sind, gibt er Dinge preis, die er ihr sonst niemals erzählen würde. Und Mizzi verfügt über ein ausgezeichnetes Gedächtnis. Wissen ist Macht.

Am Ostersonntag wird sie ein wenig im Prater flanieren. Es soll dort neue Attraktionen geben. Wer weiß, wer ihr alles begegnet? Es steht nirgendwo geschrieben, dass eine Frau nur einen Liebhaber haben darf.

Das neue Automobil des Hausherrn fährt über die kiesbestreute Auffahrt zum Haupteingang der Villa vor. Absichtlich lässt Mizzi sich mit dem Fensterputzen Zeit. Es kann nicht lange dauern, bis der Hausherr in sein Arbeitszimmer kommt. Auf der Leiter rafft sie ein wenig ihren Rock, damit er gleich beim Eintritt einen *g'schmackigen* Anblick genießen kann.

Mizzi beobachtet, wie Hubert, der Chauffeur, ein offensichtlich schweres Paket aus dem Fahrzeug ins Haus schleppt. Wahrscheinlich hat die Gnädige sich wieder einen Haufen Kleider in ihren bevorzugten Modeateliers anfertigen lassen.

Tatsächlich gehen Mizzis Absichten voll auf. Ein bisschen Herumfummeln und Schmusen im Arbeitszimmer ist möglich, obwohl die Gnädige im Haus ist. Dann schallt ihr herrisches Organ durchs Gemäuer, das einen Bären aus dem Winterschlaf reißen würde. Berghof und Mizzi werden gerufen, denn sie betrifft es hauptsächlich.

Im Foyer steht ein graues Blechding mit einem langen Schlauch, und an einem Metallrohr ist eine Art Düse aufgesteckt.

»Jetzt gibt es keinerlei Ausreden mehr«, kommt die Gnädige ohne Umschweife sofort auf den Punkt. »Ab sofort werden sämtliche Teppiche und Böden in diesem Hause klinisch sauber sein. Und zwar mithilfe von Victor. Schaut's mich nicht so blöd an wie zwei Kühe das neue Scheunentor. Das ist ein Staubsauger. Leopold, einschalten.«

Wie befohlen, drückt der Diener auf einen Knopf an diesem geheimnisvollen Gerät, und ein lautes Motorengeräusch ertönt. Mizzi hat sich die Hand vor den Mund gepresst, kann sich nicht erklären, was es sein soll. Auch Berghof ist etwas erstaunt.

»Leopold, den Aschenbecher.«

Er nimmt die volle Schale von einer Kommode.

»Ausleeren.«

»Aber, gnä' Frau, hier am Boden …« Leopold ist fassungslos.

»Ausleeren …«

Der Befehlston duldet keinen Widerspruch.

»Warum dieser Aschenbecher noch nicht ausgeleert wurde, darüber sprechen wir später.«

Die giftigen Blicke treffen sowohl Berghof wie auch Mizzi.

»Das frage ich mich auch, gnädige Frau«, nützt Berghof sofort die

Gelegenheit, um das Stubenmädchen anzuschwärzen. »Schließlich ist es Mizzis Aufgabe.«

Weisungsgemäß leert Leopold die Asche und Zigarrenstummel aus.

»Mizzi«, ordnet die Gnädige an, »nimm das Rohr da bei dem Griff, und dann streichst du über den Schmutz mit der Düse.«

Tatsächlich, wie von Zauberhand wird der Dreck blitzartig eingesogen und verschwindet irgendwo in diesem großen Blechzylinder. Mizzi ist total verblüfft, auch Berghof kann ihre Bewunderung nicht verhehlen. Selbst der alte Leopold ringt sich ein Lächeln ab.

»Gesaugt wird nur zu bestimmten Zeiten, die ich euch noch sage«, bestimmt die Gnädige die Regeln, »sonst wird man ja bei dem Wirbel noch verrückt. Und wehe euch, ihr untersteht euch, damit vielleicht auch Möbel abzusaugen. Auf keinen Fall! Victor ist nur für die Böden zuständig.«

Vom Treppenabsatz im ersten Stockwerk hat der Hausherr das Schauspiel mitverfolgt und ist ebenfalls beeindruckt. Vor einigen Tagen hat seine Frau sich diesen Victor eingebildet. Natürlich wagte er nicht, sich dagegen aufzulehnen. Doch er muss zugestehen, eine der wenigen guten Ideen seiner Frau. Er kehrt wieder in sein Arbeitszimmer zurück und widmet sich seiner Briefmarkensammlung.

Die Herrschaft ist am Ostersonntag zeitig am Morgen in Richtung Wachau aufgebrochen. Auch der neue, große Photoapparat samt hölzernem Stativ wurde im Automobil verstaut.

Die Gnädige wünscht ein paar Fotos von sich in diesem wunderschönen Landstrich. Schließlich war sich Malenlassen gestern, jetzt ist die Photographie modern und der letzte Schrei. »Und das wirst du doch hoffentlich zuwege bringen«, meinte sie noch zu ihrem Gatten, bevor Hubert ihr die Wagentüre öffnete.

Mizzi hat sich fein herausgeputzt und sich für den *Wurstelprater* entschieden. Heute sind sicherlich bei diesem Kaiserwetter Menschenmassen unterwegs. Da wird sich doch wohl der eine oder andere Galan darunter befinden.

Bis zuletzt bangte sie, ob sie tatsächlich ihren ausgemachten Ausgang bekommt, nachdem die Herrschaft weggefahren war und sich vielleicht die Berghof eine neue Gemeinheit für sie ausgedacht hat. Nichts dergleichen. Selbst Leopold versteht die Welt nicht mehr. Die Haushälterin hat nichts dagegen, dass der alte Diener ins Wirtshaus geht, um ein bisschen zu tarockieren.

Sie kann keine Zeugen für ihren Racheplan gebrauchen.

Mizzi kommt aus dem Staunen nicht heraus. Wirklich wunderschön, was dieser Wurstelprater alles bietet. Dieses majestätische Riesenrad mit seinen dreißig Waggons, wie es sich langsam dreht. Die Aussicht von ganz oben muss atemberaubend sein, doch allein würde sie nie mitfahren. Selbst im Riesenrad gibt es Klassenunterschiede. Grüne Waggons bedeuten zweite Klasse, Rot für die erste.

Aber mit ihrem mickrigen Lohn könnte sie es sich ohnehin nicht leisten. Die Gnädige hält sie sehr kurz, mehr als dreißig Kronen im Monat erhält sie nicht. Das entspricht ungefähr dem Verdienst einer Schneiderin, Weißnäherin oder Modistin.

Natürlich herrscht großer Andrang vor dem Kasperltheater. Mit großen Augen, aufmerksam und voll der Spannung, verfolgen die Kinder das Geschehen mit, kreischen und schreien vor Begeisterung, wenn der Kasperl das böse Krokodil haut. Selbst aus den ausweglosesten Situationen kommt er stets unbeschadet wieder heraus. Den Wurschtel kann eben keiner erschlagen, zumindest nicht in Wien.

Mizzi geht weiter zur nächsten Attraktion, und die wird sie sich gönnen, selbst wenn ihr danach, da ist sie sich sicher, etwas schwindlig sein wird. Der *Calafatti* ist ein unbedingtes Muss. Ein bisschen furchteinflößend ist sie schon, diese riesengroße, finster dreinblickende Chinesenfigur mit enorm langem Zopf und dem überdimensionalen hängenden Schnurrbart in dem gelben Gesicht. Der Calafatti dreht sich mit, während um ihn die Waggons der Karusselleisenbahn Runde um Runde drehen.

Es gibt so viel zu sehen, und Mizzi kommt aus dem Staunen nicht heraus. Ein Liliputzirkus mit kleinen Menschen und Ponys zieht sowohl Kinder wie Erwachsene an. Sämtliche Fahrgeschäfte und Etablissements blitzen und funkeln, sind renoviert worden. Der Zirkus Busch lockt mit einem neuartigen Varieté. Panoptikum und Pratermuseum von Präuschers Erben zeigen wieder neue Exponate und Schaubilder.

Feuer- und Schwertschlucker der *Original Antillenneger* und Fakire jagen den Zuschauern trotz des warmen Wetters kalte Schauer über die Rücken. Herma Stuart verblüfft als beste Gedankenleserin der Welt. Aus dem *Hippodrom* ist ein Rollschuhparcours geworden. Daneben das *Münstedt*-Kino, ebenfalls neu renoviert und nun auch mit Balkonlogen ausgestattet.

Mizzi kommt mit Schauen nicht mehr nach. Während sie von einer Attraktion zum nächsten Etablissement bummelt, braut sich in Döbling und in der Wachau das Unheil zusammen.

Im Prater muss niemand hungern oder dürsten. Es gibt eine Unzahl an Cafés und Wirtshäusern. Mizzi geht hinaus in die Hauptallee, wo das *Erste*, *Zweite* und *Dritte* Kaffeehaus sich dicht aneinanderreihen. Letzteres gilt als das vornehmste. Allerdings tummelt die bessere Gesellschaft sich lieber im »Sachergarten« und im Restaurant am »Konstantinhügel«. Es ist eine künstliche Erhebung, ein Relikt von der Weltausstellung 1873 mit Wasserfall und einem Teich, auf dem man Boot fahren kann.

Allerorten ist Musik zu hören. Die Restaurationsbetriebe *Eisvogel* und *Prochazka* leisten sich erstklassige Damenkapellen, während in *Kadermanns Restauration täglich Militärmusik aufspielt. Im ältesten*

Pratergasthaus »Zum Ochsen« geht es ebenfalls hoch her wie beim »Fidelen, schönen Karl«. In fünf Tanzsalons kann das Tanzbein geschwungen werden, vierundfünfzig Gastronomiebetriebe sorgen für volle Bäuche.[172]

Bei der Riesenauswahl wird Mizzi sich sicherlich auch eine Wurst und ein Bier leisten. Vielleicht findet sich auch ein Kavalier, der sie einlädt? Der Tag ist noch jung.

Keuchend schleppt der Ehemann den Photoapparat und das Stativ den Anstieg hinauf. Ein paar Schritte vor ihm schreitet die Gnädige voran. Sie muss auch nicht den schweren Krempel tragen. Wieder eine ihrer kruden Ideen, hinauf zur Ruine Dürnstein zu wandern. Ihrer Meinung nach gibt es oben sicherlich wunderbare Motive, wo ihr Mann sie ablichten kann. Außerdem möchte sie das Verlies sehen, in dem einst Richard Löwenherz gefangen gehalten wurde.

Schade, denkt ihr Mann, dass es längst nicht mehr in Betrieb ist.

Chauffeur Hubert muss unten beim Automobil bleiben und eine Auge darauf haben. Immerhin ist es nagelneu, und die Welt ist schlecht.

Während der Hausherr sich in der Wachau mit seiner Ausrüstung abmüht, kämpft in der Döblinger Cottage Lydia Berghof mit Victor. Warum muss ihr Komplize so verdammt schwer sein? Der Staubsauger wiegt nahezu dreißig Kilogramm. Stufe für Stufe hievt die Haushälterin das Monstrum hoch. Geschafft! Endlich steht sie vor dem Arbeitszimmer des Hausherrn.

»Das ist doch eine wunderbare Stelle«, meint die Gnädige, »im Hintergrund der Donaustrom, das Wachautal, ich im Vordergrund. Wie lange dauert das denn noch, bis du den Apparat aufgestellt hast?«

»Ich beeile mich, tue mein Bestes.«

Ihre Antwort ist ein Blick wie Eis.

»Sitzt mein Hut richtig? Wie sieht es mit dem Faltenwurf meines Kleides aus?«

»Alles bestens. Du siehst fabelhaft aus, wie immer.«

Plötzlich bemerkt er diesen lockeren Stein vor ihren Füßen auf dem felsigen Untergrund.

Auf der Unterlage des Schreibtisches liegt ein Tuch und darauf aufgereiht wie Zinnsoldaten Briefmarken, die der Hausherr von seiner Korrespondenz vorsichtig gelöst hatte und die Kleberückstände mit Wasser beseitigte. Nun sind die bunten Papierchen zum Trocknen aufgelegt. Wenn er heute Abend nach Hause kommt, wird er sie nach einem besonderen System in ein Album stecken.

Berghof startet den Staubsauger, nimmt mit einem satanischen Grinsen das Rohr mit der Düse in die Hand. Was sie jetzt anrichtet, wird Mizzi später ausbaden müssen. Zwei Fliegen mit einer Klappe. Eine Lydia Berghof schickt man nicht ins Ausgedinge und zieht eine Jüngere vor …

Der Hausherr steht hinter seinem Photoapparat, ist unter das schwarze Tuch geschlüpft, das ihn vor äußeren Lichteinflüssen abschirmt, um seine Frau durch den Sucher genau zu sehen. Wo ist dieser Stein? Hier, sehr gut. Dahinter geht es steil abwärts.

»Stell doch bitte deinen linken Fuß auf den Stein vor dir. Ja, ausgezeichnet. Jetzt noch einen Hauch den Oberkörper nach rechts drehen und einen Schritt zurück …«

Es ist anzunehmen, dass den Hausherrn der Verlust seiner Briefmarken härter traf als der Todessturz seiner ungeliebten Frau.

Nummer 7
1913

3. Februar:	*Das Lainzer Krankenhaus in Hietzing wird nach fünfjähriger Bauzeit fertiggestellt, gilt als eines der modernsten Spitäler.*
11. Februar:	*Paul Kunschak, Bruder des christlichsozialen Politikers Leopold Kunschak, erschießt den Wiener Gemeinderat und Arbeiterführer Franz Schuhmeier.*
23. Februar:	*Abermals wird Fritz Kachler Eiskunstlaufweltmeister bei der in Wien durchgeführten Weltmeisterschaft.*
24. Februar:	*Der ehemalige Klavierbauer und spätere Flugpionier Wilhelm Kreß stirbt in Wien.*
30. März:	*Skandal im Großen Musikvereinssaal. Arnold Schönberg dirigiert ein vom »Akademischen Verband für Literatur und Musik« organisiertes Konzert mit Werken von Mahler, Berg, Webern, Zemlinsky und eigene Kompositionen. Es kommt zum Eklat mit Pfiffen und Schlägereien. Noch vor Konzertende muss der Saal polizeilich geräumt werden.*
21. April:	*Der spätere Volksschauspieler Josef Meinrad wird in Wien geboren.*
25. Mai:	*Oberst Alfred Redl, Leiter des Nachrichtendienstes in der k.u.k. Armee, begeht wegen seiner Spionageaffäre Selbstmord durch Erschießen.*
30. Mai:	*Der Präliminarfriede (vorläufiger F.) von London beendet den Ersten Balkankrieg nur scheinbar.*
9. Juni:	*Der »Zeppelin«, das Luftschiff von Ferdinand Graf Zeppelin, fliegt über Wien und ist ein großes gesellschaftliches Ereignis mit Abertausenden Schaulustigen.*
28. Juni:	*Franz Antel, später Filmregisseur, wird in Wien geboren.*

3. Juli:	*Zweiter Balkankrieg: Rumänien, Serbien und Griechenland gegen Bulgarien.*
8. Juli:	*Erneuerung des Defensivbündnisses zwischen Österreich-Ungarn, Deutschland und Rumänien.*
21. Juli:	*Angriff der Türkei auf Bulgarien.*
10. August:	*Ende des Zweiten Balkankrieges durch den Frieden von Bukarest mit harten Bedingungen für Bulgarien. Österreich-Ungarn ergreift Partei für Bulgarien.*
19. Oktober:	*Das Konzerthaus, erbaut von Fellner & Helmer, wird durch die Wiener Konzerthausgesellschaft eröffnet.*
	Uraufführung von Franz Molnars »Liliom« im Theater in der Josefstadt.
	Die Brauereien der Firma Mautner-Markhof fusionieren mit der Firma Dreher. Der neue Name lautet »Vereinigte Brauereien Schwechat, St. Marx, Simmering«. Mehrheitlich befinden sich die Aktien in der Familie Dreher.
	Das neue Regierungsgebäude mit dem Sitz des Kriegsministeriums wird fertig gebaut, ebenso wie das Technische Museum für Industrie und Gewerbe.
	Erfolgreiche Erdölversuchsbohrungen im östlichen Wiener Raum.

»No, zwa Seidl!«, ruft der junge Mann und winkt dem Ober.

Die beiden jungen Männer passen gar nicht zu den Gästen und ins noble Ambiente des Café »Zoglmann«[173] im ebenso vornehmen Währing. Deshalb werden sie auch misstrauisch und geringschätzig, teils unverhohlen, teils heimlich sowohl vom Personal wie auch von den Gästen gemustert. Einige spielen Karten, andere umlagern die Billardtische oder schmökern in Zeitungen und Journalen.

Wahrscheinlich sind es zwei kleine, unbedeutende Vorstadtstrizzis, die auch einmal ein besonderes Flair genießen möchten. Als der

Ober die zwei Biere auf den Tisch stellt, überlegt er, ob die beiden Typen überhaupt in der Lage sind, ihre Zeche zu bezahlen. Daher kassiert er lieber gleich ab, murmelt etwas von Dienstwechsel. Tatsächlich bekommt er zu seiner Verwunderung das geforderte Geld.

Vorstadt stimmt, kriminell sind die beiden nicht. Alexander Bernreiter und Herbert Gundacher sind zusammen in Leopoldau über der Donau in einfachsten Verhältnissen aufgewachsen, machen seither alles zusammen, seit sie denken können.

Seit letztem Herbst sind sie arbeitslos, fristlos gekündigt wegen »Aufruhr« von der Werksleitung der *Lohner-Werke* in Floridsdorf, weil sie ständig die Kollegen aufstachelten, sich nicht alles gefallen zu lassen. Jetzt bringen sie sich mit Gelegenheitsarbeiten mehr schlecht als recht halbwegs über die Runden.

»Xandl, wir können es schaffen«, beugt Herbert Gundacher sich vor zu seinem Freund. »Wir haben, glaube mir, zahlreiche Unterstützung, wenn's drauf ankommt. Der Alte muss weg.«

»Ist dir klar, was das auslöst, wenn wir den Kaiser umbringen, Bertl? Uns bringt es die Todesstraf' ein. Wir opfern für etwas Ungewisses unsere Leben!«

»Scheiß drauf«, winkt Gundacher ab, »zumindest krepier'n wir für a gerechte Sach'. Ob wir langsam vor Hunger vor die Hund' geh'n oder mit einer heroischen Tat von dieser Welt abtreten … Was is' g'scheiter? Der Tyrann muss weg.«

»Das ist ein alter, kranker Mann, der in seiner Hofburg und in Schönbrunn sitzt. Und Tyrann? I weiß net.« Alexander Bernreiter ist sich nicht sicher, ob diese fürchterliche Bezeichnung tatsächlich auf Se. Majestät zutreffend ist. »I glaub', Bertl, der weiß wahrscheinlich gar nicht mehr so genau, was da draußen los ist. Dafür sorgt schon sei' Hofkamarilla. Und wenn er weg ist, kommt der ungehobelte, ungebildete Franz Ferdinand, der die längste Zeit schon im Belvedere auf seine Chance lauert und außer der Jagd nix anderes in seinem unsympathischen Schädel hat. Der sogar mächtig darauf stolz ist, dass er in seinem Leben bisher an die dreihunderttausend Stück Wild erlegt und an einem einzigen Tag zweitausend Lachmöwen g'schoss'n hat. Der überhaupt nichts mit der modernen Kunst anfangen kann, lieber einem Kokoschka sämtliche Knochen im Leib brechen lassen will. Einer, der Juden und Protestanten als Staatsfeinde sieht.[174] Da is' mir der Alte beim Arsch lieber als dieser Franz Ferdinand beim G'sicht. Auch wenn der Alte schon so lang auf seinem Thron sitzt. Der Kaiser hat doch schon regiert, als wir zwei noch gar net auf der Welt waren. Das Problem löst sich ohnehin von selbst. Der Lauf der Natur und des Lebens.«

Wenn die Gäste im »Zoglmann« wüssten, was die beiden jungen Männer an ihrem Ecktisch tuscheln, wäre es schnell mit der Beschaulichkeit und Ruhe im Café vorbei. Ein Attentat auf Se. greise Majestät!

Ebenso wenig sieht man ihnen an, dass sie einiges mehr in den Köpfen als nur Wein, Weib und Gesang haben, Autodidakten sind, die sich auf zahlreichen Versammlungen sehr zu Herzen nehmen, dass nur gebildete Arbeiter etwas zur Verbesserung ihrer Situation erreichen können.

Regelmäßig suchen sie die öffentlichen Bibliotheken auf, wenn sie auch mühsam die paar *Netsch*[175] für die Leihgebühren zusammenkratzen müssen. Sie haben Marx, Engels und Lassalle gelesen.

In der Meldemannstraße 25-29, drüben in der Brigittenau im Männerwohnheim, in dem sie seit einigen Monaten leben müssen, gelten Bernreiter und Gundacher als Außenseiter. Die Mehrheit der Obdachlosen denkt nur ans *Tschechern*[176], viele sind Analphabeten. Anderen will es nicht in die Köpfe, warum man Bücher liest, wenn nichts zum Fressen da ist. Deshalb gibt es öfters Streit und Auseinandersetzungen.

Nur Bernreiters und Gundachers Zimmernachbar im Obdachlosenasyl versteht die beiden. Auch ein Eigenbrötler, der ständig und gar nicht so schlecht irgendwelche Aquarelle mit Wiener Motiven malt und sie als Postkarten zu verkaufen versucht. Er ist frustriert, weil er nicht in die Kunstakademie aufgenommen worden ist. Angeblich stammt er aus Braunau in Oberösterreich. Ab und zu wechseln Bernreiter und Gundacher mit ihm ein paar Worte. Aber er lässt auch immer wieder anklingen, dass er Juden nicht leiden kann.

»Gut, Xandl«, lenkt Herbert Gundacher ein, »wir sterben alle einmal. Aber wer sagt dir, dass der Kaiser nicht steinalt wird? Wenn er in der Kapuzingergruft liegt, hockt dann dieser Franz Ferdinand auf dem Thron, und die Scheiße beginnt erneut. Diese Habsburgerbrut gehört restlos eliminiert, die sind doch immer nur gegen das Volk, und das Volk will sie schon längst nimma. Antiquiert, unnötig und überholt. Erzkonservativ und sämtliche neue Strömungen seh'n's als Feind. Aber ihre Macht erhalten sie sich auf unserem Rücken. Wenn wir aber auf die Straße geh'n, weil sich in uns die Gedärme vor Hunger zusammenkrümmen und wir nicht länger in eiskalten, stinkenden Löchern hausen wollen, lässt man auf uns schießen. Schau dich doch hier nur im ›Zoglmann‹ um. Merkst du net, was sie von uns halten und wie sie auf uns herabsehen? Denen sind Leut' wie wir scheißegal. Darum haben wir uns das heute geleistet, um es selbst zu erleben. Zuerst die Aristokratie, dann das Bürgertum, das aber schon die längste Zeit auf den Adel pfeift, weil es selbst inzwischen mehr als genug Geld gescheffelt hat, und dann kommt lang nix. Irgendwo ganz weit unt'n tauchen dann wir auf.«

»Da gebe ich dir schon recht, Bertl. Aber wie stellst du dir so ein Attentat vor? Das scheitert doch bereits daran, dass wir net einmal an Revolver ham.«

»Geh«, lacht Gundacher, »in Wien kriegst doch *a Krach'n* so leicht wie a Seidl Bier. Man muss nur wissen, wo und bei wem.«

»Ja und?«

»Was, ja und? Wenn der Alte in seiner vergoldeten Kutsch'n nach

Schönbrunn fährt, auf dem Weg dorthin abpassen und die Trommel leer feuern.«

»Bledsinn!« Bernreiter gefällt diese Idee ganz und gar nicht. »Auf der Kaross'n hocken doch die *Postillionen*, und ungarische Kavalleristen eskortieren den Alten. Du kommst do net amoi dazu, den Revolver aus deiner Tasch'n zu ziehen, bist du bereits überwältigt.«

»Es gibt ja a no die einfachere Variante. Wenn der Kaiser zu seiner Freundin, dieser Schauspielerin Schratt, fährt, verläuft das doch um einiges diskreter, obwohl es ohnehin die ganze Monarchie weiß. Zufällig bei ihrer Villa in Hietzing auftauchen und schießen, sobald er hineingeht oder herauskommt. Sicherlich ist das Abhauen auch wesentlich einfacher, weil er dort nie mit großem Gefolge aufkreuzt.«

»Mir schmeckt das alles nicht«, schüttelt Bernreiter den Kopf. »I hab schon immer etwas gegen Gewalt und Mord, selbst wenn's nötig sein sollte, na ... Das ist nicht meine Sache. Es stimmt alles, was du sagst, Bertl. Alles wird von Tag zu Tag teurer, aber die Löhne steigen nicht.« Er deutet mit einer Kopfbewegung in die Runde. »Natürlich ist das denen da drin scheißegal. Sie brauchen nicht drüber nachdenken, ob sie sich nur eine oder zwei Melange leisten können. Am Sonntag steht das Schweinsbraterl mit Semmelknödel am Tisch oder ein Backhenderl. Wenn's später nach Haus' kommen, wartet vielleicht schon der Tafelspitz. Oder sie fahren raus zum Heurigen, und dort wird erst richtig geprasst. I glaub' eher, es löst sich bald alles von selbst. Der Panslawismus ist der Totengräber für Österreich-Ungarn. Am Balkan ist doch bereits der Teufel los. Ein Pulverfass, das demnächst endgültig hochgehen wird. Nur mehr eine Frage der Zeit. Und dieser Dreibund mit uns, Deutschland und Italien ist doch das Papier net wert, worauf er unterzeichnet wurde. Wenn's hart auf hart geht, hauen uns sowohl die Deutschen wie auch die Katzelmacher das Hack'l ins Kreuz. Die Serben werden die Lunte anbrennen. Das haben sie schon 1903 mit dem

Geheimbund der *Schwarzen Hand* mit serbischen Offizieren, einigen Kroaten und Bosniaken bewiesen. Damals haben sie kurzerhand ihren eigenen König Aleksandar Obrenović und seine Frau Draga Mašin umgebracht. Und die Geschichte wiederholt sich, Bertl.«

Tatsächlich hat sich eine neue geheime, serbische Organisation rund um *Apis*, so der Spitzname des Generalstabsoffiziers Dragutin Dimitrijević, gebildet, die *Ujedinjenje ili Smrt – Vereinigung oder Tod* – gebildet. Das erklärte Ziel, Serbien als eigener Nationalstaat und somit eine Kriegserklärung an Österreich-Ungarn.

Die beiden jungen Möchtegern-Anarchisten aus der Leopoldau starren eine Zeit lang stumm in ihre Biergläser, hängen ihren eigenen Gedanken nach.

»Vielleicht ist es doch nicht das Klügste«, nimmt Gundacher wieder den Gesprächsfaden auf und lenkt plötzlich ein, »den alten Mann auf diese Art aus dem Weg zu räumen. Eigentlich lohnt es nicht, für diese Habsburger das eigene Leben aufs Spiel zu setzen. Allerdings würd' i mi gern mit diesem Russen unterhalten, der jetzt in Wien sein soll. Ein Berufsrevolutionär, der in seinen Kreisen *Sosso* genannt wird. Wäre sicherlich sehr interessant, was er über unsere Monarchie denkt.«

»Wie wollen wir an den herankommen? Und dann? Wir können net Russisch und er sicherlich a net Deutsch.«

»Mit Händ' und die Füß' hat man sich immer noch verständigen können«, lässt Gundacher den Einwand nicht gelten.

Woher Gundacher und Bernreiter von dem unbekannten Mann wissen, bleibt ihr Geheimnis. Tatsächlich hält dieser Russe, ein gebürtiger Georgier, sich in diesen kalten Februartagen in der Stadt auf. Anfang Jänner reiste er aus Krakau in Wien an und wohnt seither in Meidling, in der Schönbrunner Straße 30 auf Tür Nummero 7.

Die Wohnung gehört Landsleuten, Alexander Antonowitsch Trojanowski und seiner Frau Jelena Fjodorowna Rosmirowitsch. Bislang blickt Trojanowski auf ein bewegtes Leben zurück.

Der ehemalige Offizier in der Zaren-Armee studierte an der Militärakademie von Woronesch, schloss seine Studien 1900 ab. Danach ging er bis 1903 an die Artillerieschule von St. Petersburg. Ein Jahr später, 1904, an der Universität von Kiew, studierte er Mathematik, Physik und Rechtswissenschaften. Allerdings nur für ein Semester. Gleichzeitig schloss er sich der *SDAPR*, der *Sozialdemokratischen Partei Russlands*, an.

Im April 1905 kämpfte er im Russisch-Japanischen Krieg mit einer Artillerieeinheit in der Mandschurei und kehrte unversehrt zurück. Danach fiel er plötzlich in Ungnade, wurde 1908 verhaftet und in die Verbannung geschickt.

Nach Verbüßung der Strafe emigrierte Trojanowski mit seiner Frau und Tochter Galina nach Wien und kollaborierte mit den *Bolschewiki*, dem radikalen Flügel innerhalb der SDAPR, angeführt von Wladimir Iljitsch Uljanow mit dem Kampfnamen *Lenin*.

Völlig unbemerkt von den k.u.k.-Behörden wird von Trojanowskis Wohnung in der Schönbrunner Straße aus der totale Umsturz im russischen Reich, die Revolution, Schritt für Schritt vorbereitet.

Bereits ein Wien-Kenner ist Leo Dawidowitsch Bronstein, ein Journalist und Schriftsteller, der bereits seit 1907 mit seiner Frau Natalja Sedova und den beiden Söhnen mit kurzen Unterbrechungen an verschiedenen Adressen in der Stadt lebt.[177] Er wird sich später *Leo Trotzki* nennen. In Wien gründet Trotzki die Zeitung »Pravda«, »Wahrheit«, die im 9. Bezirk in der Mariannengasse 17 erscheint. Für einige russische Zeitungen berichtet er als Korrespondent über den Balkankrieg. Trotzki bezeichnet seine Arbeit als »theoretische Wegbereitung für die Zweite russische Revolution«. Sein Stammkaffeehaus ist das Café »Central« in der Herrengasse.

Mit dem Eintreffen des Georgiers Josef Wissarionowitsch Dschugaschwili mit dem Kampfnamen *Stalin* in Wien sind nun die führenden Köpfe der geplanten Revolution ungehindert versammelt. Stalin wird hier erstmals auch mit Trotzki zusammentreffen, wobei sofort klar sein wird, dass beide sich extrem unsympathisch sind.

Stalin ist im Auftrag Lenins hier. Nachdem innerhalb der Bolschewiki Unklarheit und Ratlosigkeit herrschen, wie später das russische Nationalitätenproblem nach der erfolgreichen Revolution gelöst werden soll, schickte Lenin Stalin nach Wien, um aus den Fehlern der Vielvölkermonarchie Österreich-Ungarns zu lernen und Ursachenforschung zu betreiben. Letztendlich schrieb Stalin über seine Erkenntnisse und Erfahrungen den Artikel »Marxismus und die nationale Frage«.

Lenin war es auch, der Stalin die Trojanowskis als Unterkunftgeber empfahl, da er selbst schon dort zu Besuch war, sie als feine Leute und vor allem reich in Erinnerung hat.

Wenn Stalin eine Pause einlegt und aus dem Fenster in der Schönbrunner Straße hinuntersieht, donnert oft das Automobil des Thronfolgers Franz Ferdinand in halsbrecherischer Geschwindigkeit unten vorbei, was den Georgier stets verwundert.

Auch ein Automechaniker und inzwischen Testfahrer für Mercedes in Wiener Neustadt beobachtet manchmal, wenn er in Wien ist, dieses Spektakel. Jahrzehnte später werden sich die Wege Stalins und dieses einundzwanzigjährigen Josip Broz kreuzen. Allerdings wird er dann unter dem Namen *Tito* in aller Welt bekannt sein.

Stalin wird seinen Wiener Aufenthalt ebenfalls nicht vergessen. Besonders nicht Trotzki und den langjährigen Chefredakteur der »Pravda«, Nikolaj Bucharin. Trotzki wird er in Mexiko von einem gedungenen Killer mit einem Eispickel erschlagen lassen, und Bucharin fällt seinen Säuberungswellen zum Opfer.

Am wenigsten Freude mit Stalins Wiener Aufenthalt hat Olga Weiland, die Haushälterin der Trojanowskis. Zu ihren Aufgaben gehört es auch, sich um die Wäsche des Gastes zu kümmern. Doch Stalin hält anscheinend nicht viel von Körperpflege und Hygiene.

So wird sie später ausplaudern, dass es jedes Mal ein Gräuel war. Für die kleine Galina, der Tochter der Trojanowskis, kauft Stalin öfters Bonbons an einem Standl in der Schönbrunner Straße, während wieder einmal der Thronfolger in seinem Automobil vorbeirauscht.

Und Stalin ist nicht ausschließlich knochentrockener Revolutionär, durchaus für weibliche Reize empfänglich. Doch das Kindermädchen der Trojanowskis gibt ihm einen Korb. Ihr Favorit ist Nikolaj Bucharin, der Chefredakteur der »Pravda«. Ein weiterer Minuspunkt für diesen Mann, der sich später bitter rächen wird.

… und im Café »Zoglmann« bestellen die verkappten Anarchisten Alexander Bernreiter und Herbert Gundacher sich noch zwei weitere Seidl, brüten darüber, wie sie Sosso alias Stalin finden können, um sich Ezzes[178] für den Umsturz zu holen, doch sie kommen auf keinen grünen Zweig.

Daher fahren sie zurück in die Meldemannstraße, wechseln noch ein paar belanglose Worte mit dem Postkartenmaler Adolf Hitler und dessen Freund August Kubiczek.

Angesagte Revolutionen finden nie statt. Zumindest nicht in der Walzerstadt Wien.

Leider sind die beiden später wohl zu den schlimmsten zählenden Diktatoren und Menschenschlächter in der Geschichte, Stalin und Adolf Hitler, sich 1913 nie in Wien begegnet, obwohl sie beide gerne im Schlosspark Schönbrunn spazieren gingen.

Wer weiß, wenn sie damals ein paar Worte gewechselt hätten, wie wohl heute die Welt aussehen würde?

Ironie der Geschichte …

Der Ausspruch eines hohen österreichisch-ungarischen Staatsbeamten nach dem Ausbruch der Oktoberrevolution 1917 in Russland ging in die Annalen ein: »Wer soll denn diese Revolution machen? Vielleicht der Herr Trotzki aus dem Café ›Central‹?«

S' wird a Wein sein ...
1914

1. Mai: *Eröffnung des (zweiten) Stadttheaters im 8. Bezirk in der Laudongasse 36.*

9. Mai: *Der spätere Kabarettist Peter Wehle wird in Wien geboren.*

19. Mai: *Max Perutz, später Chemiker und Nobelpreisträger, erblickt in Wien das Licht der Welt.*

21. Juni: *Die Schriftstellerin, Nobelpreisträgerin und Friedensaktivistin Bertha Freifrau von Suttner stirbt in Wien.*

28. Juni: *Die tödlichen Schüsse von Sarajevo, Thronfolger Franz Ferdinand von Habsburg-Lothringen und seine Gemahlin Sophie Gräfin Chotek von Chotkowa fallen einem Attentat zum Opfer.*

29. Juli: *Kriegserklärung Österreich-Ungarns an Serbien. Sofort treten umfangreiche Zensurmaßnahmen gegenüber den Medien in Kraft. Vielfach erscheinen Zeitungen aus Protest mit weißen Seiten.*

Oktober: *Das Brigittaspital wird im 20. Bezirk eröffnet.*

4. Dezember: *Der spätere Maler Rudolf Hausner wird in Wien geboren.*

10. Dezember: *Der Ohrenarzt Robert Bárány erhält den Medizinnobelpreis. Am Haus der Versicherungsgesellschaft »Der Anker« im 1. Bezirk, Hoher Markt 10-11, wird die von Franz von Matsch gestaltete Figurinenuhr fertig gebaut.*

Noch hat Gavrilo Princip in Sarajevo seinen Revolver nicht geladen, noch läuft alles in seinen gewohnten Bahnen und im Alltagstrott ab. Die Oberschicht hüllt sich in ihre Pelze, lässt die Domestiken Holzscheite in die Kamine legen, während das Proletariat in diesem besonders harten Winter friert und erfriert.

Zehn bis zwölf Minusgrade am Morgen, vier bis sechs unter null zu Mittag sind beinahe schon zur Gewohnheit geworden. Eisschollen treiben auf der Donau, jedoch kommt es nicht zum befürchteten Eisstoss. Dazu Unmengen an Schnee. Langsam macht sich Lebensmittelknappheit breit. Die Bauern in der Wiener Umgebung schaffen es aufgrund der Wetterlage nicht, die Stadt zu erreichen. Gemüse wird knapp, entsprechend jagen die Preise hoch.

Viele Bauarbeiter sind arbeitslos, da die Kälte keinerlei Bautätigkeiten zulässt. Daher wollen sie sich mit Schneeschaufeln ein wenig dazuverdienen. Es kommt zu wüsten Schlägereien vor den Aufnahmestellen des städtischen Straßendienstes in Hernals, Margareten, Floridsdorf, Ottakring und in der Brigittenau um jede Schaufel. Viele müssen weggeschickt werden, und sie ziehen weiter in die Innenstadt, in der Hoffnung, dort für die Schneeräumung gebraucht zu werden.

»*Die meisten waren notdürftig mit abgetragenen Sommerkleidern und zerrissenen Schuhen bekleidet und es zeigte sich deutlich an ihnen, in welch tiefes Elend längere dauernde Arbeitslosigkeit den Proletarier hinabdrückt*«, schreibt die »Arbeiter-Zeitung«.[179]

Seit dem 15. November sind sechs Wärmestuben für ganz Wien geöffnet, und der Andrang ist gewaltig. Bis zum Jahreswechsel suchten 79.053 Tagesbesucher Unterschlupf, und 4.569 suchten ein warmes Nachtlager.[180]

Entweder um Heizkosten zu sparen oder weil sie es sich einfach nicht leisten können, flüchten komplette Familien in diese Unterkünfte und schlagen auf harten Holzbänken die Zeit tot. Eine Scheibe Brot und eine kaum genießbare Einbrennsuppe werden ausgeteilt und bleiben die einzige Nahrung.

In den Notschlafstellen ist es um keinen Deut besser. Bereits nachmittags drängen sich die Warteschlangen. Glücklich, wer eine Nummer ergattern kann. Namen existieren nicht. Dazu gibt es zwei *Kotzen*, grobe kratzige Decken und einen verdreckten Polster. Bevor man sich endlich in der Wärme langlegen darf, geht es vorher in die *Lauskammer*. Die Biester sind überall und piesacken jeden. Um sechs Uhr morgens, kaum dass man etwas Schlaf in dem furchtbaren Mief und der Schnarcherei gefunden hat, heißt es bereits wieder raus. Pünktlich um sieben müssen die Notschlafstellen geräumt sein. Wer wie den Tag überstehen soll, interessiert nicht.

Jene, die noch weiter unten als unten sind, selbst dafür keinen Heller in den löchrigen Taschen haben, suchen in leer stehenden Garten- und Fischerhütten Unterschlupf, verkriechen sich in leer stehenden Fabrikhallen, schlafen auf dampfenden Komposthaufen in Gärtnereien. Alles ist recht, das nur annähernd ein bisschen Wärme spendet.

Hinzu kommt die ständige Angst von der Polizei wegen Vagabondage aufgegriffen zu werden und im *städtischen Werkhau*s zu landen, wo sie zum *Sacklpicken*[181] und Strohsäckefüllen verdonnert werden. Scheißegal, zumindest ist es warm, und man hat irgendetwas zu tun.

Oder gleich selbst eine Verzweiflungstat setzen wie dieser ältere, abgerissene Mann in der Mariahilfer Straße. Plötzlich zieht er einen gestohlenen Ziegelstein unter seiner verschlissenen Jacke hervor und schmettert das Wurfgeschoss in die Auslagenscheibe eines Juweliers. Seelenruhig wartet er ab, bis die Polizei ihn abführt. Im *Häfen* ist es wenigstens warm, und es gibt regelmäßiges Essen.

Auch Gerichtssäle eignen sich hervorragend zum Aufwärmen, und los ist obendrein etwas. Richter hassen die *Kiebitze*, die Verhandlungsbeobachter, die oft genug stören, arretiert werden und ein paar Tage später selbst auf der Anklagebank sitzen müssen.

1.485 Menschen hatten 1913 endgültig von diesem trostlosen Leben ohne Aussicht auf Besserung genug. 891 Männer, 594 Frauen und Mädchen zogen lieber den Selbstmord vor, als weiterhin im Elend dahinzuvegetieren. Erschreckend viele Kinder wählten den Freitod, das Jüngste ein siebenjähriger Bub.[182]

Immer wieder kommt es zu neuen Hungerdemonstrationen und Protestkundgebungen, bevorzugter Treffpunkt der Ringstraßencorso der feinen Leute, die angewidert die parfümierten Nasen rümpfen, sich wegdrehen oder erstaunt feststellen, was es nicht alles in dieser Stadt gibt.

Auch heute, an diesem eiskalten Februartag, stehen sie wieder hier zu Tausenden. Ein Heer der Verzweifelten und Elendsgestalten trifft sich auf dem Schwarzenbergplatz, zieht vorbei an den Nobelhotels »Imperial« und »Bristol«, legt den Verkehr auf der Ringstraße lahm. Nicht immer verlaufen diese Aufmärsche des Elends friedlich. Vielfach löst die Polizei die Ansammlungen gewaltsam auf. Oft genug bleiben Verletzte und Tote auf dem Straßenpflaster liegen.

»Franz, ziehen S' doch endlich die Vorhäng' zu!«, ruft der Gast erbost nach dem Kellner im Restaurant des »Imperials«, »dieses erbärmliche Gesindel verdirbt einem doch den Appetit und obendrein noch die Faschingslaune.«

Das sind die wahren Sorgen. Heute Abend einmal selbst diesen neuesten Modetanz, den Tango, auszuprobieren, wo der Mann sehr auf Tuchfühlung mit der Dame geht. Nicht so gespreizt wie beim Walzer.

Schade, dass es seit 1911 nicht mehr die vornehmsten Bälle in der Faschingssaison gibt. Der Gesundheitszustand Sr. Majestät lässt leider den *Hofball* und den *Ball bei Hofe* nicht mehr zu. Zum Glück gibt es noch andere Vergnügungen wie den *Ball der Stadt Wien* im Rathaus, wo immer ein Erzherzog als Vertreter Sr. Majestät zugegen ist. Die *Schwarz-Gelbe Redoute* im Konzerthaus wäre sicherlich auch einen Besuch wert. Aber wahrscheinlich wird heuer der *Narrenabend des Wiener Männergesangsvereins* im Sofiensaal das Rennen machen. Was man so hört, soll es dort sehr lustig sein. Heuer haben angeblich die Veranstalter den gesamten Wurstelprater in Miniatur in dem Saal nachgebaut.

Der Gast riskiert einen vorsichtigen Blick hinter dem Vorhang hervor.

»Jetzt sind diese Jammerfiguren noch immer nicht weg«, entrüstet er sich. »Da frag' ich mich, wofür wir eine Polizei haben?«

Er nimmt seine Damastserviette vom Hals und greift erzürnt nach der Zeitung. Ein Bericht erregt sofort seine Aufmerksamkeit und gibt neuerlichen Grund, sich aufzuregen. Was will man auch anderes von der Vorstadt erwarten?

Am Donnerstag, den 5. Februar, dringt aus dem Klosett im Haus in der Berggasse Nummero 17 im 9. Bezirk der Ruf »Peperl, was machst denn?« hinaus auf den Gang.

Der Grünzeugwarenhändler Stefan Trupp wohnt an dieser Adresse und hält umgehend Nachschau, findet im Vorhaus eine blutüberströmte Frau.

Rasch stellt sich heraus, es handelt sich um das zwanzigjährige Dienstmädchen Franziska Pekar. Der alarmierte Polizeioberbezirksarzt Dr. Hlavatsch, der im Nebenhaus wohnt, kann nur mehr den Tod der jungen Frau feststellen. Sie war erstochen worden.

Gegenüber der Polizei kann die Dienstherrin der Ermordeten keinerlei Angaben über Bekannte und Freunde der Ermordeten machen. In den Habseligkeiten des Dienstmädchens finden sich allerdings Karten mit den Unterschriften zweier Männer, Josef Wawerka und Anton Kloucek.

Kloucek scheidet als möglicher Täter aus, da er als Soldat eingerückt und gar nicht in Wien aufhältig ist.

Kinder, die im Mordhaus gespielt hatten, erzählen den Kriminalbeamten von einem Mann mit auffälligen O-Beinen, den sie flüchten sahen.

Tatsächlich gelingt es, den Unbekannten in seinem Quartier in der Brigittenau ausfindig zu machen. Rasch stellt sich heraus, es handelt sich um Josef Wawerka, der mit einer leichten Stichwunde im Brustbereich in seinem Bett liegt. Die Verletzung hatte er sich in selbstmörderischer Absicht selbst zugefügt wegen Fanny, wegen dem Dienstmädchen Franziska Pekar.

Über seinen Freund Anton Kloucek lernte er vor rund einem halben Jahr Fanny kennen. Kurz danach rief das Vaterland, Kloucek wurde eingezogen. Das Bäumchen-wechsel-dich-Spiel begann, Wawerka wurde ihr neuer Liebhaber.

Doch dann bekam Pekar Feldpost von ihrem früheren Freund, und in dem Brief beschwor er sie, auf ihn zu warten. Nach Ableistung des Militärdienstes wird geheiratet. Das Dienstmädchen gab daraufhin Wawerka den *Weisl*[183].

Das konnte er nicht verkraften. Niemand sollte Fanny gehören. Er wollte sie umbringen und sich danach selbst richten. Josef Wawerka ging in die Berggasse, fand Franziska Pekar in der Waschküche, drohte ihr, sich umzubringen, wenn sie ihn verlässt.

Fanny nahm ihn nicht ernst, meinte nur, er habe schon so oft von Selbstmord gesprochen. Daraufhin hatte er sie erstochen und flüchtete. Sein Freitodversuch scheiterte kläglich.

Das Dienstmädchen schaffte es noch über den Hof bis ins Vorhaus, wo sie vor dem Klosett zusammenbrach und starb.[184]

Angewidert legt der Gast die Zeitung zurück auf den Restauranttisch. Zeit, sich nach Hause zu begeben. Der Mob wird sich doch hoffentlich endlich aufgelöst haben. Ausgiebig baden, frisch machen, herrichten für den Faschingsabend.

Es wird der letzte in seinem Leben sein. Bald wird er einrücken müssen und später durch einen Kopfschuss in einer der Schlachten am Isonzo fallen.

Am 19. Mai 1914 wird Josef Wawerka zum Tode durch den Strang verurteilt, jedoch vom Kaiser begnadigt und die Strafe in fünfzehn Jahre schweren Kerker umgewandelt.

EPILOG
… und wir wer'n nimma sein

In Sarajevo hat Gavrilo Princip den Hahn seines Revolvers gespannt und abgedrückt.

Österreich-Ungarn erklärt Serbien den Krieg. Der Flächenbrand, der in den Ersten Weltkrieg ausartet, wird nicht mehr aufzuhalten sein.

»Serbien muss sterbien!«, skandieren sie in den Straßen der Monarchie.

Noch ziehen die Männer freudestrahlend, mit Blumen bekränzt und begleitet von schneidigen Marschmusikklängen, für ihren Kaiser und ihr Vaterland in den Krieg.

In unzähligen Schlachten zu Lande, auf dem Wasser, unter dem Wasser und in der Luft werden Tausende und Abertausende in den Schützengräben sterben, elendig an Giftgas verrecken, von Bomben und Granaten zerfetzt werden.

Tausende und Abertausende werden als Krüppel und Invalide in eine Heimat zurückkehren, die sie nicht wiedererkennen.

Der Tod hat ein Erbarmen mit dem alten Kaiser, lässt ihn nicht mehr erleben, wie sein Reich endgültig zusammenbricht, und erlöst ihn 1916.

Die beiden vermeintlichen Anarchisten aus der Leopoldau, Alexander Bernreiter und Herbert Gundacher, zählen zu den allerersten Gefallenen auf einer endlosen Liste.

Anmerkungen

1 vgl. Roman Sandgruber, Traumzeit für Millionäre. Die 929 reichsten Wienerinnen und Wiener im Jahr 1910, Wien-Graz-Klagenfurt 2013, S. 10
2 der heutige Gürtel
3 vgl. Walter Öhlinger, Wien im Aufbruch zur Moderne. Geschichte Wiens, Band V, Wien 1999, S. 126
4 heute Rossauer Kaserne
5 s. Zeitreise Österreich. Menschen Gesellschaft Geschichte, Ausgabe 1/2015, S. 7
6 s. Otto Schwarz, Hinter den Fassaden der Ringstraße. Geschichte Menschen Geheimnisse, Wien 2014, S. 20f.
7 s. ebenda, S. 22
8 vgl. ebenda, S. 22f.
9 Malta, gesprochen Mäuta; wienerisch für Mörtel
10 arbeiten
11 es auf jemanden abgesehen haben; jemanden nicht leiden können
12 jemanden andauernd ärgern, quälen
13 ausgetreten
14 s. Schwarz, S. 163
15 betteln
16 gegründet am 15. Dezember 1886; am 14. Juni 1889 zwangsweise Einstellung; am 12. Juli 1889 erschien die »Arbeiter-Zeitung« als Nachfolgerin der »Gleichheit«
17 http://dasrotewien-waschsalon.at
18 heute 1030 Wien, Beatrixgasse 19/19a; Sander selbst wohnte in der (heutigen) Wiedner Hauptstraße 60b, 1040 Wien
19 Pilze
20 heute 1160 Wien, Neulerchenfelder Straße 43
21 Vorläufer der Zeitschrift »Die Frau«
22 kleines Lokal mit eher üblem Ruf
23 vgl. Christine Klusacek, Kurt Stimmer. Ottakring. Vom Brunnenmarkt zum Liebhartstal, Wien 1983, S. 92 ff.
24 s. Verein für Geschichte der Arbeiterbewegung, Wien

25 In Favoriten siedelten sich 1880 *Freissler-Aufzüge* und 1884 *Hutter & Schrantz* an. Später kamen *Heller* (Süßwarenfabrik, 1891), die *Ankerbrotwerke* im gleichen Jahr und die *Schmidtstahlwerke*, 1892, hinzu; vgl. Werner Schubert, Favoriten, Wien 1992, S. 75.

26 etwas mit den Fingern drehen; in diesem Zusammenhang: Zigaretten

27 Zigarette

28 Zigarettenkippen sammeln

29 Bis heute zählt dieses Kampflied zu den populärsten Arbeiterliedern.

30 sterben

31 maßlos trinken

32 kleine Kinder

33 Genick

34 Pferd

35 fladern = stehlen

36 abstieren = bestehlen

37 die Kröte fressen = draufzahlen

38 Flirt, sexuelles Abenteuer

39 Heute werden statt Lederwaren an dieser Ecke Süßigkeiten und Mehlspeisen verkauft.

40 s. https://diepresse.com/hom/innenpolitik/701197Vorm-Sirk_Die-beruehmteste-Ecke-von-Wien und Schwarz, S. 31

41 heute Hotel »Imperial«, vgl. Schwarz, S. 31 ebd.

42 Gauner, Ganove

43 Tipp

44 Messer

45 in Ruhe lassen

46 schlechte Zeiten

47 Pfandhaus; in Wien heißt es *Dorotheum*

48 stoßen; in der Wiener Gaunersprache steht es auch für stehlen

49 anspitzen; in diesem Zusammenhang: leicht betrunken

50 Wirbel

51 verschwinden, abhauen

52 wörtlich: neben den Schuhen; arm sein

53 Gerschtl (Gerste) = Geld
54 Fiakerkutsche
55 Schnurr- oder Schnauzbart
56 Vergnügungen
57 aus dem Jiddischen: Trinkgeld
58 heutiges Slowenien
59 Prügel
60 »Katzelmacher (Wiener Beleidigung für Italiener), verschwinde! Sonst reiße ich dir die Ohren ab!«
61 Hornochse, Arschloch
62 »(Span)ferkel, Sprudelwasser, steife Nudeln, Holzpferdchen, Fleischschlögel, Holztiegel! Kaufts, Mütterchen, kaufts!« und s. Christian Brandtsätter, Günter Treffer (Hg.), Stadtchronik Wien. 2000 Jahre in Daten, Dokumenten und Bildern, Wien 1986, S. 349
63 ehemaliges Gasthaus Ecke Gumpendorferstraße 25/Laimgrubengasse 21
64 beobachten, auskundschaften
65 vgl. Max Edelbacher, Harald Seyrl, Wiener Kriminalchronik, Wien 1993, S. 76
66 heute 1. Bezirk, Tuchlaubenhof bzw. Tuchlauben 7
67 s. Freya Martin, Was Wien ausmacht. Die großen Wiener Traditionsunternehmen und ihre prominenten Kunden, Wien 2015, S. 36
68 vgl. ebd., S. 36f.
69 der Teschek sein = draufzahlen; ins Hintertreffen gelangen; benachteiligt sein
70 heute 15. Wiener Gemeindebezirk, Rudolfsheim-Fünfhaus
71 vgl. Edelbacher, Seyrl, S. 83
72 leichtes Mädchen
73 zänkisches Weib
74 schwerhörig
75 Liebesverhältnis
76 heute 1020 Wien, Praterstraße 27-29
77 heute 1020 Wien, Heinestraße

78 Kriminalbeamte

79 vgl. Edelbacher, Seyrl, S. 84

80 heute 13. Wiener Gemeindebezirk, Hietzing

81 s. Barbara Wolfingseder, Lust & Laster im Alten Wien, Wien-Graz-Klagenfurt 2015, S. 103

82 Nach dem verheerenden Praterbrand 1945 wurde das Gebäude abgerissen. Der Kaisergarten befand sich zwischen Hauptallee und Ausstellungsstraße.

83 s. Wolfingseder, S. 103

84 vgl. ebd., S. 103 ff.

85 s. ebd., S. 105

86 s. ebd.

87 s. ebd., S. 105f.

88 s. ebd., S. 106

89 s. ebd.

90 Berlin, Bezirk Treptow-Köpenick

91 latein. »Über das Rauc zu dcn Sternen« bzw. »Durch Mühsal gelangt man zu den Sternen«; eine Redewendung aus der Tragödie »Hercules furens« (Der wildgewordene Herkules) von Lucius Annaeus Seneca

92 s. Wolfingseder, S. 108f.

93 s. ebd., S. 109

94 Irrenhaus; abgeleitet vom runden Narrenturm; Guglhupf ist eine bekannte Wiener Mehlspeise in ebenfalls runder Form.

95 s. Wolfingseder, S. 110

96 s. ebd.

97 s. ebd., S. 111

98 s. ebd., S. 111f.

99 s. ebd., S. 113

100 s. ebd., S. 114

101 s. ebd.

102 s. ebd.

103 s. ebd., S. 116

104 s. ebd.

105 s. ebd., S. 116f.

106 s. ebd., S. 117
107 s. ebd., S. 117f.
108 vgl. ebd., S. 118
109 alte Wiener Gaunersprache (Rotwelsch); Kaiserlicher Aufschließer (Kas); Gefängniswärter
110 einen Baum aufstellen = den Aufstand proben
111 s. Wolfingseder, S. 119
112 unzuverlässiger Mensch; auch Dummkopf
113 Geck, Snob, Dandy
114 Liebschaften, Liebesverhältnisse
115 Freier
116 vgl. Hermann Delacher, Als in Wien das Licht anging … Denkwürdiges & Kurioses aus vergangenen Tagen, Wien 2000, S. 143
117 Einbruch
118 Polizei; von »Höhe«, die »Höheren«
119 Mädchen
120 dick
121 Pickel
122 in Ruhe lassen
123 unsympathischer Mensch
124 ehemaliger Gefängnisinsasse
125 Koseform von Alois
126 Koseform von Adolf
127 Offiziersdiener
128 Wachmann bzw. Polizist
129 Revolver bzw. Pistole
130 s. wk1.staatsarchiv.at/kaiser-im-krieg/duellverbot/
131 zudringlich
132 Hemd
133 anreiben; jemanden eine anreiben = zuschlagen
134 Tipp
135 sauber im rechtlichen und gesetzlichen Sinn
136 arbeiten
137 auf jemanden ein Auge werfen; verliebt sein
138 Dummkopf

139 über den Tisch ziehen

140 Wiener Kaffeespezialität; ein kleiner Mokka mit etwas Schlagobers (Sahne). Im Laufe der Zeit entwickelte sich daraus der Capucchino.

141 nach Aufzeichnungen von Hugo von Hofmannsthal

142 Gesöff, unappetitliches Getränk

143 kleines Kind

144 vgl. Sandgruber, S. 209

145 Rasch erlangten die *Lohner-Werke* in der Donaufelder Straße 91 (21. Bezirk) Weltgeltung. Gegründet 1821 durch Heinrich Lohner, übernahm nach dessen Tod der Sohn Jacob die Produktion luxuriöser Kutschen. 1886 übernahm dessen Sohn Ludwig die Fabrik und erkannte rasch die Zukunft des Automobils. 1897 erfolgte der fabrikmäßige Fahrzeugbau. In Floridsdorf befanden sich die Produktionsstätten, die Geschäfte wurden aber im Bureau in der Porzellangasse 2 im 9. Bezirk abgewickelt.

Ludwig Lohner erwies sich als umtriebiger Geschäftsmann und tüchtiger Entwickler. Nach 1900 bauten die Lohner-Werke O-Bus-Karosserien für die Firma *Gräf & Stift* und für *Steyr*. Neben dem Kraftfahrzeugbau wurde das Flugzeug für Lohner immer interessanter. 1909 starteten die ersten Maschinen aus dem Werk.

Die Zusammenarbeit mit Ferdinand Porsche ermöglichte die Fertigung eines Elektromobils, den *Lohner-Porsche*. Auf der Basis dieses Fahrzeugs kamen später die Oberleitungsbusse *Lohner-Stoll* zum Einsatz, die ab 1907 die Strecke Pötzleinsdorf-Salmannsdorf bis 1938 befuhren.

Manche hatten weniger Glück wie Arnold Spitz, ein Wiener Automobilhändler. Er verkaufte Fahrzeuge der Marken *Benz & Cie.*, *Mercedes* und *De Dion-Bouton*. Zusammen mit Otto Hieronimus wagte er sich an die Konstruktion eines eigenen Automobils, den *Stift*. Die Fertigung erfolgte im März 1902 bei *Gräf & Stift*. Bereits 1907 ging Arnold Spitz in Konkurs. Es wurden nur dreißig Fahrzeuge produziert.

In der Nußdorferstraße 19 im 9. Bezirk eröffneten die Brüder Carl, Heinrich und Franz Gräf eine Fahrradwerkstätte. Die ge-

lernten Schlosser, Mechaniker und Wagner versuchten sich auch als Konstrukteure von motorisierten Tandemräder-Automobilen. Ein Kleinwagen, der *Voiturette*, ging in Produktion. 1900 erhielt Carl Gräf das Patent für seinen Vorderradantrieb. 1902 gründeten die Brüder die *Gräf & Stift OHG*. Sie produzierten auch Last- und »Gesellschaftswagen«, wie die ersten Busse genannt wurden. 1896 befand sich die Werkstätte noch in der Nußdorferstraße 78 (9. Bezirk), wechselte 1902 in die Gymnasiumstraße 32 (18. Bezirk) und 1904 in die Weinberggasse 17 im 19. Bezirk.
Weitere Automobilhersteller waren *Michael A. Wyner* (1897, in der Burggasse 28-32 im 7. Bezirk); die *WAF* (*Wiener Automobilsfabriks-AG*) 1911 im 10. Bezirk, Harthmuthgasse 95 (Produktion von berggängigen Automobilen und Lastwagen).
Ab 1907 produzierten die ÖAF (Österreichische Fiat-Werke AG) in der Floridsdorfer Hauptstraße im 21. Bezirk mit einer Lizenz der Schweizer *Saurer-Werke*.
In der Hietzinger Hauptstraße 13 war seit 1844 die *J. Rohrbacher Hofwagenfabrik* etabliert.
Die *Wagen-Karosserie- und Automobilfabik AG* (vorm. *A. Weiser Sohn*, gegründet 1839), zuerst in der Porzellangasse 19 (9. Bezirk), ab 1909 in der Muthgasse 36 (19. Bezirk), spezialisierte sich ab 1912 auch im »Aviatik-Flugzeugbau« in Eßling (22. Bezirk) mit eigenem Werkflugplatz.
Weitere Produzenten: Österreichische Motorenwagenfabrik Ing. Perl & Co (1910, Carlbergergasse 51 im 23. Bezirk); *Thein & Goldberger* (1893, 3. Bezirk, Löwengasse 18), *August Braun & Comp.* (1899, 17. Bezirk, Rosensteingasse 67-77), *Bock & Hollender OHG* (1896, 3. Bezirk, Landstraßer Hauptstraße 72); *Friedmann-Knoller* (1904, 4. Bezirk, Plösselgasse 3), *Neuhaus & Pauer* (1900, 4. Bezirk, Schleifmühlgasse 1A), *Mechanische Werkstätte Josef Niesner* (1900, 6. Bezirk, Schmalzhofergasse 6), *Hofmann & Czerny, Fabrik für Motorräder und Voituretten* (1906, 1. Bezirk, Dobelhoffgasse 9), Österreichische *Saurerwerke* (1906, 9. Bezirk, Hahngasse 13), *Maschinenfabrik Komarek* (1879) in Favoriten; *Maschinen- und Waggonbau-Fabrik* (1904) in Simmering; *Theyer & Rothmund* (1900); *Wiener Automobil-Wagen*

und Kleinmotorenfabrik (1900); *Automobilfabrik Celeritas* (1900) und Österreichische Automobil-Gesellschaft (1906).

146 heute Burgenland

147 heute rund 30.000 Euro; vgl. Werner Sabitzer, In: Kriminalpolizei, Ausgabe Juni/Juli 2016, S. 50ff.

148 vgl. Sandgruber, S. 210

149 vgl. ebd.

150 stehlen

151 Vagabund, Stromer, Abfallwühler, Sandler; der Begriff »Strotter« stammt vom mittelhochdeutschen »strûten« = plündern

152 Kroate

153 schlafen

154 stehlen

155 Gauner

156 reicher Mann

157 Zigarettenkippen sammeln

158 Arbeiter

159 Geld

160 Auseinandersetzung, Streit

161 vgl. Werner Sabitzer, Der Beer-Schani und seine Brüder, In: Öffentliche Sicherheit 11-12/12, S. 114

162 heute ca. eine Million Euro; vgl. https://diepresse.com/home/wirtschaft/hobbyoekonom/691933/Teuerungsrevolte-1911_Ottakring-im-Ausnahmezustand und Wolfgang Maderthaner, Wien. Geschichte einer Stadt. Von 1790 bis zur Gegenwart

163 Nach ihm ist 1928 im 16. Bezirk der Joachimsthalerplatz benannt worden.

164 gemähte Wiese; in diesem Zusammenhang bedeutet es im Wienerischen »perfekt, eine gelungene Sache, Angelegenheit«

165 Trauerbesatz für Kleidung

166 Graf Kolowrat war der österreichische Filmpionier, der mit seiner »Sascha-Film« die Ära der großen österreichischen Filmerfolge begann. Michael Kertesz wanderte später nach Amerika aus, machte als »Michael Curtiz« eine glanzvolle Karriere als Filmregisseur in Hollywood.

167 Teppichklopfer
168 Schluck
169 auf jemanden einen Pick haben = jemanden nicht leiden können
170 s. Edgar Haider, Wien 1914. Alltag am Rande des Abgrunds, Wien 2013, S. 123
171 s. ebd., S. 124
172 vgl. ebd., S. 132ff.
173 heute Café »Schopenhauer« in 1180 Wien, Staudgasse 1
174 vgl. Margret Greiner, Auf Freiheit zugeschnitten. Emilie Flöge. Modeschöpferin und Gefährtin Gustav Klimts, Wien 2014, S. 202
175 Münzen, Geld
176 übermäßig Alkohol trinken, saufen
177 Trotzki lebte von 1907 – 1914 in Wien; bis 1908 im 14. Bezirk in der Hüttelbergstraße 55; danach im 15. Bezirk in der Friesgasse 40 und an verschiedenen Adressen im 19. Bezirk (Weinberggasse 43, Sieveringer Straße 19 und Rodlergasse 25 [1911 – 1914])
178 jiddisch: Tipps
179 s. Haider, S. 44
180 ebd.
181 Tüten kleben
182 vgl. Haider, S. 44f.
183 Laufpass
184 vgl. Edelbacher, Seyrl, S. 126

Bibliografie

Christian Brandstätter, Günter Treffer, Stadtchronik Wien. 2000 Jahre in Daten, Dokumenten und Bildern, Wien 1986

Monika Czernin, Anna Sacher und ihr Hotel. Im Wien der Jahrhundertwende, Wien 2014

Hermann Delacher, Als in Wien das Licht anging… Denkwürdiges & Kurioses aus vergangenen Tagen, Wien 2000

Max Edelbacher, Harald Seyrl, Wiener Kriminalchronik, Wien 1993

Roland Girtler, Rotwelsch. Die alte Sprache der Gauner, Dirnen und Vagabunden, Wien-Köln-Weimar 1998

Margret Greiner, Auf Freiheit zugeschnitten. Emilie Flöge, Modeschöpferin und Gefährtin Gustav Klimts, Wien 2014

Edgard Haider, Wien 1914. Alltag am Rande des Abgrunds, Wien-Köln-Weimar 2013

Elisabeth Hewson, Heinz Jankowsky, Prater G'schicht'n. Von Verliebten, Verrückten, Verbrechern und Vergnügten, Wien-Graz-Klagenfurt 2008

Florian Illies, 1913. Der Sommer des Jahrhunderts, Frankfurt am Main 2012

Walter Kleindel, Österreich. Daten zur Geschichte und Kultur, Wien 1978

Christine Klusacek, Kurt Stimmer, Ottakring. Vom Brunnenmarkt zum Liebhartstal, Wien 1983

Christine Klusacek, Kurt Stimmer, Döbling. Vom Gürtel zu den Weinbergen, Wien1988

Freya Martin, Was Wien ausmacht. Die großen Wiener Traditionsunternehmen und ihre prominenten Kunden, Wien 2015

Susanne Mauthner-Weber, Venuswege. Ein erotischer Führer durch das alte Wien, Wien 1995

Walter Öhlinger, Wien im Aufbruch zur Moderne. Geschichte Wiens Band V, Wien 1999

Hans Pemmer, Nini Lackner, Günter Düriegl, Ludwig Sackmauer, Der Prater. Von den Anfängen bis zur Gegenwart, Wien-München 1974

Alexander Sixtus von Reden, Josef Schweikhardt, Eros unterm Doppel-

adler. Eine Sittengeschichte Altösterreichs, Wien 1993
Roman Sandgruber, Traumzeit für Millionäre. Die 929 reichsten Wienerinnen und Wiener im Jahr 1910, Wien-Graz-Klagenfurt 2013
Werner Schubert, Favoriten, Wien 1992
Otto Schwarz, Hinter den Fassaden der Ringstraße. Geschichte Menschen Geheimnisse, Wien 2014
Wolfgang Teuschl, Wiener Dialektlexikon, Wien 1990
Christian F. Winkler, Wien-Film. Träume aus Zelluloid. Die Wiege des österreichischen Films, Erfurt 2007
Barbara Wolfingseder, Lust & Laster im Alten Wien, Wien-Graz-Klagenfurt 2015
Herwig Wolfram (Hg.), Ernst Hanisch, Österreichische Geschichte 1890 – 1990. Der lange Schatten des Staates. Österreichische Gesellschaftsgeschichte im 20. Jahrhundert, Wien 1994
Günther Zäuner, Floridsdorf. Geschichten und Anekdoten. Birner, Schlingerhof und Donauinsel, Gudensberg-Gleichen 2013

Günther Zäuner

Die »Halbseidenes Wien«-Reihe
Kriminalgeschichten mit geschichtlichem Hintergrund

Halbseidenes Wien
von Günther Zäuner
299 Seiten
ISBN 978-3-903092-17-4

Halbseidenes historisches Wien
von Günther Zäuner
260 Seiten
ISBN 978-3-903092-73-0